UN LLAMADO a la FE

NIVEL E

Harcourt Religion Publishers

www.harcourtreligion.com

Níhil Óbstat
Rvdo. Esau Garcia
Census Librorum

Imprimátur
✝ Rvdmo. Thomas Wenski
Obispo de Orlando
24 de julio de 2007

El Comité Ad Hoc para Supervisar el Uso del Catecismo, de la Conferencia de Obispos Católicos de los Estados Unidos, consideró que esta serie catequética, copyright 2008, está en conformidad con el *Catecismo de la Iglesia Católica*.

La níhil óbstat y el imprimátur son declaraciones oficiales de que un libro o folleto no tiene error doctrinal o moral. Lo presente no implica que aquellos a quienes se les otorgó la níhil óbstat y el imprimátur están de acuerdo con el contenido, las opiniones o las declaraciones expresadas.

For permission to translate/reprint copyrighted material, grateful acknowledgment is made to the following sources:

Catholic Book Publishing Corp., NJ, www.catholicbookpublishing.com: From *Libro Católico de Oraciones.* Text © 1984, 2003 by Catholic Book Publishing Corp.

The Copyright Company, Nashville, TN: Lyrics from "Alleluia No. 1" by Don Fishel. Lyrics © 1973 by Word of God Music. International copyright secured.

Editorial Verbo Divino: Scriptures from *La Biblia Latinoamérica*, edited by San Pablo – Editorial Verbo Divino. Text copyright © 1998 by Sociedad Bíblica Católica Internacional (SOBICAIN).

Hope Publishing Co., Carol Stream, IL 60188: Lyrics from "Baptized in Water" by Michael Saward. Lyrics copyright © 1982 by Jubilate Hymns, Ltd.

Hyperion: "On Being a Champion" from *Journey Through Heartsongs* by Mattie Stepanek. Text copyright © 2002 by Mattie Stepanek.

International Commission on English in the Liturgy, Inc.: English translation of "Psalm Response for Psalm 90" from *Lectionary for Mass.* Translation © 1969, 1981, 1997 by International Committee on English in the Liturgy, Inc. (ICEL). English translation of "Confiteor" from *The Roman Missal.* Translation © 1973 by International Committee on English in the Liturgy, Inc. (ICEL). English translation of the "Act of Contrition" from *Rite of Penance.* Translation © 1974 by International Committee on English in the Liturgy, Inc. (ICEL). English translation of "Angelus" (Retitled: "The Angel") and "Prayer to the Holy Spirit" from *A Book of Prayers.* Translation © 1982 by International Committee on English in the Liturgy, Inc. (ICEL).

Liveright Publishing Corporation: From "i thank You God for most this amazing" in *Complete Poems: 1904-1962* by E. E. Cummings, edited by George J. Firmage. Text copyright 1950; text copyright renewed © 1978, 1991 by the Trustees for the E. E. Cummings Trust. Text copyright © 1979 by George James Firmage.

Manna Music, Inc. 35255 Brooten Road, Pacific City, OR 97135: Lyrics from "How Great Thou Art" by Stuart K. Hine. Lyrics copyright © 1953 by S. K. Hine; lyrics copyright renewed © 1981 by Manna Music, Inc.

Obra Nacional de la Buena Prensa, A.C., Orozco y Berra 180, 06400 México, D.F., www.buenaprensa.com: From *Misal Romano.* Text copyright © by Obra Nacional de la Buena Prensa, A.C.

OCP Publications, 5536 NE Hassalo, Portland, OR 97213: Lyrics from "Here I Am, Lord" by Dan Schutte. Lyrics © 1981 by OCP Publications.

G. P. Putnam's Sons, A Division of Penguin Young Readers Group, A Member of Penguin Group (USA) Inc., 345 Hudson Street, New York, NY 10014: "Everybody Says" from *Everything and Anything* by Dorothy Aldis. Text copyright 1925-1927; text copyright renewed © 1953, 1954, 1955 by Dorothy Aldis.

United States Conference of Catholic Bishops, Inc., Washington, D.C.: From *Ritual de Exequias Cristianas.* Text copyright © 1998 by United States Catholic Conference, Inc.—Libreria Editrice Vaticana. From *Catecismo de la Iglesia Católica, Segunda Edición.* Text copyright © 1992 by United States Catholic Conference, Inc.—Libreria Editrice Vaticana. From *Compendio.* Text copyright © 2006 by United States Catholic Conference, Inc.—Libreria Editrice Vaticana.

World Library Publications, www.wlpmusic.com: Lyrics from "Sing Praise to Our Creator" by Omer Westendorf. Lyrics copyright © 1962 by World Library Publications.

ISBN13 978-0-15-901384-7   2 3 4 5 6 7 8 9 10 015117 15 14 13 12 11 10

ISBN10 0-15-901384-4   Manufactured by Webcrafters, Inc., Madison, WI

United States of America, January 2010, Job# 81508

Contenido

© Harcourt Religion

© Harcourt Religion

Recursos católicos

Contents

© Harcourt Religion

Catholic Source Book

Acerca de tu vida

Oremos

Líder: Dios misericordioso, celebramos tu amor.

"Es bueno dar gracias al Señor y celebrar tu nombre, Dios Altísimo".

Salmo 92, 2

Todos: Dios misericordioso, celebramos tu amor. Amén.

Actividad Comencemos

Un nuevo año ¿Cómo te parece que será quinto grado? ¿Te preguntas cómo serán los nuevos amigos, las clases y los maestros? Aprenderás cosas nuevas y crecerás de maneras nuevas. Algunas cosas no cambiarán. Jesús seguirá invitándote a que seas su amigo y su seguidor. Junto a tus compañeros, tendrás muchas oportunidades de responder a Jesús. Empieza por compartir algo acerca de ti.

¿QUÉ TE GUSTA HACER...

a la salida de la escuela?	los fines de semana?	durante el verano?

About You

 Let Us Pray

Leader: Gracious God, we celebrate your love.

"It is good to give thanks to the Lord
to sing praises to your name, O Most High."

Psalm 92:2

All: Gracious God, we celebrate your love.
Amen.

Activity Let's Begin

A New Year What do you think fifth grade will be
like? Do you wonder about new friends, new classes,
and new teachers? You'll learn new things and grow
in new ways. Some things will remain the same.
Jesus will continue to invite you to be his friend
and his follower. Along with your classmates,
you'll have many chances to respond to Jesus.
Start by sharing something about yourself.

WHAT DO YOU LIKE TO DO...

after school?	on the weekends?	during the summer?

Acerca de tu fe

Tus amigos y tus compañeros de clases no son los únicos que van contigo en este camino de fe. Tu familia y tu parroquia te guían y te ayudan a crecer como católico. Juntos pueden leer la Biblia, conversar acerca de su fe y servir a los que tienen necesidades. Este año aprenderás más sobre las enseñanzas de la Iglesia y sobre el llamado a ser Cristo unos para otros.

Actividad Comparte tu fe

Reflexiona: ¿Qué celebra la Iglesia Católica?

Comunica: En grupos pequeños, comenten qué celebra la Iglesia y cómo lo hace.

Actúa: Escribe una manera nueva en que puedes participar en cómo celebra la Iglesia.

_____

_____

_____

_____

About Your Faith

Your friends and classmates are not the only ones on this journey of faith with you. Your family and parish guide you and help you grow as a Catholic. Together you can read the Bible, discuss your beliefs, and serve those in need. This year you'll learn more about the Church's teachings and the call to be Christ to one another.

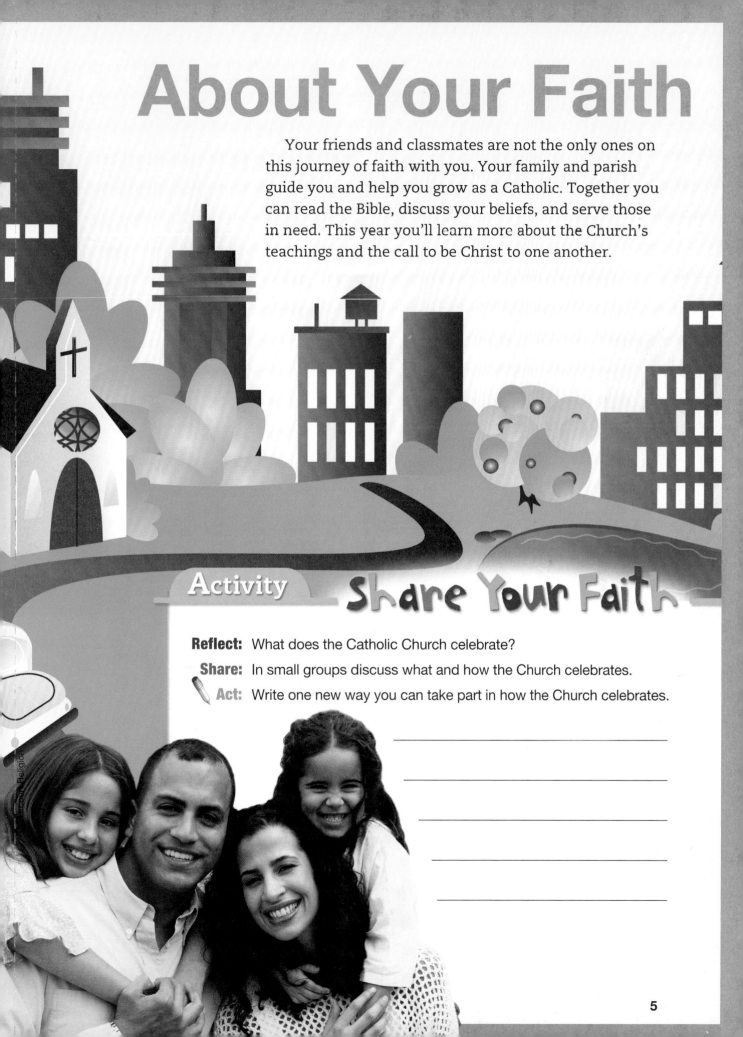

Activity

Share Your Faith

Reflect: What does the Catholic Church celebrate?

Share: In small groups discuss what and how the Church celebrates.

Act: Write one new way you can take part in how the Church celebrates.

_____

_____

_____

_____

_____

Acerca de tu libro

Tu libro contiene muchas cosas que te ayudarán a aprender y a crecer como católico. Encontrarás pasajes de la Sagrada Escritura, relatos acerca de los santos y acerca de personas de la vida real, fotografías de celebraciones de la Iglesia y mucho más.

Actividad — practica tu fe

Haz una búsqueda del tesoro Para llegar a conocer mejor tu libro, busca las siguientes secciones específicas. Anota dónde encuentras cada una de ellas.

✝ **LA SAGRADA ESCRITURA**   La zarza ardiendo _____

UNA BIOGRAFÍA   Frederick Douglass _____

Palabras †de fe   **Liturgia** _____

Siervos de la fe   Santa Margarita Bourgeois _____

 **Oremos**   Celebración de la Palabra _____

6

About Your Book

Your book contains many things that will help you learn and grow as a Catholic. You will find Scripture, stories about saints and real life people, pictures of Church celebrations, and much more.

Activity

Connect Your Faith

Go on a Scavenger Hunt To get to know your book better, look for the specific features listed below. Write down where you find each of them.

✝ SCRIPTURE   The Burning Bush _____

BIOGRAPHY   Frederick Douglass _____

Words of Faith   **Liturgy** _____

People of Faith   Saint Marguerite Bourgeoys _____

Let Us Pray   Celebration of the Word _____

Un llamado a la fe

Juntos

Hagan juntos la señal de la cruz.

Líder: Bendito sea Dios.

Todos: **Bendito sea Dios por siempre.**

Líder: Oremos.

        Inclinen la cabeza mientras el líder reza.

Todos: Amén.

Escucha la Palabra de Dios

Lector: Lectura del santo Evangelio según San Lucas.
        Lean Lucas 5, 1–11.
        Palabra del Señor.

Todos: **Gloria a ti, Señor Jesús.**

Diálogo

¿Por qué te parece que Simón y los otros siguieron a Jesús?

¿Cómo has seguido tú a Jesús?

Oración de los fieles

Líder: Señor, queremos seguirte como lo hicieron Simón y sus compañeros. Necesitamos tu fortaleza y tu guía. Por favor, escucha nuestras oraciones.

        Respondan a cada oración con estas palabras.

Todos: **Señor, escucha nuestra oración.**

A Call to Faith

Gather

Pray the Sign of the Cross together.

Leader: Blessed be God.

All: **Blessed be God for ever.**

Leader: Let us pray.

        Bow your heads as the leader prays.

All: Amen.

Listen to God's Word

Reader: A reading from the holy Gospel according to Luke.

        Read Luke 5:1–11.

        The Gospel of the Lord.

All: **Praise to you, Lord Jesus Christ.**

Dialogue

Why do you think Simon and the others followed Jesus?

How have you followed Jesus?

Prayer of the Faithful

Leader: Lord, we want to follow you as Simon and his companions did. We need your strength and guidance. Please hear our prayers.

        Respond to each prayer with these words.

All: **Lord, hear our prayer.**

Responde al llamado

Líder: Jesús llama a cada uno de ustedes para que lo sigan. Tú puedes vivir de acuerdo con sus enseñanzas de amor y compasión. Tus palabras y acciones pueden mostrar que tú crees.

Jesús quiere que ayudes a que los demás aprendan acerca de Él, para que ellos también puedan ser sus seguidores.

Reflexiona en silencio sobre el llamado de Jesús. Luego, acércate cuando oigas tu nombre. El líder te hará la señal de la cruz en la frente.

Líder: (Nombre), que tus acciones muestren al mundo que crees en Jesús y que lo sigues.

Todos: **Amén.**

¡Evangeliza!

Líder: Vayamos a llevar la Buena Nueva de Jesús a todos los que nos rodean.

Todos: **Te alabamos, Señor.**

Canten juntos.

¡Dios nos llama a obrar con justicia,
Dios nos llama a amar con ternura,
Dios nos llama a servirnos unos a otros;
y a seguirle con humildad!

"We Are Called" © 1988, 2004, GIA Publications, Inc.

Answer the Call

Leader: Jesus calls each of you to follow him. You can live by his teachings of love and compassion. Your words and actions can show that you believe.

Jesus wants you to help others learn about him so that they can become followers, too.

Silently reflect on Jesus' call. Then come forward as your name is called. The leader will mark your forehead with the Sign of the Cross.

Leader: (Name), may your actions show the world that you believe in and follow Jesus.

All: **Amen.**

Go Forth!

Leader: Let us go forth to bring the good news of Jesus to all around us.

All: **Thanks be to God.**

Sing together.

We are called to act with justice,
we are called to love tenderly,
we are called to serve one another;
to walk humbly with God!

"We Are Called" © 1988, 2004, GIA Publications, Inc.

Recordar a Jesús

La Iglesia reza de muchas maneras. Una de las maneras más importantes en que la Iglesia reza es en su liturgia, o su oración pública oficial. Durante el año, la Iglesia tiene muchos días festivos y tiempos. Estos tiempos se caracterizan por la celebración de la liturgia. Por eso el año eclesiástico se llama *año litúrgico*.

Estos tiempos y días festivos del año litúrgico evocan el nacimiento, la vida, la muerte, la Resurrección y la Ascensión de Jesús. El año litúrgico honra también a María y a los santos. Los tiempos se centran en los diferentes aspectos de Jesús. Pero, en todos los tiempos, la Iglesia recuerda todos los dones que provienen de Dios Padre, Hijo y Espíritu Santo.

La liturgia incluye diversas palabras y acciones. Estas palabras y acciones nos ayudan a responder a la vida y al amor de Dios. Éstas son algunas de ellas.

Palabras y acciones

La Biblia se reverencia inclinándose y sentándose delante de ella en silencio.

La cruz se reverencia arrodillándose frente a ella o besándola.

La señal de la paz de Cristo se ofrece dándose la mano o con otro gesto.

La señal de la cruz se hace sobre la frente, el corazón y los labios.

El agua bendita se usa como un recordatorio del Bautismo.

Tu clase usará estas palabras y acciones para celebrar los diferentes tiempos del año litúrgico.

El año litúrgico

Adviento

Navidad

Tiempo Ordinario

Tiempo Ordinario

Pascua

Cuaresma

Triduo Pascual

13

Remembering Jesus

The Church prays in many ways. One of the most important ways the Church prays is in its liturgy, or its official public prayer. During the year the Church has many feasts and seasons. These times are marked by the celebration of liturgy. This is why the Church year is called the liturgical year.

These seasons and feasts of the liturgical year recall the birth, life, death, Resurrection, and Ascension of Jesus. The liturgical year also honors Mary and the saints. Different seasons focus on different aspects of Jesus. However, in every season the Church remembers all the gifts that come from God the Father, Son, and Holy Spirit.

The liturgy includes different words and actions. These words and actions help us respond to God's life and love. Here are some of them.

Words and Actions

The Bible is reverenced by bowing and sitting before it in silence.

The Cross is reverenced by kneeling in front of it or kissing it.

The sign of Christ's peace is offered by a handshake or other gesture.

The Sign of the Cross is marked on foreheads, hearts, and lips.

Holy water is used as a reminder of Baptism.

During the year, your class will use these words and actions to celebrate the different seasons.

The Liturgical Year

Advent

Christmas

Ordinary Time

Lent

Triduum

Easter

Ordinary Time

El Rosario

A lo largo del año eclesiástico, la Iglesia honra a María con muchos días festivos y celebraciones. Todo el mes de octubre está dedicado a María como Nuestra Señora del Rosario. Durante este mes, muchas parroquias tienen horarios o servicios especiales para rezar el Rosario.

Sí a Dios

Los católicos han rezado el Rosario durante cientos de años. Uno de los motivos por los que se asocia el Rosario con el mes de octubre es que las fuerzas cristianas ganaron una importante batalla el 7 de octubre de 1571. Creyeron que el haber rezado el Rosario los había ayudado a alcanzar la victoria. El 7 de octubre la Iglesia celebra el día de Nuestra Señora del Rosario.

En 1917, tres pequeños que vivían en Fátima, Portugal, tuvieron una experiencia especial con Nuestra Señora. Desde mayo hasta octubre, se les apareció varias veces la Santísima Virgen María. En su última visita de octubre, les dijo que rezaran el Rosario todos los días para que hubiera paz en el mundo. También les dijo que alentaran a los demás a rezar el Rosario con frecuencia.

El mensaje que recibieron los niños de Fátima les pedía que hicieran tomar conciencia a los demás de la necesidad de oración en el mundo. Al igual que María, estos niños dijeron que sí a Dios. Pocas personas tendrán apariciones de María, pero Dios habla a los que están abiertos a escuchar su voz.

? **¿Cómo te parece que se sintieron los niños de Fátima cuando se les apareció María?**

Los niños de Fátima

Celebremos a María

Juntos

Hagan juntos la señal de la cruz.

Líder: Bendito sea Dios.

Todos: **Bendito sea Dios por siempre.**

Líder: Oremos.
          Inclinen la cabeza mientras el líder reza.

Todos: **Amén.**

Escucha la Palabra de Dios

Líder: Lectura del santo Evangelio según San Lucas.
          Lean Lucas 1, 26–38.
          Palabra del Señor.

Todos: **Gloria a ti, Señor Jesús.**

Diálogo

¿Cómo escuchas la voz de Dios?
¿Qué hace que, a veces, sea difícil para ti decir que sí a Dios?

Decir Sí

Líder: Como María y los pequeños de Fátima, también
          tú puedes decir que sí a Dios.

*Acérquense cuando oigan su nombre. Inclínense ante la cruz y digan
en voz alta: "Digo sí, mi Señor".*

Canten juntos el estribillo.

Digo "sí", Señor. Digo "sí", Señor.
Digo "sí", Señor, en tiempos malos,
en tiempos buenos,
Digo "sí", Señor, a todo lo que hablas.

"I Say 'Yes,' Lord/Digo 'Sí,' Señor" © 1989, GIA Publications, Inc.

Oración de los fieles

Líder: Oremos.

Dios, Padre, María dijo sí a tu plan para ella.

Pedimos tu bendición y la intercesión de María por las necesidades que ahora ponemos ante ti.
Respondan a cada oración con estas palabras.

Todos: Escúchanos, oh Señor.

Líder: Elevemos nuestras oraciones al Padre con las palabras que Jesús nos enseñó.

Todos: Padre nuestro...

¡Evangeliza!

Líder: Que el Señor nos bendiga y nos guarde.

Todos: Amén.

Líder: Que el rostro del Señor brille sobre nosotros.

Todos: Amén.

Líder: Que el Señor nos mire con misericordia y nos dé paz.

Todos: Amén.

Líder: Compartamos la historia de Dios con nuestros conocidos.

Todos: Te alabamos, Señor.

GIA Publications, Inc.

Rezar para decir sí

A María se le honra por sobre todos los demás santos. Cuando el ángel Gabriel le dijo a María que ella sería la madre de Jesús, María le creyó y aceptó el plan de Dios. Su sí es un ejemplo para todos los creyentes. Rezar el Rosario y meditar sobre los misterios mientras rezas te puede ayudar a decir sí a Dios. Reza el Rosario con frecuencia y escucha a continuación la voz de Dios.

? **¿De qué manera te llama Dios a creer?**

(ACTIVIDAD)
Día a día

¿En qué cosas te pareces a María diciendo que sí a Dios cada día? Con un compañero, haz una lista de maneras de decir *sí* a Dios en casa, en la escuela y con tus amigos.

Domingo

Lunes

Martes

Miércoles

Jueves

Viernes

Sábado

The Rosary

Throughout the Church year, the Church honors Mary with many feasts and celebrations. The entire month of October is dedicated to Mary as Our Lady of the Rosary. Many parishes have special Rosary prayer times or services during the month of October.

Yes to God

Catholics have been praying the Rosary for hundreds of years. One reason the Rosary is associated with the month of October is that Christian forces won an important battle on October 7, 1571. They believed that praying the Rosary helped them attain victory. The Church celebrates the Feast of Our Lady of the Rosary on October 7.

In 1917 three young children who lived in Fatima, Portugal, had a special experience of Our Lady. The Blessed Virgin Mary appeared to them several times from May through October. On her last visit in October, she told them to pray the Rosary each day so that there would be peace in the world. She also told them to encourage others to pray the Rosary often.

The message the children of Fatima received asked them to make others aware of the world's need for prayer. Like Mary, these children said *yes* to God. Few people will have apparitions of Mary, but God speaks to those who are open to hearing his voice.

❓ **How do you think the children of Fatima felt when Mary appeared to them?**

The Children of Fatima

Celebrate Mary

Gather

Pray the Sign of the Cross together.

Leader: Blessed be God.

All: **Blessed be God for ever.**

Leader: Let us pray.
Bow your heads as the leader prays.

All: **Amen.**

Listen to God's Word

Leader: A reading from the holy Gospel according to Luke.

Read Luke 1:26–38.
The Gospel of the Lord.

All: **Praise to you, Lord Jesus Christ.**

Dialogue

How do you listen to God's voice?
What makes it difficult at times to say yes to God?

Say Yes

Leader: As Mary and the young children in Fatima said yes, so you, too can say yes to God.

Come forward as your name is called. Bow to the cross and say aloud "I say yes, my Lord."

Sing together the refrain.

I say "Yes," my Lord. I say "Yes," my Lord.
I say "Yes," my Lord, in all the good times,
     through all the bad times,
I say "Yes," my Lord to ev'ry word you speak.

"I Say 'Yes,' Lord/Digo 'Si,' Senor" © 1989, GIA Publications, Inc.

© Harcourt Religion

21

Intercessions

Leader: Let us pray.

God our Father, Mary said yes to your plan for her.

We ask your blessing and Mary's intercession for the needs we put before you now.
Respond to each intercession with these words.

All: **Hear us, O Lord.**

Leader: Let us raise our prayers up to the Father in the words Jesus taught us.

All: **Our Father . . .**

Go Forth!

Leader: May the Lord bless us and keep us.

All: **Amen.**

Leader: May the Lord's face shine upon us.

All: **Amen.**

Leader: May the Lord look upon us with kindness, and give us peace.

All: **Amen.**

Leader: Let us go forth to share God's story with all those we meet.

All: **Thanks be to God.**

GIA Publications, Inc.

Pray to Say Yes

Mary is honored above all other saints. When the angel Gabriel told Mary that she would be the mother of Jesus, Mary believed and accepted God's plan. Her *yes* sets the example for all believers. Praying the Rosary and meditating on the mysteries as you pray can help you say *yes* to God. Pray the Rosary often, and continue to listen for God's voice.

❓ In what ways is God calling you to believe?

ACTIVITY
Day by Day

What are some ways you are like Mary by saying *yes* to God each day? With a partner make a list of ways to say *yes* to God at home, at school, and with friends.

Sunday

Monday

Tuesday

Wednesday

Thursday

Friday

Saturday

¡Prepárate!

El tiempo de Adviento es un período de cuatro semanas de preparación previa a la Navidad. Durante el Adviento escuchas lecturas de la Sagrada Escritura que te ayudan a prepararte para celebrar el nacimiento de Jesús en Navidad. El color tradicional de la Iglesia para este tiempo es el morado. Este color te recuerda que cambies para prepararte para la venida de Cristo.

Las antífonas Oh

Las coronas y los calendarios de Adviento son algunos de los signos de este tiempo. La Iglesia usa también oraciones y devociones especiales durante todo el Adviento para ayudarte a que te prepares para la segunda venida de Jesús.

Una de las oraciones especiales que la Iglesia usa con frecuencia es una antigua oración de Adviento que se llama antífonas Oh. Una *antífona* es una estrofa, generalmente tomada de la Biblia, que se recita o se canta en la liturgia. Las antífonas de Adviento se llaman antífonas Oh, porque cada una empieza con la palabra "Oh"; por ejemplo: "Oh, Señor, Pastor de la casa de Israel". Estas antiguas oraciones de preparación invocaban al Mesías para que salvara a las personas como Dios había prometido. Cada antífona se refiere a cada uno de los nombres del Mesías prometido que se encuentran en el Antiguo Testamento. Los cristianos creen que el Mesías prometido es Jesús. El canto de Adviento que se usa comúnmente, "Oh ven, oh ven, Emanuel", es una versión cantada de las antífonas Oh.

❓ **¿Qué otros títulos de Jesús te recuerdan su amor salvador?**

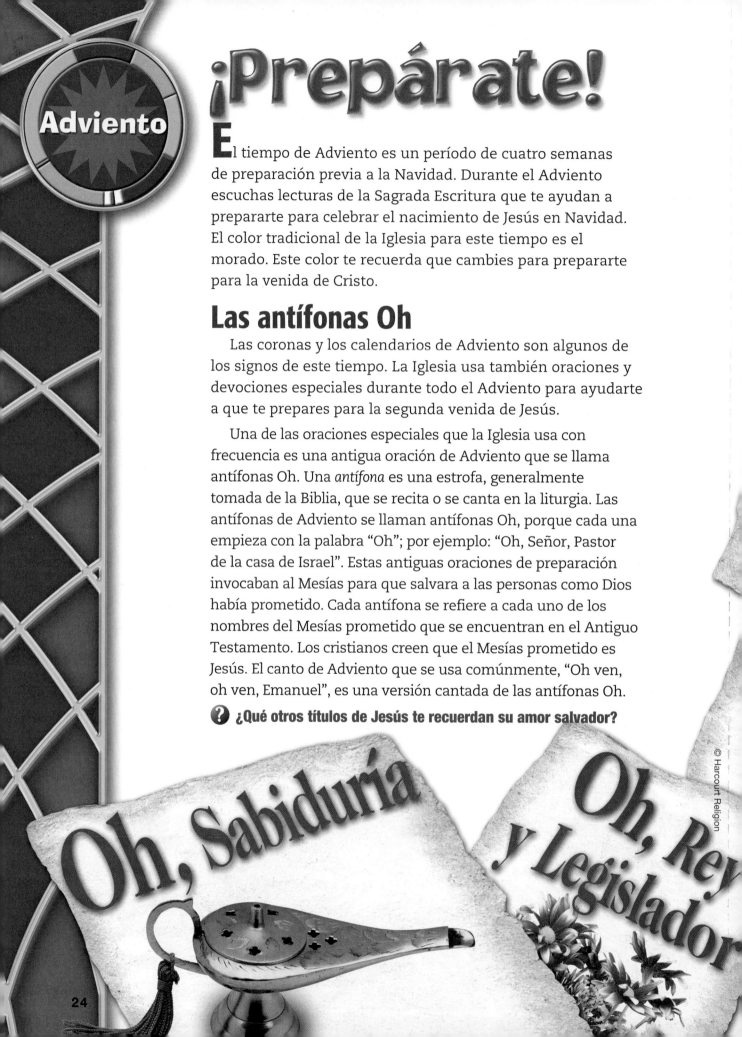

Oh, Sabiduría

Oh, Rey y Legislador

Celebremos el Adviento

Juntos

Hagan juntos la señal de la cruz.

Líder: Nuestra ayuda es en el nombre del Señor.

Todos: **Que hizo el cielo y la tierra.**

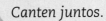

Canten juntos.

Oh ven, oh ven, Emanuel,
Sabiduría celestial,
Oh ven, oh ven, Emanuel,
Libra al cautivo Israel,
Que sufre desterrado aquí
Y espera al Hijo de David.

Estribillo
¡Alégrate, oh Israel!
Vendrá, ya viene Emanuel.

Oh ven, oh ven, Emanuel © 1975, GIA Publications, Inc.

Líder: Oremos.
           Inclinen la cabeza mientras el líder reza.

Todos: **Amén.**

Escucha la Palabra de Dios

Lector: Lectura del santo Evangelio según San Marcos.
           Lean Marcos 13, 33–37.
           Palabra del Señor.

Todos: **Gloria a ti, Señor Jesús.**

Diálogo

¿Cómo podrías tú "estar atento" para recibir a Jesús?

¿Por qué crees que es importante prepararse para la venida de Jesús?

Hagan un momento de silencio para que la Palabra de Dios hable a su corazón y a su mente.

Oh, Llave de David

Oh, Raíz de Jesé

Oración de los fieles

Líder: Oremos.

Dios, Padre, Tú nos enviaste a Jesús, tu Hijo, para mostrarnos quién eres. Escucha las oraciones que ahora te ofrecemos.

Respondan a cada oración con estas palabras.

Todos: **Escucha nuestra oración, oh Señor.**

Reza con las antífonas Oh

Pasen unos minutos en silencio ante la corona de Adviento. Luego escuchen atentamente mientras el líder lee en voz alta cada una de las antífonas Oh. Reflexionen sobre cómo cumple Jesús cada promesa acerca del Mesías.

Líder: Alabemos a Dios, quien ha hecho grandes cosas por nosotros.

Gloria al Padre, al Hijo y al Espíritu Santo:

Todos: **como era en el principio, ahora y siempre, por los siglos de los siglos. Amén.**

¡Evangeliza!

Líder: Preparemos nuestra mente y corazón para recibir a Cristo en nuestra vida.

Todos: **Te alabamos, Señor.**

Canten juntos.

Sabiduría celestial,
Al mundo hoy ven a morar.
Enséñanos y haznos saber
En ti lo que podemos ser.

Estribillo
¡Alégrate, oh Israel!
Vendrá, ya viene Emanuel.

Oh ven, oh ven, Emanuel © 1975, GIA Publications, Inc.

Esperar con alegría

Durante el Adviento, la Iglesia anticipa con gran alegría el regreso de Jesús al final de los tiempos. Se te llama a dedicar tiempo a la oración y a la meditación. En la Misa, escuchas las lecturas de la Sagrada Escritura que te dicen quién es Jesús. Con tu comunidad de fe, recuerdas que estás unido a los que han aceptado a la fe antes que tú.

❓ ¿De qué manera te sientes unido a todos los seguidores de Cristo?

ACTIVIDAD
Antífonas de Adviento

Esta semana, escribe tu propia antífona de Adviento. Empiézala con el título de Jesús que prefieras. Puede ser uno de los títulos que usa la Iglesia o uno nuevo que tú crees para Jesús. Reza tu antífona todos los días del Adviento.

© Harcourt Religion

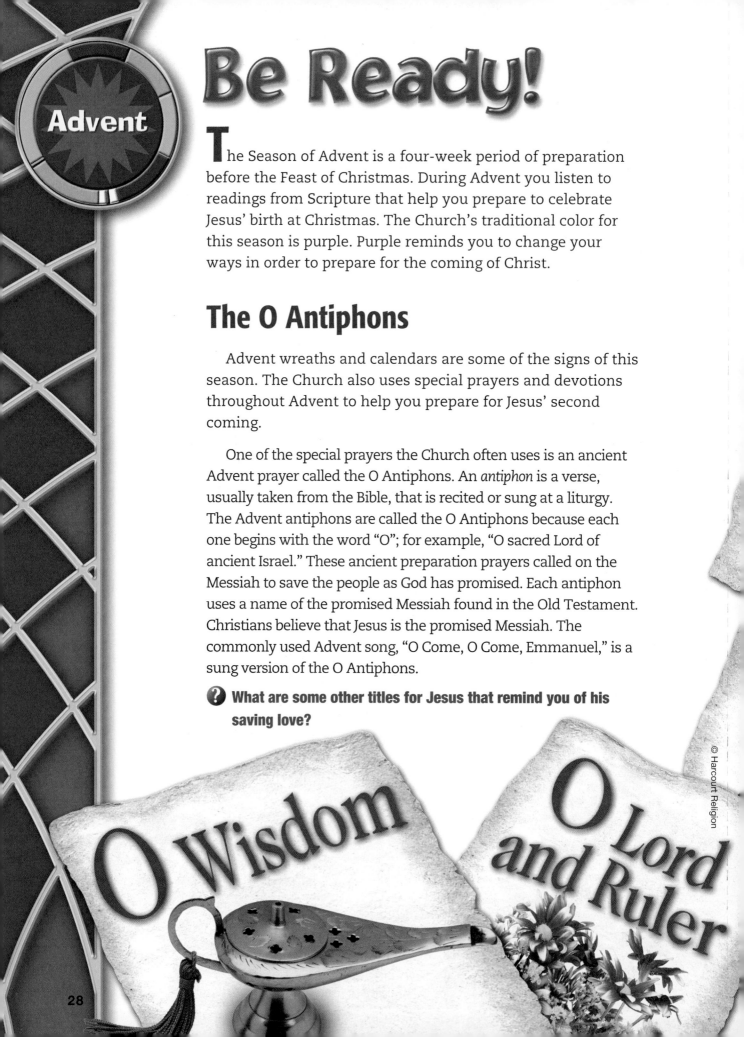

Advent

Be Ready!

The Season of Advent is a four-week period of preparation before the Feast of Christmas. During Advent you listen to readings from Scripture that help you prepare to celebrate Jesus' birth at Christmas. The Church's traditional color for this season is purple. Purple reminds you to change your ways in order to prepare for the coming of Christ.

The O Antiphons

Advent wreaths and calendars are some of the signs of this season. The Church also uses special prayers and devotions throughout Advent to help you prepare for Jesus' second coming.

One of the special prayers the Church often uses is an ancient Advent prayer called the O Antiphons. An *antiphon* is a verse, usually taken from the Bible, that is recited or sung at a liturgy. The Advent antiphons are called the O Antiphons because each one begins with the word "O"; for example, "O sacred Lord of ancient Israel." These ancient preparation prayers called on the Messiah to save the people as God has promised. Each antiphon uses a name of the promised Messiah found in the Old Testament. Christians believe that Jesus is the promised Messiah. The commonly used Advent song, "O Come, O Come, Emmanuel," is a sung version of the O Antiphons.

❓ What are some other titles for Jesus that remind you of his saving love?

O Wisdom

O Lord and Ruler

Celebrate Advent

Gather

Pray the Sign of the Cross together.

Leader: Our help is in the name of the Lord.

All: **Who made heaven and earth.**

Sing together.

O come, O come, Emmanuel,
And ransom captive Israel,
That mourns in lonely exile here
Until the Son of God appear.

Refrain
Rejoice! Rejoice! Emmanuel
Shall come to you, O Israel.

"O Come, O Come, Emmanuel" © 1975, GIA Publications, Inc.

Leader: Let us pray.
Bow your heads as the leader prays.

All: **Amen.**

Listen to God's Word

Reader: A reading from the holy Gospel according to Mark.
Read Mark 13:33–37.
The Gospel of the Lord.

All: **Praise to you, Lord Jesus Christ.**

Dialogue

How might you "be alert" to welcome Jesus?

Why do you think it's important to prepare for Jesus' coming?

Take a moment of silence to let the word of God speak to your heart and mind.

O Key of David

O Root of Jesse

Intercessions

Leader: Let us pray.

God our Father, you sent us your Son Jesus to show us who you are. Hear the prayers we offer you now. *Respond to each intercession with these words.*

All: **Hear our prayer, O Lord.**

Pray with the O Antiphons

Spend a few moments in silence before the Advent wreath. Then listen carefully as the leader reads aloud each of the O Antiphons. Reflect on how Jesus fulfills each promise for the Messiah.

Leader: Let us pray words of praise to God, who has done great things for us.

Glory to the Father, and to the Son, and to the Holy Spirit:

All: **as it was in the beginning, is now, and will be for ever. Amen.**

Go Forth!

Leader: Let us go forth to prepare our minds and hearts to welcome Christ into our lives.

All: **Thanks be to God.**

Sing together.

O come, O Wisdom from on high,
Who orders all things mightily;
To us the path of knowledge show,
And teach us in her ways to go.
Refrain
Rejoice! Rejoice! Emmanuel
Shall come to you, O Israel.

"O Come, O Come, Emmanuel" © 1975, GIA Publications, Inc.

Waiting in Joy

During Advent the Church anticipates with great joy the return of Jesus at the end of time. You are called to spend time in prayer and meditation. At Mass you listen to Scripture readings that tell you who Jesus is. With your faith community, you recall that you are connected to those who have come before you in faith

? **What are some ways you feel united to all followers of Christ?**

ACTIVITY
Advent Antiphons

Write your own Advent antiphon this week. Begin your antiphon with your favorite title for Jesus. The title may be one that is used by the Church or a new title that you create for Jesus. Pray your antiphon every day during Advent.

© Harcourt Religion

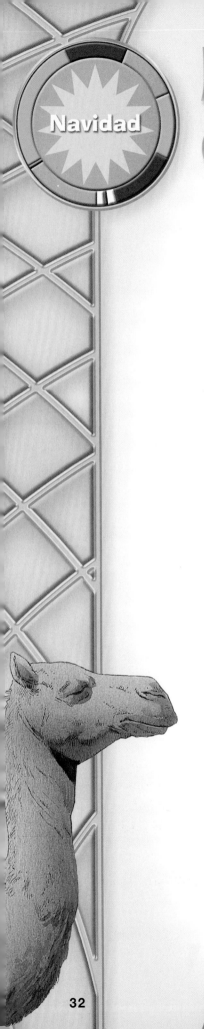

Días festivos del tiempo

La Navidad, o día de la Natividad, es una de las celebraciones más importantes del año litúrgico. Tanto es así, que no se puede celebrar en un solo día. La Iglesia celebra un tiempo entero de Navidad, caracterizado por la celebración de varios días festivos. Con cada celebración, aprendes más sobre Jesús, el don más importante de Dios.

La Navidad comienza con la celebración del nacimiento de Jesús en la víspera de Navidad, el 24 de diciembre. El domingo siguiente a la Navidad, la Iglesia celebra el día de la Sagrada Familia. Los católicos honran a María, la Madre de Dios, el primero de enero. En la solemnidad de la Epifanía, la Iglesia cuenta el relato de los Reyes Magos y sus regalos para el Niño Jesús. Por último, la Iglesia celebra el Bautismo de Jesús en el río Jordán, donde se le declara como el amado Hijo de Dios.

La Sagrada Familia

El día de la Sagrada Familia, la Iglesia celebra de manera especial el amor y la unidad de Jesús, María y José. María y José eran judíos devotos que seguían la ley judía. Ellos aceptaron la función especial de María como Madre del Hijo de Dios. Cuando Jesús nació, lo llevaron al Templo para presentarlo ante el Señor. A medida que crecía, Jesús rezaba y celebraba con su familia los días festivos judíos importantes. La Sagrada Familia es un modelo de respeto y de paz para todas las familias.

❓ ¿Por qué son importantes las familias?

Celebremos la Sagrada Familia

Juntos

Hagan juntos la señal de la cruz.

Canten juntos.

Él vino a darnos amor;
Él vino a darnos amor;
Él vino a darnos amor;
Aleluya por siempre al Señor.

"He Came Down" © 1990, GIA Publications, Inc.

Líder: Bendito sea el nombre del Señor.

Todos: **Ahora y por siempre.**

Líder: Oremos.

Inclinen la cabeza mientras el líder reza.

Todos: **Amén.**

Escucha la Palabra de Dios

Honra la Sagrada Escritura

Líder: Señor, abre nuestra mente para que podamos entender tu Palabra.

Todos: **Señor, abre nuestro corazón para que podamos vivir según tu Palabra.**

Pónganse de pie en silencio mientras algunos miembros de la clase llevan la Biblia a la mesa de oración. Cuando la Biblia esté colocada en su atril, túrnense para inclinarse respetuosamente ante ella.

Lector: Lectura del santo Evangelio según San Lucas.

Lean Lucas 2, 22 y 29–40.

Palabra del Señor.

Todos: **Gloria a ti, Señor Jesús.**

Diálogo

¿De qué manera sorprendieron Simeón y Ana a María y José?

¿De qué manera puedes dar gracias a Dios Padre por la redención que obtuvo Jesús, su Hijo?

Oración de los fieles

Líder: Oremos.

Dios, Padre, te pedimos que escuches nuestras oraciones, que te ofrecemos ahora como dones para ti.

Respondan a cada oración con estas palabras.

Todos: **Señor, acepta nuestra oración.**

Líder: Gloria al Padre y al Hijo y al Espíritu Santo.

Todos: **Como era en el principio, ahora y siempre, por los siglos de los siglos. Amén.**

¡Evangeliza!

Líder: Mostremos respeto y amor por nuestras familias.

Todos: **Te alabamos, Señor.**

Canten juntos.

Él vino a darnos amor;
Él vino a darnos amor;
Él vino a darnos amor;
Aleluya por siempre al Señor.

"He Came Down" © 1990, GIA Publications, Inc.

Familias de amor

María y José no siempre entendían a Jesús, pero siguieron confiando en Dios y amando a su hijo. En la familia, es muy importante confiar en Dios y respetarse unos a otros. Puedes honrar a tus padres y a quienes te cuidan de muchas maneras. Puedes obedecerlos, hacer cosas por ellos y apreciar el sacrificio que hacen. Compartir lo que tenemos con los demás miembros de la familia es otra manera de mostrar amor por Dios y por los demás.

❓ ¿De qué manera puede tu familia seguir el ejemplo de la Sagrada Familia?

ACTIVIDAD

Hacer un cartel

En grupos, comenten sobre cómo la familia puede unirse y fortalecerse más. Piensen en cosas específicas que pueden hacer para ser más respetuosos en casa. Hagan también una lista de lo que pueden hacer los niños más pequeños. Creen un "Cartel del respeto" y preséntenlo a una clase de estudiantes más pequeños.

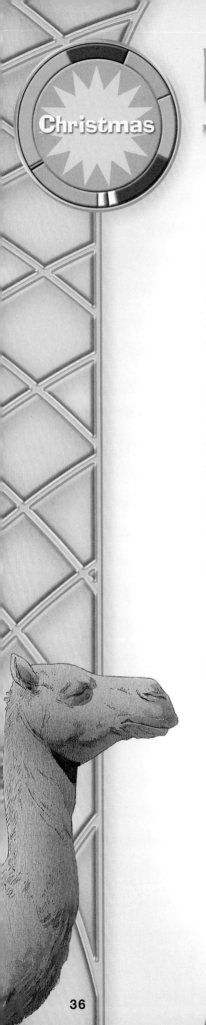

Feasts of the Season

Christmas, or the Feast of the Nativity, is a major feast in the Church's liturgical year. This feast is too important to be celebrated for only one day. Instead, the Church celebrates an entire Christmas Season, marked by the celebration of several feasts. With each celebration you learn more about Jesus, God's greatest gift.

The Christmas Season begins with the celebration of Jesus' birth on the eve of Christmas, December 24. On the Sunday after Christmas, the Church celebrates the Feast of the Holy Family. Catholics honor Mary, the Mother of God, on January 1. On the Solemnity of the Epiphany, the Church tells the story of the Magi and their gifts for the Christ Child. Finally, the Church celebrates Jesus' baptism in the Jordan River, where Jesus is declared the beloved Son of God.

The Holy Family

On the Feast of the Holy Family, the Church celebrates in a special way the love and unity of Jesus, Mary, and Joseph. Mary and Joseph were devout Jews who followed Jewish law. They accepted Mary's special role as Mother of the Son of God. When Jesus was born, they brought him to the Temple to present him to the Lord. As Jesus grew, he prayed and celebrated the great Jewish feasts with his family. The Holy Family is a model of respect and peace for all familie.

❓ **Why are families important?**

Celebrate the Holy Family

Gather

Pray the Sign of the Cross together.

Sing together.

He came down that we may have love;
He came down that we may have love;
He came down that we may have love,
Hallelujah for ever more.

"He Came Down" © 1990, GIA Publications, Inc.

Leader: Blessed be the name of the Lord.

All: **Now and for ever.**

Leader: Let us pray.
Bow your heads as the leader prays.

All: **Amen.**

Listen to God's Word

Honoring the Scriptures

Leader: Lord, open our minds so that we may understand your word.

All: **Lord, open our hearts so that we may live by your word.**

Stand silently as some class members carry the Bible to the prayer table. When the Bible is placed on its stand, take turns respectfully bowing in front of it.

Reader: A reading from the holy Gospel according to Luke.
Read Luke 2:22, 29–40.
The Gospel of the Lord.

All: **Praise to you, Lord Jesus Christ.**

Dialogue

In what way did Simeon and Anna surprise Mary and Joseph?

In what ways can you give thanks to God the Father for the redemption won by his Son, Jesus?

Intercessions

Leader: Let us pray.

God our Father, we ask you to listen to our prayers, which we offer now as gifts to you.
Respond to each intercession with these words.

All: **Lord, accept our prayer.**

Leader: Glory to the Father, and to the Son, and to the Holy Spirit:

All: **as it was in the beginning, is now, and will be for ever. Amen.**

Go Forth!

Leader: Let us go forth to show respect and love for our families.

All: **Thanks be to God.**

Sing together.

He came down that we may have love;
He came down that we may have love;
He came down that we may have love,
Hallelujah for ever more.

"He Came Down" © 1990, GIA Publications, Inc.

Families of Love

Mary and Joseph did not always understand Jesus, but they continued to trust in God and love their son. Trust in God and respect for one another are very important in families. You can honor your parents and guardians in many ways. You can obey them, do kind things for them, and appreciate the sacrifice they make. Sharing what we have with other family members is another way to show love for God and one another.

❓ **What are some ways your family can follow the example of the Holy Family?**

ACTIVITY
Make a Banner

In groups talk about ways families can grow closer and stronger. Come up with specific things you can do to be more respectful at home. Make a list of things younger children can do, too. Create a "Respect Banner" and present it to a class of younger students.

La imagen de Cristo

A través del año litúrgico la Iglesia celebra la fiesta de sus santos. Muchos de estos santos tuvieron una vida común. Lo que los hace especiales es que, a medida que crecía en ellos su amistad con Jesús, su vida reflejaba la imagen de Cristo a los demás. Uno de ellos es Santa Catalina Drexel. Su día se celebra el 3 de marzo.

Santa Catalina Drexel

Catalina nació en 1858 en el seno de una adinerada familia estadounidense. Recibió buena educación y viajaba con frecuencia. Su familia le enseñó que las riquezas debían usarse para ayudar a los pobres o a los que necesitaban educación. Siendo joven, Catalina heredó grandes sumas de dinero. Las usó para mantener a los misioneros que ejercían su ministerio con los amerindios. En 1887, Catalina le pidió al Papa León XIII que enviara más misioneros. El papa la alentó para que ella misma se hiciera misionera.

Catalina fundó las Hermanas del Santísimo Sacramento para trabajar con los amerindios y los afroamericanos. Las Hermanas establecieron un sistema de escuelas católicas para afroamericanos y cincuenta misiones amerindias. Catalina Drexel fundó también la primera universidad para afroamericanos en Nueva Orleans, Luisiana.

Catalina Drexel tendió la mano a los necesitados. Mostró a los demás el rostro de Cristo a través de su devoción a los pobres y a los de poca educación. Tú puedes hacer lo mismo de manera muy sencilla. Todas las acciones que realizas por amor muestran la imagen de Cristo a los demás.

❓ En tu parroquia y en tu escuela, ¿quiénes te muestran la imagen de Cristo?

Celebremos la imagen de Dios

Juntos

Canten juntos.

Bautizados con el agua, señalados con el Espíritu,
Purificados con la sangre de Cristo nuestro Rey:
Herederos de la salvación, confiando en su
    promesa,
Leales cantamos ahora la alabanza de Dios.

Versión de "Baptized in Water" © 1999, GIA Publications, Inc.

Líder: Nuestra ayuda es en el nombre del Señor.

Todos: **Que hizo el cielo y la tierra.**

Líder: Oremos para que podamos parecernos más
a Cristo.

Inclinen la cabeza y recen en silencio.

Todos: **Amén.**

Escucha la Palabra de Dios

Lector 2: Lectura de la carta a los Gálatas.
Lean Gálatas 3, 26–29.
Palabra de Dios.

Todos: **Te alabamos, Señor.**
Pónganse de pie.

Todos: **Aleluya. Aleluya.**

Lector 2: Lectura del santo Evangelio según San Juan.
Lean Juan 17, 18–26.
Palabra del Señor.

Todos: **Gloria a ti, Señor Jesús.**

Diálogo

¿Qué significa estar "revestido de Cristo"?

¿Qué te inspiran a hacer en tu vida los pasajes de la
Sagrada Escritura?

Oración de los fieles

Líder: Oremos por las necesidades de la Iglesia, del mundo y de nuestra comunidad.

Respondan a cada oración con estas palabras.

Todos: **Oh Señor, escucha nuestra oración.**

Bendición con agua bendita

Líder: Esta agua nos recuerda nuestro Bautismo. Es un signo de la nueva vida que se nos ha dado.

Canten juntos.

Bautizados con el agua, señalados con el Espíritu,
Muertos en la tumba con Cristo nuestro Rey:
Unidos en su resurrección, libres y perdonados,
Agradecidos cantamos ahora la alabanza de Dios.

Versión de "Baptized in Water," Michael Saward© 1982,
Jubilate Hymns, Ltd.

Líder: Revistámonos en Cristo haciéndonos la señal de la cruz.

Acércate, sumerge tu mano en el agua y haz la señal de la cruz sobre la frente.

¡Evangeliza!

Líder: Vayamos esta semana a mostrar el amor de Cristo a todas las personas que conozcamos.

Todos: Amén.

Canten juntos.

Bautizados con el agua, señalados con el Espíritu,
Marcados con la señal de Cristo nuestro Rey:
Nacidos de un Padre, somos sus hijos,
Alegres cantamos ahora la alabanza de Dios.

Versión de "Baptized in Water," Michael Saward© 1982,
Jubilate Hymns, Ltd.

Que los demás puedan ver

Tú fuiste creado a imagen de Dios y bautizado en el Cuerpo de Cristo, la Iglesia. Ése fue el comienzo de tu camino de fe. Cada vez que actúas con bondad hacia otra persona, cada vez que perdonas a alguien y cada vez que eliges obedecer las leyes de Dios, profundizas tu relación con Dios. La imagen de Jesús brilla en ti para que los demás la vean y crean.

? **¿Qué acciones puedes hacer para mostrar la imagen de Cristo al mundo?**

C
A
T
A
L
I
N
A

ACTIVIDAD

Escribe un poema

Piensa en maneras en que puedes mostrar la imagen de Cristo. Escribe un poema usando cada letra del nombre *Catalina* para comenzar una oración o una frase que indique una acción que puedas hacer.

Image of Christ

Ordinary Time provides an opportunity to celebrate the feasts of many saints. Most of these saints lived ordinary lives. What makes them special is that as they grew in friendship with Jesus their lives reflected the image of Christ to others. One of these saints is Saint Katharine Drexel. Her feast day is celebrated on March 3.

Saint Katharine Drexel

Katharine was born into a wealthy U.S. family in 1858. She had a good education and traveled often. Her family taught her that wealth should be used to help others who were poor or needed education. As a young woman, Katharine inherited large sums of money. She used it to support missionaries who ministered to Native Americans. In 1887 Katharine asked Pope Leo XIII to send more missionaries. The Pope challenged Katharine to become a missionary herself.

Katharine founded the Sisters of the Blessed Sacrament to work with Native and African Americans. The Sisters set up a system of Catholic schools for African Americans and fifty Native American missions. Katharine Drexel also founded the first university for African Americans in New Orleans, Louisiana.

Katharine Drexel reached out to people in need. She showed others the face of Christ through her devotion to those who were poor and undereducated. You can do the same in very ordinary ways. Every action you take out of love shows the image of Christ to othrs.

❓ **In your parish and school, who shows Christ's image to you?**

Celebrate God's Image

Gather

Sing together.

Baptized in water, Sealed by the Spirit,
Cleansed by the blood of Christ our King:
Heirs of salvation, trusting his promise,
Faithfully now God's praise we sing.

"Baptized in Water" © 1999, GIA Publications, Inc.

Leader: Our help is in the name of the Lord.

All: **Who made heaven and earth.**

Leader: Let us pray that we may become more like Christ.
Bow your heads and pray silently.

All: **Amen.**

Listen to God's Word

Reader 2: A reading from the Letter to the Galatians.
Read Galatians 3:26–29.
The word of the Lord.

All: **Thanks be to God.**
Stand.

All: **Alleluia. Alleluia.**

Reader 2: A reading from the holy Gospel according to John.
Read John 17:18–26.
The Gospel of the Lord.

All: **Praise to you, Lord Jesus Christ.**

Dialogue

What does it mean to be "clothed in Christ"?

What do the Scripture passages inspire you to do
in your life?

45

Intercessions

Leader: Let us pray for the needs of the Church, the world, and our community.

Respond to each intercession with these words.

All: **O Lord, hear our prayer.**

Blessing with Holy Water

Leader: This water reminds us of our Baptism. It is a sign of the new life that is given us.

Sing together.

Baptized in water, Sealed by the Spirit,
Dead in the tomb with Christ our King:
One with his rising, Freed and forgiven,
Thankfully now God's praise we sing.

"Baptized in Water," Michael Saward© 1982, Jubilate Hymns, Ltd.

Leader: Let us put on Christ by signing ourselves with the cross.

Come forward, dip your hand into the water and make the Sign of the Cross on your forehead.

Go Forth!

Leader: Let us go forth and show Christ's love to everyone we meet this week.

All: Amen.

Sing together.

Baptized in water, Sealed by the Spirit,
Marked with the sign of Christ our King:
Born of one Father, We are his children,
Joyfully now God's praise we sing.

"Baptized in Water," Michael Saward© 1982, Jubilate Hymns, Ltd.

That Others May See

You were created in God's image and baptized into the Body of Christ, the Church. This was the beginning of your faith journey. Each time you act out of kindness toward another person, each time you forgive someone, and each time you choose to obey God's laws, you deepen your relationship with God. The image of Jesus shines forth in you for others to see and beleve.

❓ What actions can you take that show forth the image of Christ to the world?

K A T H A R I N E

ACTIVITY

Write a Poem

Think of ways that you can show forth the image of Christ. Write a poem using each letter of Katharine's name to begin a sentence or phrase that tells an action you can take.

Los cuarenta días

Durante las seis semanas previas a la Pascua, la Iglesia observa el tiempo de la Cuaresma. Este tiempo ofrece a la comunidad de la Iglesia la oportunidad de apartarse de todas las formas de vida egoístas y volver a Dios. ¡La Cuaresma te prepara para celebrar la Pascua con gran alegría!

Regresa a Dios

Durante la Cuaresma, la Iglesia pide a sus miembros que recen, ayunen y den limosnas. Mediante la oración, puedes pedirle a Dios que te enseñe a fortalecer tu relación con Él y con los demás. El ayuno te deja una sensación de apetito y un vacío. Eso te ayuda a ver que solamente Dios puede satisfacer todas tus necesidades. Dar limosnas significa dar a los necesitados algo de lo que tienes. Dar limosnas como una obra de misericordia consiste en alimentar a los hambrientos, vestir a los que no tienen ropas adecuadas y dar de beber a los sedientos. A veces, puedes dar dinero o tiempo.

Cualquier forma de amor y de caridad que elijas debe implicar alguna clase de sacrificio. Es un recordatorio de que, durante la Cuaresma, estás mostrando tu dependencia de Dios y de que todas las cosas vienen de Dios y están hechas para compartirlas con los demás.

❓ **¿Cómo puedes confiar en Dios durante el tiempo de la Cuaresma?**

Celebramos la Cuaresma

Juntos

Hagan juntos la señal de la cruz.

Líder: Oh Señor, abre mis labios.

Todos: **Que mi boca proclame tu alabanza.**

Líder: Oremos.

Inclinen la cabeza mientras el líder reza.

Todos: **Amén.**

Rito de la penitencia

Formen un círculo y arrodíllense.

Líder: Pidamos ahora perdón a Dios y entre nosotros.

Todos: **Yo confieso ante Dios todopoderoso
y ante vosotros, hermanos,
que he pecado mucho
de pensamiento, palabra,
obra y omisión.
Por mi culpa, por mi culpa, por mi gran culpa.
Por eso ruego a santa María, siempre Virgen,
a los ángeles, a los santos
y a vosotros, hermanos,
que intercedáis por mí ante Dios, nuestro Señor.
Amén.**

Canten juntos el estribillo.

Ten misericordia de nosotros.

Versión de "Hold Us In Your Mercy" © 1993, GIA Publications, Inc.

Escucha la Palabra de Dios

Lector: Lectura del santo Evangelio según San Lucas.

Lean Lucas 19, 1–10.

Palabra del Señor.

Todos: **Gloria a ti, Señor Jesús.**

Hagan un momento de silencio para que la Palabra de Dios hable a su corazón y a su mente.

Diálogo

¿Qué parte te gusta más del relato sobre Zaqueo? ¿Por qué?

¿Cómo mostró Zaqueo que quería verdaderamente volver su vida hacia Dios?

Líder: Confiados invocamos al Señor.

Todos: **Padre nuestro...**

¡Evangeliza!

Líder: Vayamos a vivir en la gracia de Dios.

Todos: **Te alabamos, Señor.**

El poder amoroso de Dios

El amor de Dios por ti es muchísimo más grande que cualquier error que puedas cometer. Dios te recibirá y te dará su perdón siempre que te arrepientas sinceramente. Como aprendió Zaqueo, el perdón de Dios trae la fortaleza para reparar cualquier daño que se haya podido causar. Con la ayuda de Dios, puedes llegar a ser más amoroso con Dios, contigo mismo y con los demás.

❓ ¿Para qué clase de acciones quieres pedirle a Dios que te ayude a cambiar?

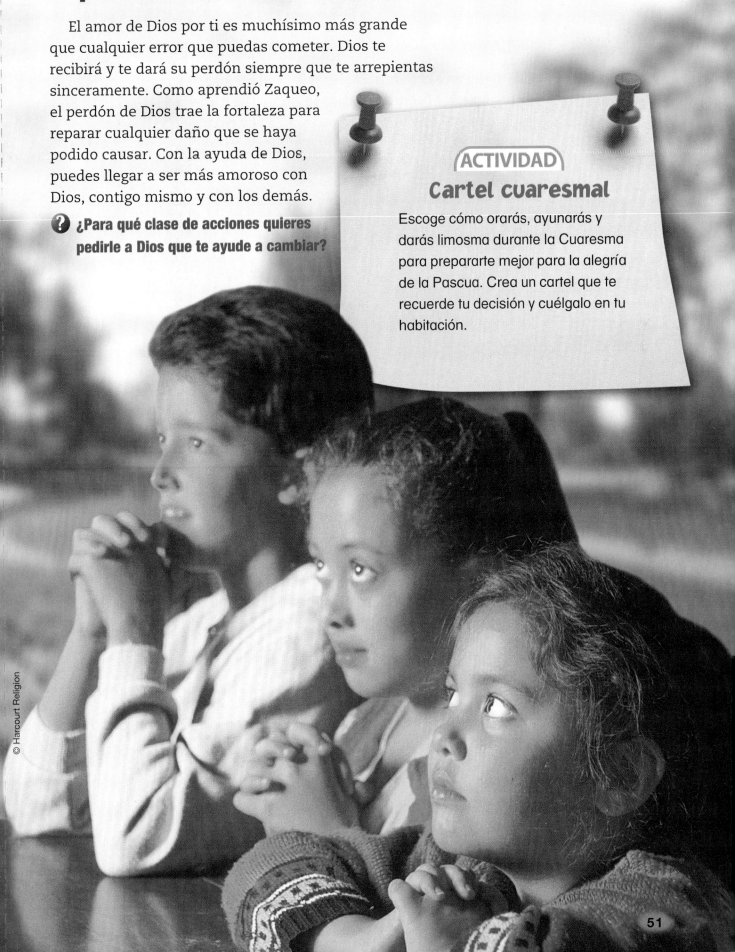

ACTIVIDAD
Cartel cuaresmal

Escoge cómo orarás, ayunarás y darás limosma durante la Cuaresma para prepararte mejor para la alegría de la Pascua. Crea un cartel que te recuerde tu decisión y cuélgalo en tu habitación.

51

Lent

The Forty Days

For six weeks before Easter, the Church observes the Season of Lent. This season offers the Church community an opportunity to turn away from any selfish ways of living and turn toward God. Lent prepares you to celebrate Easter with great joy!

Turn Back to God

During Lent the Church asks its members to pray, to fast, and to give alms. Through prayer you can ask God to show you how to make your relationships with him and others stronger. Fasting leaves you with a sense of hunger and an emptiness. This helps you see that God alone can satisfy all your needs. Giving alms means to give some of what you have to those who are in need. Almsgiving as a work of mercy may consist of feeding those who are hungry, clothing those who do not have proper clothing, and giving drink to those who are thirsty. Sometimes you might give money or time.

Whatever form of love and charity you choose, there should be some kind of sacrifice involved. This is a reminder that during Lent, you are showing your dependence on God and that all things come from God and are meant to be shared with ohers.

❓ **How can you rely on God during the season of Lent?**

Celebrate Lent

Gather

Pray the Sign of the Cross together.

Leader: O Lord, open my lips.

All: **That my mouth shall proclaim your praise.**

Leader: Let us pray.

          Bow your heads as the leader prays.

All: **Amen.**

Penitential Rite

Move into a circle and kneel.

Leader: Let us now ask God and one another to forgive us.

All: **I confess to almighty God,**
          and to you, my brothers and sisters,
          that I have sinned through my own fault
          in my thoughts and in my words,
          in what I have done,
          and in what I have failed to do;
          and I asked blessed Mary, ever virgin,
          all the angels and saints,
          and you, my brothers and sisters,
          to pray for me to the Lord our God. Amen.

Sing together the refrain.

Hold us in your mercy.

"Hold Us In Your Mercy" © 1993, GIA Publications, Inc.

Listen to God's Word

Reader: A reading from the holy Gospel according to Luke.
Read Luke 19:1–10.
The Gospel of the Lord.

All: **Praise to you, Lord Jesus Christ.**

Take a moment of silence to let the word of God speak to your heart and mind.

Dialogue

What part of the Zacchaeus story do you like the best? Why?

How did Zacchaeus show that he truly wanted to turn his life toward God?

Leader: With trust we call upon the Lord.

All: **Our Father . . .**

Go Forth!

Leader: Let us go forth to live in God's grace.

All: **Thanks be to God.**

God's Loving Power

God's love for you is far greater than any wrong you can commit. God will always welcome you and give you forgiveness when you are truly sorry. As Zacchaeus learned, God's forgiveness brings the strength to help make up for any harm that may have been caused. With God's help, you can become more loving toward God, yourself, and thers.

? What kinds of actions do you want to ask God's help in changing?

ACTIVITY

Lenten Poster

Decide on one action of prayer, fasting, and almsgiving you will do during Lent to better prepare yourself for the joy of Easter. Create a poster that reminds you of your decision, and hang it in your room.

nueva vida en Cristo

Después de la Cuaresma, la Iglesia celebra sus tres días más sagrados conocidos como el Triduo Pascual. Durante estos tres días, que empiezan con la Misa de la Cena del Señor en la noche del Jueves Santo y que terminan con la oración nocturna del domingo de Pascua, la Iglesia recuerda que Jesús pasó de la muerte a la nueva vida. A través del Bautismo, evocas tu propio paso del poder del pecado y la muerte eterna a la nueva vida en Cristo.

Tres días santos

La Misa de la Cena del Señor el Jueves Santo es el primer paso para sumergirse en el misterio de la salvación. En la primera Eucaristía, reinaba la expectativa del derramamiento de la sangre de Jesús por el perdón de los pecados. En la Eucaristía, regresas a Dios a través del sacrificio de Cristo en la cruz.

Con el don de la Sagrada Eucaristía, Jesús te enseñó a amar. Cuando lavó los pies de sus Apóstoles en la Última Cena, Jesús enseñó a sus seguidores a servise unos a otros. La Iglesia recuerda estas acciones y su significado en el ritual del lavado de los pies el Jueves Santo.

A medida que el Triduo Pascual continúa, evocas el padecimiento y la muerte de Jesús en la cruz. El Viernes Santo es el día más solemne del año eclesiástico. Durante la liturgia del Viernes Santo, das gracias a Jesús por su gran sacrificio.

El Sábado Santo es un día de oración en silencio, ya que la Iglesia aguarda la alegría de la Resurrección. En la Vigilia Pascual, empieza el tercer día sagrado. Ese día comienza la celebración especial de la Resurrección de Jesús. Es tu celebración de la nueva vida.

❓ **¿Cómo celebra tu parroquia el Triduo Pascual?**

Celebramos el amor

Juntos

Hagan juntos la señal de la cruz.

Líder: Dios, ven en mi ayuda.

Todos: **Señor, date prisa en socorrerme.**

Líder: Gloria al Padre y al Hijo y al Espíritu Santo.

Todos: **Como era en el principio, ahora y siempre, por los siglos de los siglos. Amén.**

Líder: Oremos.
Inclinen la cabeza mientras el líder reza.

Todos: **Amén.**

Escucha la Palabra de Dios

Lector: Lectura del santo Evangelio según San Juan.
Lean Juan 13, 1–15.
Palabra del Señor.

Todos: **Gloria a ti, Señor Jesús.**

Diálogo

¿Cómo muestra Jesús su amor?

¿Qué significa para ti "lavar los pies de los demás"?

Lavado de las manos

Líder: Les doy un mandamiento nuevo: que se amen los unos a los otros. Ustedes deben amarse unos a otros como yo los he amado.

Juan 13, 34

Vayan en procesión a la mesa de oración. Canten mientras tú y tus compañeros se turnan para lavar las manos de la persona que sigue.

Canten juntos el estribillo.

Ámense uno al otro. Ámense uno al otro
como los he amado yo.
Cuídense uno al otro. Cuídense uno al otro
como yo los he cuidado.

Versión de "Love One Another" © 2000, GIA Publications, Inc.

Oración de los fieles

Líder: Oremos. Dios, Padre, escucha nuestras oraciones por los que no están libres este día.

Respondan a cada oración con estas palabras.

Todos: **Señor, escucha nuestra oración.**

Líder: Recemos juntos la oración que nos dio Jesús.

Todos: **Padre nuestro...**

¡Evangeliza!

Líder: Vayamos a amarnos y a servirnos unos a otros como Jesús nos ha enseñado.

Todos: Te alabamos, Señor.

Servirnos unos a otros

Lavarnos las manos o los pies unos a otros es un símbolo de servirnos como Jesús pidió a sus Apóstoles que hicieran. Nosotros continuamos sirviendo a los demás y seguimos a Jesús todos los días, cuando mostramos paciencia, perdón y cuidado. Servir a los demás es una manera de participar en la nueva vida que Jesús ofrece a sus seguidores.

❓ ¿A qué persona conoces que sirve a los demás? ¿De qué manera es esa persona un modelo de conducta para los demás?

ACTIVIDAD

Un signo de servicio

¿Qué signos de servicio entre unos y otros existen hoy? Registra algunos signos de servicio que veas en tu familia, en tu vecindario y en tu escuela. ¿Cómo muestran estos servicios el amor por Dios y por los demás?

59

New Life in Christ

After Lent the Church celebrates its three holiest days, known as the Triduum. During these three days—starting with the Mass of the Lord's Supper on Holy Thursday evening and ending with evening prayer on Easter Sunday—the Church remembers that Jesus crossed over from death to new life. You recall your own passing over through Baptism from the power of sin and everlasting death to new life in Christ.

Three Holy Days

The Mass of the Lord's Supper on Holy Thursday is the first plunge into the mystery of salvation. The first Eucharist looked forward in expectation to Jesus shedding his blood for the forgiveness of sins. In the Eucharist you are brought back to God through Christ's sacrifice on the cross.

With the gift of the Holy Eucharist, Jesus showed you how to love. When Jesus washed the feet of his Apostles at the Last Supper, Jesus showed his followers how to serve one another. The Church remembers these actions and their meanings in the ritual of foot washing on Holy Thursday.

As the Triduum continues, you recall Jesus' suffering and death on the cross. Good Friday is the most solemn day in the Church year. During Good Friday liturgy, you thank Jesus for his great sacrifice.

Holy Saturday is a day of silent prayer as the Church waits for the joy of Resurrection. At the Easter Vigil the third sacred day begins. This day begins the special celebration of Jesus' Resurrection. It is your celebration of new life.

❓ **How does your parish celebrate Triduum?**

Celebrate Love

Gather

Pray the Sign of the Cross together.

Leader: God, come to my assistance.

All: **Lord, make haste to help me.**

Leader: Glory to the Father, and to the Son, and to the Holy Spirit:

All: **as it was in the beginning, is now, and will be for ever. Amen.**

Leader: Let us pray.
Bow your heads as the leader prays.

All: **Amen.**

Listen to God's Word

Reader: A reading from the holy Gospel according to John.
Read John 13:1–15.
The Gospel of the Lord.

All: **Praise to you, Lord Jesus Christ.**

Dialogue

How does Jesus show his love?

What does "washing others' feet" mean to you?

Washing of Hands

Leader: I give you a new commandment: love one another. As I have loved you, so you also should love one another.

John 13:34

Process to the prayer table. Sing as you and your classmates take turns washing the hands of the person next to you.

Sing together the refrain.

Love one another. Love one another,
as I have loved you.
Care for each other. Care for each other,
as I care for you.

"Love One Another" © 2000, GIA Publications, Inc.

Intercessions

Leader: Let us pray. God, our Father, hear our prayers for those who are not free this day.

Respond to each intercession with these words.

All: **Lord, hear our prayer.**

Leader: Let us pray together the prayer that Jesus gave us.

All: **Our Father . . .**

Go Forth!

Leader: Let us go forth to love and serve one another, as Jesus has taught us.

All: **Thanks be to God.**

Serving One Another

Washing one another's hands or feet is a symbol of serving one another as Jesus asked his Apostles to do. We continue to serve others and follow Jesus every day when we show patience, forgiveness, and care. Serving others is a way to share in the new life that Jesus offers his fllowers.

? **Who do you know that serves other? How is that person a role model to others?**

(ACTIVITY)

A Sign of Service

What are some signs of serving one another today? Write down some signs of service that you see in your family, in your neighborhood, and in your school. How does this service show love for God and others?

¡Es Jesús!

La celebración de la Pascua comienza durante la celebración del Triduo Pascual, los tres días más sagrados del año eclesiástico. El tercer día del Triduo Pascual es en el que la Iglesia celebra la Resurrección de Jesús de entre los muertos. Esta gran celebración se llama Pascua. ¡En este día los cristianos proclaman que Jesús está vivo para siempre!

En la fracción del pan

Los discípulos de Jesús estaban abatidos y muy asustados. ¿Cómo harían para seguir adelante? Pensaban que Jesús estaba muerto para siempre.

Mientras dos de los discípulos volvían de Jerusalén, un desconocido se les unió en el camino. Mientras caminaban, les explicó la Sagrada Escritura. Aunque los discípulos no reconocieron al hombre, lo invitaron a que se quedara con ellos esa noche en la ciudad de Emaús. El desconocido aceptó. Mientras cenaban juntos, los dos discípulos lo reconocieron. ¡Era Jesús!

Jesús camina también junto a ti. Está presente en medio de la asamblea reunida para la Misa. Te dice la Palabra de Dios a través de las lecturas de la Sagrada Escritura y se comparte a sí mismo contigo en la Eucaristía. Tus ojos están abiertos para ver que es Jesús, el Señor Resucitado, quien comparte contigo este alimento especial.

? **¿Qué puedes hacer para ayudar a que los demás reconozcan la presencia de Jesús en su vida?**

Celebramos la Pascua

Juntos

Canten juntos.

Cantemos una nueva canción, cantemos acerca de Cristo
quien resucitó de entre los muertos.
¡Aleluya! ¡Aleluya! Cantemos una nueva canción.

¡Aleluya! ¡Bailemos y cantemos una nueva canción
de alegría!
Ahora Cristo vive entre nosotros. ¡Aleluya!

Todos los hijos de Dios, ¡vivimos con el corazón y el
alma alegres!
Demos gracias al Señor como Hijos de Dios.

Versión de "Sing a New Song" © 2000, GIA Publications, Inc.

Hagan juntos la señal de la cruz.

Líder: Luz y paz en Jesucristo, nuestro Señor, aleluya.

Todos: **Te alabamos, Señor, aleluya.**

Líder: Oremos.
Inclinen la cabeza mientras el líder reza.

Todos: **Amén.**

Escucha la Palabra de Dios

Lector: Lectura del santo Evangelio según San Lucas.
Lean Lucas 24, 13–35.
Palabra del Señor.

Todos: **Gloria a ti, Señor Jesús.**

Diálogo

¿Por qué te parece que los discípulos no reconocieron a Jesús
mientras caminaba junto a ellos?

¿De qué manera reconoces a Jesús en tu vida?

65

La Oración del Señor y la señal de la paz

Líder: Invoquemos a nuestro Padre amoroso como Jesús nos enseñó.

Todos: **Padre nuestro...**

Líder: Que el Dios de vida y esperanza llene nuestro corazón y nuestra vida.

Todos: **Amén.**

Líder: Démonos unos a otros la señal de la paz de Cristo.

Dense unos a otros la señal de la paz de Cristo.

¡Evangeliza!

Líder: Que el Señor nos bendiga y nos guarde.

Todos: **Amén.**

Líder: Que el rostro del Señor brille sobre nosotros.

Todos: **Amén.**

Líder: Que el Señor nos mire con misericordia y nos dé paz.

GIA Publications, Inc.

Todos: **Amén.**

Líder: Salgamos de aquí fortalecidos para reconocer la presencia de Jesús, aleluya, aleluya.

Todos: **Te alabamos, Señor, aleluya, aleluya.**

Jesús está presente

En el tiempo de Pascua llegas a darte cuenta con mayor profundidad de que Jesús está vivo y presente. Puedes reconocerlo como lo reconocieron los discípulos en Emaús. Jesús está presente en la Sagrada Escritura y, más especialmente, en la Eucaristía. Jesús viene a ti todos los días en las personas y en la oración.

❓ ¿Dónde buscarás a Jesús esta semana?

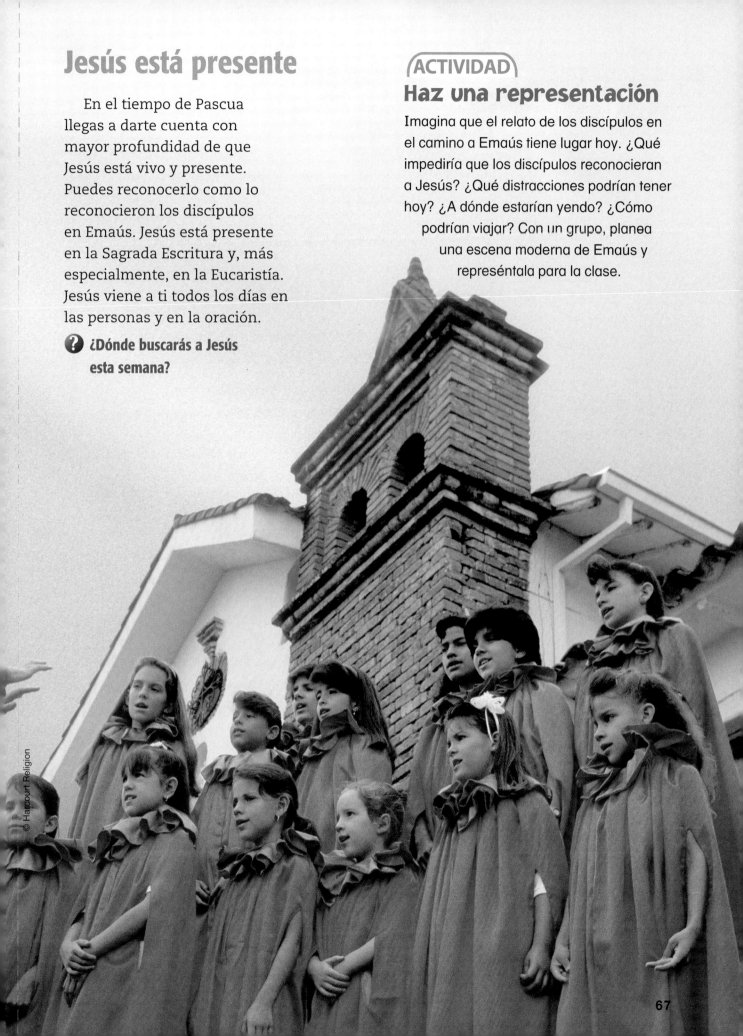

ACTIVIDAD

Haz una representación

Imagina que el relato de los discípulos en el camino a Emaús tiene lugar hoy. ¿Qué impediría que los discípulos reconocieran a Jesús? ¿Qué distracciones podrían tener hoy? ¿A dónde estarían yendo? ¿Cómo podrían viajar? Con un grupo, planea una escena moderna de Emaús y represéntala para la clase.

It Is Jesus!

The celebration of Easter begins during the celebration of the Triduum—the three holiest days of the Church year. The third day of the Triduum is the day the Church celebrates Jesus' Resurrection from the dead. This great feast is called Easter. On this day Christians proclaim that Jesus is alive forever!

In the Breaking of the Bread

Jesus' disciples were very downcast and frightened. How could they go on? They thought Jesus was dead forever.

As two of Jesus' disciples were walking home from Jerusalem, a stranger joined them on the road. He explained the Scriptures to them as they walked along. Although the disciples did not recognize the man, they invited him to stay with them for the night in the town of Emmaus. The stranger agreed. As they shared a meal together, the two disciples recognized the stranger. It was Jesus!

Jesus walks along the road with you, too. Jesus is present in the midst of the assembly gathered for Mass. He speaks God's word to you through the Scripture readings, and he shares himself with you in the Eucharist. Your eyes are opened to see that it is Jesus, the Risen Lord, who is sharing this special meal with you.

❓ **What can you do to help others recognize Jesus' presence in their lives?**

Celebrate Easter

Gather

Sing together.

Sing a new song, Sing of Christ who
   rose from the dead.
Alleluia! Alleluia! Sing a new song.

Alleluia! Sing and dance a song of joy!
Christ now lives among us. Alleluia!

All God's children, Hearts and souls we live in joy!
Give thanks to the Lord as Children of God.

"Sing a New Song" © 2000, GIA Publications, Inc.

Pray the Sign of the Cross together.

Leader:	Light and peace in Jesus Christ Our Lord, alleluia.
All:	**Thanks be to God, alleluia.**
Leader:	Let us pray.
	Bow your heads as the leader prays.
All:	**Amen.**

Listen to God's Word

Reader:	A reading from the holy Gospel according to Luke.
	Read Luke 24:13–35.
	The Gospel of the Lord.
All:	**Praise to you, Lord Jesus Christ.**

Dialogue

Why do you think the disciples didn't recognize Jesus when he walked with them on the road?

What is one way you recognize Jesus in your life?

The Lord's Prayer and Sign of Peace

Leader: Let us call on our Loving Father as Jesus taught us.

All: **Our Father . . .**

Leader: May the God of life and hope fill our hearts and lives.

All: **Amen.**

Leader: Let us offer to each other a sign of the peace of Christ.

Offer one another a sign of the peace of Christ.

Go Forth!

Leader: May the Lord bless us and keep us.

All: **Amen.**

Leader: May the Lord's face shine upon us.

All: **Amen.**

Leader: May the Lord look upon us with kindness, and give us peace.

GIA Publications, Inc.

All: **Amen.**

Leader: Let us leave this place strengthened to recognize Jesus' presence, alleluia, alleluia.

All: **Thanks be to God, alleluia, alleluia.**

Jesus Is Present

In the Easter Season you come to a deeper realization that Jesus is alive and present. You can recognize Jesus just as the disciples recognized him at Emmaus. Jesus is present in the Scriptures and most especially in the Eucharist. Jesus comes to you every day in people and in prayer.

? Where will you look for Jesus this week?

© Harcourt Religion

ACTIVITY
Act It Out

Imagine that the story of the disciples on the road to Emmaus took place today. What would keep the disciples from recognizing Jesus? What distractions might they have today? Where would they be going? How would they travel? With a group plan a modern-day Emmaus skit and act it out for the class.

71

Llamados a servir

La comunidad de la Iglesia celebra la venida del Espíritu Santo el domingo de Pentecostés, cincuenta días después de la Pascua. La Iglesia recuerda la venida del Espíritu de Dios sobre los primeros seguidores de Jesús. Cada año, los reunidos rezan para que el Espíritu Santo continúe dando vida a la Iglesia. Este día, el sacerdote usa vestiduras rojas como símbolo de los dones del Espíritu Santo.

El Espíritu Santo fortalece al pueblo de Dios

El primer Pentecostés, la comunidad de la Iglesia de esa época recibió el don del Espíritu Santo. Los primeros cristianos se fortalecieron para vivir como seguidores de Jesús. Con la ayuda del Espíritu Santo, fueron capaces de servir a las personas necesitadas.

El Espíritu Santo te fortalece también a ti para que sirvas a los demás. Dios Espíritu Santo te da el poder para que lleves una buena vida cristiana. El Espíritu Santo ayuda a la comunidad de la Iglesia a recordar las enseñanzas de Jesús, especialmente su mandato de servirse unos a otros. En el Bautismo y en la Confirmación te ungen con óleo consagrado. La unción con óleo es una antigua costumbre. En los tiempos de Jesús, ungir a alguien con óleo era una señal de que a esa persona le habían dado una misión importante. Era también una señal de curación.

Cuando te ungen con óleo en los sacramentos del Bautismo y de la Confirmación, te encomiendan que participes en la misión de Jesús. Jesús te pide que continúes siendo un signo del Reino de Dios que Él vino a establecer. Una parte importante de la misión de Jesús es el servicio amoroso a los demás.

❓ **¿Cuándo has llamado al Espíritu Santo para que te fortalezca y te guíe?**

72

Celebramos el Pentecostés

Juntos

Canten juntos.

Envía fuego de justicia,
envía tu lluvia de amor.
Ven, danos tu Espíritu,
da vida a tu pueblo,
seremos el pueblo de Dios.

"Send Down the Fire" © 1989, GIA Publications, Inc.

Hagan juntos la señal de la cruz.

Líder: Ven, Espíritu Santo, llena los corazones de tus fieles.

Todos: **Y enciende en ellos el fuego de tu amor.**

Líder: Envía tu Espíritu y les dará nueva vida.

Todos: **Y renovarás la faz de la tierra.**

Líder: Oremos.

Inclinen la cabeza mientras el líder reza.

Todos: **Amén.**

Escucha la Palabra de Dios

Lector: Lectura de los Hechos de los Apóstoles.
Lean Hechos 2, 1–11.
Palabra de Dios.

Todos: **Te alabamos, Señor.**

Hagan un momento de silencio para que la Palabra de Dios hable a su corazón y a su mente.

Diálogo

¿Por qué crees que se usan las imágenes del viento y las llamas para describir la venida del Espíritu Santo?

¿Cómo podría un joven como tú experimentar el Espíritu de Dios?

La señal en las manos

Tómense unos minutos para rezar en silencio al Espíritu Santo. Pidan al Espíritu de Dios que les dé la fortaleza que necesitan para ser fieles seguidores de Jesús. Uno por uno, el líder les hará la señal de la cruz en las manos.

Líder: (Nombre), que tus manos estén dispuestas a servir a todos los necesitados.

Todos: **Amén.**

Líder: Ofrezcamos una oración de alabanza a Dios Padre, Hijo y Espíritu Santo.

Todos: **Gloria al Padre...**

¡Evangeliza!

Líder: Vayamos a servir a los demás por el poder del Espíritu Santo.

Todos: **Te alabamos, Señor.**

Valor para servir

El Espíritu Santo te da la fortaleza y el valor para que puedas ser un fiel seguidor de Jesús. A través de tu servicio, los demás llegarán a conocer a Dios. Sin la presencia del Espíritu Santo en tu vida, no podrías compartir la Buena Nueva con los demás.

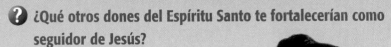 ¿Qué otros dones del Espíritu Santo te fortalecerían como seguidor de Jesús?

ACTIVIDAD
Comparte tu tiempo

Junto con tu familia o un grupo de amigos, decide cómo servirás esta semana a los demás con un proyecto especial. Podrías ser voluntario en un comedor de beneficencia, o en una colecta de alimentos, o trabajar con otros en la limpieza de un parque o un terreno del vecindario.

Called to Serve

The Church community celebrates the coming of the Holy Spirit on Pentecost Sunday, fifty days after Easter. The Church recalls the coming of God's Spirit upon the first followers of Jesus. Each year, those gathered pray that the Holy Spirit will continue to enliven the Church. The priest wears red vestments on this feast as a symbol of the gifts of the Holy Spirit.

The Holy Spirit Strengthens God's People

On the first Pentecost the early Church community received the gift of the Holy Spirit. The first Christians were strengthened to live as followers of Jesus. With the Holy Spirit's help, they were able to serve people in need.

The Holy Spirit gives you the strength to serve others, too. God the Holy Spirit empowers you to live a good Christian life. The Holy Spirit helps the Church community remember the teachings of Jesus, especially his command to serve one another. At Baptism and Confirmation you are anointed with holy oil. Anointing with oil is an ancient custom. In the time of Jesus, anointing someone with oil was a sign that he or she had been given a very important mission. It was also a sign of healing.

When you are anointed with oil in the Sacraments of Baptism and Confirmation, you are entrusted with a share in Jesus' mission. Jesus asks you to continue to be a sign of the kingdom of God that he came to establish. An important part of Jesus' mission is loving service to others.

❓ **When have you called on the Holy Spirit for strength and guidance?**

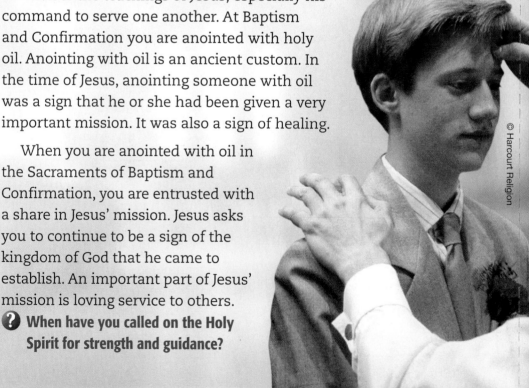

Celebrate Pentecost

Gather

Sing together.

Send down the fire of your justice,
Send down the rains of your love;
Come, send down the Spirit, breathe life
   in your people,
and we shall be people of God.

"Send Down the Fire" © 1989, GIA Publications, Inc.

Pray the Sign of the Cross together.

Leader: Come, Holy Spirit, fill the hearts of your faithful;

All: **And kindle in them the fire of your love.**

Leader: Send forth your Spirit and they shall be created.

All: **And you will renew the face of the earth.**

Leader: Let us pray.

Bow your head as the leader prays.

All: **Amen.**

Listen to God's Word

Reader: A reading from the Acts of the Apostles.

Read Acts 2:1–11.

The word of the Lord.

All: **Thanks be to God.**

Take a moment of silence to let the word of God speak to your heart and mind.

Dialogue

Why do you think the images of wind and flames are used to describe the coming of the Holy Spirit?

How might a young person like you experience God's Spirit?

Signing of Hands

Take a few quiet moments now to pray to the Holy Spirit. Ask the Spirit of God to give you the strength you need to be a faithful follower of Jesus. One by one the leader will mark your hands with the Sign of the Cross.

Leader: (Name), may your hands willingly serve all those in need.

All: **Amen.**

Leader: Let us offer a prayer of praise to God—Father, Son, and Holy Spirit.

All: **Glory to the Father . . .**

Go Forth!

Leader: Let us go forth to serve others through the power of the Holy Spirit.

All: **Thanks be to God.**

Courage to Serve

The Holy Spirit gives you the gifts of strength and courage so that you can be a faithful follower of Jesus. Through your service, others will come to know God. Without the Holy Spirit's presence in your life, you could not share the good news ith others.

❓ What other gifts of the Holy Spirit would strengthen you as a follower of Jesus?

ACTIVITY
Share Your Time

Together with your family or a group of friends, decide this week how you will serve others through a special project. You might decide to volunteer at a soup kitchen or food pantry or to work with others to clean up a neighborhood park or lot.

© Harcou

UNIDAD 1
El llamado de Dios

Capítulo 1 Anhelar a Dios

¿Cómo creces en la amistad de Dios?

Capítulo 2 Adorar a Dios

¿Cuál es la relación entre adorar a Dios y cuidar de la creación?

Capítulo 3 Signos de la presencia de Dios

¿Por qué los signos son importantes para ayudarte a crecer más cerca de Dios?

¿Qué crees que aprenderás en esta unidad acerca de cómo responder al llamado de Dios?

UNIT 1
God's Call

Chapter 1
Longing for God

How do you grow in God's friendship?

Chapter 2
Worshiping God

What is the relationship between worshiping God and caring for creation?

Chapter 3
Signs of God's Presence

Why are signs important in helping you grow closer to God?

? What do you think you will learn in this unit about how to answer God's call?

1

Anhelar a Dios

Oremos

Líder: Padre amoroso, guíanos a ti.

"En Dios sólo descansa el alma mía,
de él espero mi salvación".

Salmo 62, 2

Todos: Padre amoroso, guíanos a ti. Amén.

Actividad **Comencemos**

Lo último Tomás estaba tirado en el piso mirando televisión. "¡Sean los primeros del vecindario en tener uno! —gritaba la voz en el anuncio publicitario—. ¡Es lo último en videojuegos! ¡Tendrán horas y horas de diversión; se acabaron las tardes aburridas! ¡Búsquenlo en cualquier tienda de videojuegos! No esperen más. ¡Ya se está agotando!"

Tomás suspiró. Estaba ahorrando dinero, pero este juego era tan caro que no le alcanzaría. "¡Un día seré rico —pensó— y podré tener todo lo que quiera!"

- ¿Qué es lo que tú anhelas ahora?

- ¿Qué cambiará si lo obtienes?

1 Longing for God

Let Us Pray

Leader: Gentle Father, lead us to you.

"My soul rests in God alone,
from whom comes my salvation."

Psalm 62:2

All: Gentle Father, lead us to you. Amen.

Activity Let's Begin

The Latest Thing   Tomás lay on the floor watching TV. "Be the first in your neighborhood to have one!" the voice on the commercial cried. "It's the latest thing in video games! You'll have hours and hours of fun—no more boring afternoons! Look for it wherever video games are sold! Don't wait. These are selling out fast!"

Tomás sighed. He was saving his money, but this game was so expensive—he'd never have enough. "One day I'll be rich," he thought, "and I'll never have to wish for anything again!"

• What is something that you are longing for now?

• What will change if you get it?

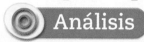

Lo que queremos

Análisis ¿Por qué son importantes los anhelos?

Algunas personas anhelan cosas que otras tienen por naturaleza. ¿Cómo sería si no pudieras ver ni oír? Helen Keller lo sabía. Ésta es su historia.

UNA HISTORIA DE LA VIDA REAL

Mi nombre es Helen Keller

Nací poco después de la guerra civil. Cuando era pequeña estuve muy enferma y debido a eso perdí la capacidad de ver y de oír. Estar aislada del mundo me daba miedo. Mi familia y yo no podíamos comunicarnos. Me sentía lastimada, enojada, confundida y sola.

Cuando tenía seis años, una maestra nueva trató de ayudarme trazando signos en la palma de mi mano. Yo no los entendía, pero ella seguía insistiendo.

Después de varias semanas sin progreso, un día fuimos hasta la bomba de agua. La maestra puso mi mano debajo del chorro y el agua corrió sobre mis dedos. En la otra mano, trazó los símbolos que forman la palabra a-g-u-a. Lo hizo muchas veces. De pronto, entendí: las letras formaban una palabra, una palabra que significaba aquello fresco que corría sobre mi mano.

¡No podía esperar para compartir mi alegría! Mi maestra me había mostrado cómo llegar al mundo y expresar mis pensamientos y mis sentimientos.

? **¿Alguna vez haz sido incapaz de expresar lo que pensabas o sentías? ¿Qué te podría haber ayudado en ese momento?**

What We Want

Focus Why are longings important?

Some people long for things that others take for granted. What would it be like if you could neither see nor hear? Helen Keller knew all about it. Here is her story.

A REAL-LIFE STORY

My Name Is Helen Keller

I was born soon after the Civil War. As a toddler, I got very sick, and the illness left me unable to see or hear. Being cut off from the world frightened me. My family and I could not communicate. I felt hurt, angry, confused, and alone.

When I was six, a new teacher tried to help me by tracing signs on the palm of my hand. I did not understand the signs, but she kept trying.

After weeks without progress, we went to the water pump one day. My teacher put my hand under the spout, and the water ran over my fingers. Into my other hand, she traced the symbols that spell w-a-t-e-r. She did this many times. Suddenly I understood—the letters made up a word, a word that meant the cool something running over my hand.

I couldn't wait to share my joy! My teacher had shown me how to reach the world and express my thoughts and feelings.

? Have you ever been unable to express what you were thinking or feeling? What could have helped you at that time?

© Harcourt Religion

Relaciona

Las personas anhelan toda clase de cosas. Algunas de ellas son importantes y otras no. Helen Keller anhelaba algo que la mayoría de los seres humanos tienen: la capacidad de comunicarse y de expresar pensamientos y sentimientos. ¡Qué maravilloso regalo recibió cuando su maestra le abrió el mundo del lenguaje!

Hay muchas clases de anhelos en el mundo. Puedes anhelar cosas como Tomás o las palabras correctas para decir. Puedes anhelar que los demás te amen y te acepten. Puedes anhelar buena salud, o ganar un partido, o ser elegido para una distinción especial. Todos tus anhelos son parte de tu deseo de ser verdaderamente feliz.

❓ **¿Cuáles son las cosas más importantes que te gustaría tener?**

El don del anhelo

Anhelar es realmente un don en sí mismo; Dios siembra el anhelo dentro de ti. Dios quiere que encuentres tu hogar en Él al final de tu vida en la Tierra. La **religión** es la forma en que expresas tu anhelo por Dios. Así como la maestra de Helen Keller le enseñó la manera de expresar los pensamientos y los sentimientos, la religión te entrega un lenguaje para expresar tus pensamientos y sentimientos hacia Dios.

Palabras† de fe

La **religión** es el conjunto de creencias, oraciones y prácticas mediante las cuales las personas expresan su anhelo por Dios.

Actividad   comparte tu fe

Reflexiona: Piensa en algunas maneras en que expresas tus pensamientos y sentimientos hacia Dios.

Comunica: Comenta algunas de esas maneras con un compañero.

Actúa: Haz una tabla que muestre cómo expresas tus pensamientos y sentimientos hacia Dios y lo que significan para ti.

Acción	Significado para mí

Make Connections

People long for all kinds of things. Some of these things are important, and some are not. Helen Keller longed for something that most humans take for granted—the ability to communicate and to express thoughts and feelings. What a wonderful gift she received when her teacher opened the world of language for her!

There are many layers of longing in the world. You may long for things, as Tomás did, or for the right words to say. You may long to be loved and accepted by others. You may long for good health, or to win a game, or to be chosen for a special honor. All of your longings are part of your desire to be truly happy.

❓ **What are the most important things that you would like to have?**

The Gift of Longing

Longing is actually a gift in itself; it is planted inside you by God. God wants you to find your way home to him at the end of your life on earth. **Religion** is the way you express your longing for God. Just as Helen Keller's teacher taught her how to express thoughts and feelings, religion gives you a language to express your thoughts and feelings about God.

Words of Faith

Religion is the group of beliefs, prayers, and practices through which people express longing for God.

Activity — Share Your Faith

Reflect: Think about some of the ways you express your thoughts and feelings about God.

Share: Discuss some of those ways with a partner.

Act: Make a chart showing how you express your thoughts and feelings about God and what they mean to you.

Action	Meaning for me

Lo que Dios da

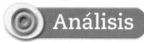 **Análisis** ¿Quién es el único que puede satisfacer tus anhelos?

La maestra de Helen Keller sabía lo que ella quería realmente. Éste es un relato en el que Jesús ofrece a una mujer aun más de lo que ella creía que necesitaba. Léelo para saber cómo la sorprende Jesús.

✝ LA SAGRADA ESCRITURA   Juan 4, 7–29

La mujer junto al pozo

La mujer samaritana, cansada y con calor, caminaba fatigadamente, cargando sus cántaros de agua. Al llegar al pozo, se dio cuenta de que había un extranjero judío. En contra de las costumbres y para su sorpresa, el hombre le habló directamente y le pidió que le diera de beber. Luego le dijo: "Si conocieras el don de Dios, si supieras quién es el que te pide de beber, tú misma le pedirías agua viva y él te la daría".

Ella le preguntó qué era el "agua viva" y dónde podría conseguirla. El extranjero, que era Jesús, respondió que no era agua común. El agua de la que hablaba era Dios, que quiere que todos lo adoren en el espíritu y en la verdad. La mujer dijo: "Yo sé que el Mesías (que es el Cristo) está por venir; cuando venga nos enseñará todo". Jesús respondió: "Ése soy yo, el que habla contigo".

Entonces, la mujer olvidó el agua que había ido a buscar. Esta noticia del "agua viva" era más importante. Corrió a hablarles a todos acerca del extranjero. Se preguntaba: "¿No será éste el Cristo?"

Basado en Juan 4, 7–29

❓ **¿Qué mensaje quería dar Jesús a la mujer?**

❓ **¿Por qué eligió Jesús la imagen del agua para su enseñanza?**

© Harcourt Religion

88

What God Gives

Focus — Who alone can satisfy your longing?

Helen Keller's teacher knew what Helen really wanted. Here is a story in which Jesus offers a woman even more than she thought she needed. Read to learn how Jesus surprises her.

✝ **SCRIPTURE**   John 4:7–29

The Woman at the Well

The Samaritan woman, tired and hot, trudged along with her water jars. At the well, she noticed a Jewish stranger. Contrary to custom and much to her surprise, the man spoke directly to her and asked her for a drink. He then said, "If you knew the gift of God and who is saying to you, 'Give me a drink,' you would have asked him and he would have given you living water."

She asked what this "living water" might be and where she could get some. The stranger, who was Jesus, replied that he did not mean ordinary water. The water he spoke of was God, who wants everyone to worship him in the Spirit and in truth. The woman said, "I know that the Messiah is coming, the one called the Anointed; when he comes, he will tell us everything." Jesus answered, "I am he, the one who is speaking with you."

At that, the woman forgot about the water for which she had come. This news of "living water" was more important. She ran to tell everyone about the stranger. She asked, "Could he possibly be the Messiah?"

Based on John 4:7–29

❓ **What message did Jesus want to give the woman?**

❓ **Why did Jesus choose the image of water for his teaching?**

Dios te satisface

Cuando anhelas a Dios, sólo el agua viva de su **gracia** te dejará satisfecho. Jesús sabe que en lo más profundo del corazón, los seres humanos tienen un anhelo que sólo Dios puede llenar. El anhelo por Dios es más poderoso que tu necesidad de agua en un día polvoriento y de calor. La respuesta de la mujer samaritana a Jesús muestra el comienzo de su fe.

La **fe** es un don sobrenatural de Dios. La fe te permite creer que Dios está con su pueblo, aunque no lo puedas ver. La fe es también una acción humana por la cual eliges responder a la presencia de Dios en tu vida. Recibes el don de la fe en el sacramento del Bautismo. Con el agua del Bautismo, te conviertes en hijo de Dios y en miembro del Cuerpo de Cristo.

La fe y el Bautismo son necesarios para la salvación de todos los que hayan escuchado la Buena Nueva de Jesús. Si algún bebé muere sin haber recibido el Bautismo, la Iglesia cree en el amor compasivo de Dios para que le brinde la salvación. Los que no han escuchado el Evangelio pueden salvarse si hacen todo lo posible para seguir la voluntad de Dios. Para la salvación de un catecúmeno, es suficiente el deseo del sacramento y el arrepentimiento de los pecados.

Ayudar al crecimiento de la fe

El Bautismo es el comienzo del camino de la fe. Tu fe continúa creciendo y desarrollándose. En esta vida, llegas a conocer a Dios a través de la creación, de la Biblia y, sobre todo, de Jesús. Te ayudan tus padres y la comunidad de la Iglesia. Tu fe crece mediante la oración, la lectura de la Sagrada Escritura y la participación activa en tu parroquia. Como la mujer samaritana, eres llamado a compartir tu creciente fe y tu alegría con los demás.

Palabras† de fe

La **gracia** es el don desinteresado y amoroso de Dios de su propia vida y su ayuda. Es la participación en la vida de la Santísima Trinidad.

La **fe** es tanto el don dado por Dios como la libre elección de buscar a Dios y creer en Él.

Actividad — Practica tu fe

Comparte tu alegría Crea titulares que describan tu fe en los demás.

Las Noticias Diarias

_____

_____

_____

_____

God Satisfies You

When you long for God, only the living water o his **grace** will satisfy you. Jesus knows that deep in the human heart is a longing that only God can fill. The longing for God is more powerful than your thirst for water on a hot, dusty day. The Samaritan woman's response to Jesus shows the beginning of her faith.

Faith is a supernatural gift from God. Faith enables you to believe that God is with his people, even though you cannot see him. Faith is also a human action by which you choose to respond to God's presence in your life. You received the gift of faith in the Sacrament of Baptism. In the waters of Baptism, you became a child of God and a member of the Body of Christ.

Faith and Baptism are necessary for salvation for all who have heard the good news of Jesus. If infants die without Baptism, the Church trusts in God's merciful love to bring them to salvation. Those who have not heard the gospel can be saved if they are doing their best to follow God's will. For a catechumen, the desire for the sacrament and repentance for sins is enough for salvation.

Helping Faith Grow

Baptism is the beginning of your faith journey. Your faith continues to grow and develop. In this life, you come to know God through creation, through the Bible, and, most of all, through Jesus. You are helped by your parents and the Church community. Your faith grows through praying, reading Scripture, and being active in your parish. Like the Samaritan woman, you are called to share your growing faith and joy with others.

Words of Faith

Grace is God's free, loving gift of his own life and help. It is participation in the life of the Holy Trinity.

Faith is both a gift given by God and your free choice to seek God and believe in him.

Activity — Connect Your Faith

Share Your Joy   Create headlines that describe your faith to others .

The Daily News

_____

_____

_____

_____

Celebración de la Palabra

 Oremos

Reúnanse y comiencen con la señal de la cruz.

Líder: Hermanos y hermanas, alabemos a nuestro Dios, que cumple nuestros anhelos más profundos.

Todos: **Alabado sea Dios por siempre.**

Lector: Lectura de la segunda carta de Pedro.

Lean 2 Pedro 1, 2–3.

Palabra de Dios.

Todos: **Te alabamos, Señor.**

Líder: Dios, Señor, ahora que nos reunimos para continuar el camino de la fe este año, te damos gracias por tu amor por nosotros. Nos alegramos contigo. Enséñanos a buscarte, porque en ti encontraremos toda nuestra felicidad.

Todos: **Oh, Dios, tu poder es grande; y tu sabiduría, infinita.**

Líder: Oremos.
Inclinen la cabeza mientras el líder reza.

Todos: **Amén.**

 Canten juntos.

Cólmanos de tu amor, oh Señor,
y cantaremos con alegría.

"Salmo 90", *Leccionario para la Misa*,
© 1969, 1981 y 1997, ICEL

Celebration of the Word

Let Us Pray

Gather and begin with the Sign of the Cross.

Leader: Brothers and sisters, let us praise our God, who meets our deepest longings.

All: **Praised be God forever.**

Reader: A reading from the Second Letter of Peter.

Read 2 Peter 1:2–3.

The word of the Lord.

All: **Thanks be to God.**

Leader: Lord God, as we come together to continue our journey of faith this year, we thank you for your love for us. We delight in you. Teach us how to seek you, for in you all our happiness will be found.

All: **Great is your power, O God, and of your wisdom there is no end.**

Leader: Let us pray.

Bow your heads as the leader prays.

All: **Amen.**

Sing together.

Fill us with your love, O Lord, and we will sing for joy!

"Psalm 90", Lectionary for Mass, © 1969, 1981, and 1997, ICEL

CAPÍTULO 1

Repasar y aplicar

Ⓐ Trabaja con palabras Completa cada enunciado.

1. La _____ te permite buscar a Dios y creer en Él.

2. Jesús prometió el _____ viva a la mujer que fue al pozo.

3. El don de Dios de su propia vida y su ayuda es la _____.

4. Te conviertes en miembro de la Iglesia a través del _____.

5. Tus padres y la comunidad de la _____ te ayudan a ir por el camino de la fe.

Ⓑ Comprueba lo que aprendiste Responde una de las siguientes preguntas.

¿En qué se parecen Helen Keller y la mujer samaritana?

¿Cómo reaccionó la mujer samaritana a lo que Jesús le dijo?

_____

_____

_____

_____

_____

 **Actividad**  Vive tu fe

Dibuja un anuncio publicitario Los anuncios publicitarios pueden tener un enorme poder de persuasión. Crea un anuncio para una valla que le recuerde a los demás que el anhelo más profundo de las personas es el anhelo de Dios.

CHAPTER 1

Review and Apply

A **Work with Words**   Complete each statement.

1. _____ allows you to seek God and believe in him.

2. Jesus promised living _____ to the woman at the well.

3. The gift of God's own life help is _____.

4. You became a member of the Church through _____.

5. Your parents and the _____ community help you on your faith journey.

B **Check Understanding**   Write a response to one of the following questions.

How are Helen Keller and the Samaritan woman alike?

How did the Samaritan woman react to what Jesus told her?

_____

_____

_____

_____

_____

Activity — Live Your Faith

Draw an Ad   Advertisements can be powerful persuaders. Create an ad for a billboard that reminds others that the deepest longing people have is for God.

La fe en familia

Lo que creemos

- La verdadera felicidad proviene únicamente de la comunión con Dios.

- La religión expresa nuestra relación con Dios a través de las creencias, oraciones y prácticas.

✝ LA SAGRADA ESCRITURA

Lee *Hebreos 3, 1–6* para aprender más acerca de la importancia de reflexionar sobre el llamado de Jesús.

Visita **www.harcourtreligion.com** para encontrar recursos basados en el año litúrgico y lecturas semanales de la Sagrada Escritura.

Actividad

Vive tu fe

Escuchar sentimientos ¿Cómo y cuándo escucha mejor tu familia?

- Organiza una reunión familiar para que todos se escuchen.

- Invita a todos los miembros de tu familia a compartir.

- Pide a cada persona que cuente algo que le gustaría que toda la familia supiera.

- ¡No interrumpas cuando una persona está hablando!

- Ten en cuenta que, a veces, los "sentimientos profundos" tardan un poco más en expresarse.

Siervos de la fe

▲ **San Agustín**
354–430

Agustín era un joven brillante del norte de África. Buscaba la verdad, pero al principio las filosofías que investigó sólo lo confundieron. Finalmente, se sintió realizado en la fe cristiana. Agustín llegó a ser monje y sacerdote, y después lo nombraron obispo de Hipona, ciudad cercana a su pueblo natal. Se convirtió en un gran maestro y escritor de la Iglesia. Él resumió la historia de su vida diciendo a Dios: "Nos has hecho para ti y nuestro corazón no halla sosiego hasta que descanse en ti". El día de San Agustín es el 28 de agosto.

Una oración en familia

San Agustín, reza por nosotros para que sigamos tu ejemplo de búsqueda incansable de Dios. Que Dios nos dé la gracia para usar nuestra mente como tú lo hiciste, para amar y comprender de acuerdo a nuestras capacidades el misterio de la creación de Dios. Amén.

© Harcourt Religion

CIC *En la Unidad 1 su hijo está aprendiendo sobre la REVELACIÓN. Consulte el Catecismo de la Iglesia Católica, números 27–28 para obtener más información sobre el contenido del capítulo.*

Family Faith

◎ Catholics Believe

■ True happiness can come only through communion with God.

■ Religion expresses our relationship with God through beliefs, prayers, and practices.

✝ SCRIPTURE

Read *Hebrews 3:1–6* to learn more about the importance of reflecting on Jesus' call.

GO ONLINE www.harcourtreligion.com
For weekly Scripture readings and seasonal resources

Activity

Live Your Faith

Listen to Feelings   How and when does your family listen best?

• Have a family listening session.
• Invite each member of your family to share.
• Ask each person to tell something that he or she would like the whole family to know.
• Don't interrupt while the person is talking!
• Be aware that sometimes "heart feelings" take a little more time to express.

People of Faith

▲ Saint Augustine
354–430

Augustine was a brilliant young man of North Africa. He searched for truth, but at first the philosophies he explored only confused him. Finally, he found fulfillment in the Christian faith. Augustine became a monk and a priest and later was named bishop of Hippo, a city near his hometown. He became a great teacher and writer of the Church. He summarized the story of his life by saying to God, "You have made us for yourself, and our hearts are restless until they rest in you." Saint Augustine's feast day is August 28.

Family Prayer

Saint Augustine, pray for us that we may follow your example of tirelessly searching for God. May God give us the grace to use our minds as you did to love and understand the mystery of God's creation as much as we are able. Amen.

Adorar a Dios

 **Oremos**

Líder: Abre nuestros labios en alabanza, oh Señor.

"¡Bendice al Señor, alma mía!
¡Eres muy grande,
oh Señor, mi Dios, vestido de gloria y majestad!"

Salmo 104,1

Todos: Abre nuestros labios en alabanza, oh Señor. Amén.

Actividad **Comencemos**

Gratitud Cummings fue un poeta que experimentó con el idioma para ayudar a que la gente mirara el mundo de otra manera. Ésta es una de sus oraciones de acción de gracias a Dios.

Te agradezco Dios por el día más maravilloso,
Por los verdosos espíritus saltarines de los
árboles y por un verdadero sueño azul del cielo;
y por todo lo que es natural, lo que es infinito,
lo que es sí.

Selección del poema de Cummings

• Cada día ofrece una razón para agradecer a Dios. Di qué es lo que agradeces hoy.

Chapter 2 Worshiping God

 **Let Us Pray**

Leader: Open our lips in praise, O Lord.
"Bless the LORD, my soul!
LORD, my God, you are great indeed!"

Psalm 104:1

All: Open our lips in praise, O Lord. Amen.

Activity — Let's Begin

Thankfulness e e cummings was a poet who experimented with language to help people look at the world in a new way. Here is one of his prayers of thanksgiving to God.

i thank You God for most this amazing
day: for the leaping greenly spirits of trees
and a blue true dream of sky; and for everything
which is natural which is infinite which is yes

A selection from the poem by e e cummings

• Every day offers a reason to thank God.
  Tell what you are grateful for today.

Respetar la obra de Dios

◎ Análisis ¿De qué manera el trabajo glorifica a Dios?

Como descubrirás en este relato, apreciar y alabar la creación de Dios puede conducir al cuidado y a la acción.

UNA HISTORIA DE LA VIDA REAL

CHICO MENDES Y LA SELVA TROPICAL

A los nueve años de edad, Chico Mendes empezó a trabajar con su padre como *seringueiro*, u operario del caucho, en la selva tropical de Brasil. La familia era muy pobre. Chico Mendes trabajó duro muchos años entre los árboles de caucho de la selva. Juntaba el líquido que luego se transformaría en caucho y se vendería en todo el mundo. Aprendió cómo crecían los árboles y a cuidarlos. Sabía que la supervivencia de su familia dependía de una selva sana.

En este cuidado cotidiano de los árboles, los *seringueiros* llegan a comprender la compleja red de la vida dentro de la selva tropical. La selva brasilera es conocida como los pulmones del mundo. Sus tres millones de millas cuadradas de vegetación limpian la atmósfera. Además, alberga a miles de plantas y animales que no se encuentran en ningún otro lugar de la Tierra. Muchos de los medicamentos más importantes de los que dependen los doctores provienen de las plantas de la selva tropical. Lo más importante para los *seringueiros* es que los árboles que ellos atienden producirán caucho durante doscientos años si se cuidan y respetan bien.

❓ ¿Cómo cuidaba Chico Mendes la creación de Dios?

❓ ¿Qué bendiciones provienen de la selva tropical para las personas de todas partes?

© Harcourt Religion

100

Respect God's Work

Focus How does work give glory to God?

As you will discover in this story, appreciation and praise for God's creation can lead to care and action.

A REAL-LIFE STORY

CHICO MENDES AND THE RAIN FOREST

When he was nine, Chico Mendes began working with his father as a *seringueiro* or rubber tapper, in the rain forest of Brazil. The family was very poor. Chico Mendes worked hard for many years among the rubber trees in the forest. He gathered liquid that would be turned into rubber and sold all over the world. He learned how the trees grew and how to care for them. He knew that his family's survival depended on a healthy rain forest.

In their everyday care for these trees, *seringueiros* come to understand the complex web of life within the rain forest. The Brazilian rain forest has been called the lungs of the world. Its 3 million square miles of plants cleanse the air. The rain forest is also home to thousands of plants and animals found nowhere else on earth. Many of the most important medicines on which modern doctors depend come from rain forest plants. Most important to the *seringueiros*, the trees they tend will produce rubber for as long as 200 years if they are well cared for and respected.

? How did Chico Mendes care for God's creation?

? What blessings come from the rain forest for people everywhere?

La selva en peligro

Cuando los rancheros decidieron quemar zonas de la selva para crear espacio donde criar ganado, Chico Mendes se alarmó. Él sabía que esta destrucción pondría en peligro el medio ambiente. Así que, organizó a los *seringueiros* para llevar a cabo protestas pacíficas para evitar que se destruyeran los árboles. El grupo solicitó al gobierno que protegiera la selva.

Durante la década de los ochenta, personas de todo el mundo preocupadas por la selva, empezaron a conocer la obra de Mendes. Lo invitaron a venir a Washington, D. C. para hablar en el Congreso. Lo homenajearon en las Naciones Unidas. Como consecuencia, algunas áreas del territorio brasilero se convirtieron en reservas.

Gracias a los esfuerzos de Chico Mendes y de los demás *seringueiros*, se salvó de la destrucción un invaluable recurso natural.

Actividad — Comparte tu fe

Reflexiona: Piensa en el hecho de que Dios ha creado la selva, que puede producir cosas buenas como el aire limpio y los medicamentos, y también a los seres humanos, que tienen la posibilidad de proteger o de destruir la selva.

Comunica: Comenta con un compañero sobre lo que esto dice acerca del plan amoroso de Dios para la creación.

Actúa: ¿Qué le quieres decir a Dios sobre su plan para la creación? Escribe tu respuesta a continuación.

_____

_____

_____

_____

The Forest in Danger

When local ranchers decided to burn down areas of the rain forest to make room for raising cattle, Chico Mendes was alarmed. He knew that this destruction would endanger the environment. So he organized the *seringueiros* to hold peaceful protests to keep the trees from being destroyed. The group petitioned the government to protect the rain forest.

During the 1980s, people from around the world who were concerned about the rain forest began to hear about Mendes's work. He was invited to come to Washington, D.C., to speak to Congress. He was honored by the United Nations. As a result, some areas of Brazilian land were set aside as reserves.

Because of the efforts of Chico Mendes and the other *seringueiros*, a priceless natural resource was saved from destruction.

Activity Share Your Faith

Reflect: Think about the fact that God has created both a rain forest that can produce good things, such as fresh air and medicines, and humans, who have the power to protect or destroy the forest.

Share: With a partner, discuss what this says about God's loving plan for creation.

Act: What do you want to say to God about his plan for creation? Write your responses below.

_____

_____

_____

_____

_____

Alabar la obra de Dios

 **Análisis** ¿Cómo se relacionan la providencia de Dios y la administración de los bienes que Él nos ha dado?

La selva y todas las otras maravillas de la creación nunca cesan de alabar a su Creador. El mundo se hizo para la gloria de Dios y toda la creación alaba al Creador. A su vez, Dios, en su **providencia**, cuida de todo lo que ha creado.

✝ LA SAGRADA ESCRITURA

Salmo 98, 4–9

Gloria a Dios

¡Aclamen al Señor, toda la tierra,
estallen en gritos de alegría!

¡Canten con la cítara al Señor,
con la cítara y al son de la salmodia,

al son de la trompeta y del cuerno
aclamen el paso del Rey, el Señor!

¡Rujan el mar y todo lo que contiene,
el mundo y todos los que lo habitan!

Aplaudan los ríos
y los montes griten de alegría

delante del Señor, porque ya viene,
porque ya viene a juzgar la tierra.

Juzgará al mundo con justicia
y a los pueblos según su derecho.

Salmo 98, 4–9

❓ **¿De qué maneras está Dios, en su providencia, cuidando de la creación?**

Praise God's Work

 **Focus** How are stewardship and God's providence connected?

The rain forest and all other wonders of creation never cease to praise their Creator. The world was made for the glory of God, and all creation gives the Creator praise. In return, God in his **providence** cares for all that he has created.

© Harcourt Religion

✝ SCRIPTURE   Psalm 98:4–9

Glory to God

Shout with joy to the LORD, all the earth;
  break into song; sing praise.

Sing praise to the LORD with the harp,
  with the harp and melodious song.

With trumpets and the sound of the horn
  shout with joy to the King, the LORD.

Let the sea and what fills it resound,
  the world and those who dwell there.

Let the rivers clap their hands,
  the mountains shout with them for joy,

Before the LORD who comes,
  who comes to govern the earth,

To govern the world with justice
  and the peoples with fairness.

Psalm 98:4–9

❓ What are some ways that God in his providence is caring for creation?

Trabajo y culto

Siempre que eliges cuidar la creación, ayudas a que el mundo logre su propósito: alabar a Dios y mostrar la bondad de Dios. De hecho, cuidar la creación es una manera de alabar a Dios a través de tus acciones.

En el plan de Dios, las bondades de la creación se revelan a lo largo del tiempo. Todos los humanos durante su vida tienen la opción de ayudar o de dañar al mundo. Tú eres la cima de la creación de Dios, has sido creado a su imagen y semejanza. Jesús te invita a ti y a todas las demás personas a reflejar la imagen de Dios practicando la **administración** de la creación de Dios.

❓ **¿Qué acciones prácticas son ejemplos de la administración?**

La creación y los sacramentos

Cuando Jesús quiso crear maneras de que los humanos celebraran su presencia cuando Él regresara con su Padre, pensó en las obras de la creación de su Padre. Jesús usó los dones de Dios como el agua, el óleo, el trigo y las uvas para realizar sus obras de salvación. Cuando estas creaciones se usan en los sacramentos, te recuerdan el poder creativo de Dios y hacen presente su poder. Fortalecido por los sacramentos, puedes salir a continuar la obra de Jesús en el mundo. Trabajo y culto se vuelven una sola cosa.

Palabras† de fe

La **providencia** es el cuidado amoroso de Dios por todas las cosas. Es la voluntad y plan de Dios para la creación.

La **administración** es la respuesta del ser humano a todos los dones de Dios. Incluye el respeto por toda forma de vida y el cuidado responsable de la creación.

Actividad — Practica tu fe

Mira los signos del amor de Dios   ¿Cómo se usan en los sacramentos cada uno de estos dones de la creación como signos de la presencia de Dios? Escribe tu respuesta junto a cada ilustración.

_____

_____

_____

_____

_____

_____

Work and Worship

Whenever you choose to care for creation, you help the world achieve its purpose: to praise God and to show God's goodness. In fact, caring for creation is a way of praising God through your actions.

In God's plan, the goodness of creation unfolds through time. All humans have a choice to help or harm the world during their lives. You are the crown of God's creation, created in his image and likeness. Jesus invites you and all other people to reflect God's image by praticing **stewardship** of God's creation.

❓ **What are some practical actions that are examples of stewardship?**

Creation and the Sacraments

When Jesus wanted to create ways for humans to celebrate his presence after he returned to his Father, he thought of the works of his Father's creation. Jesus used gifts from God, such as water, oil, wheat, and grapes, to perform his saving works. When these created things are used in the sacraments, they remind you of God's creative power and make God's power present now. Strengthened by the sacraments, you can go out to continue Jesus' work in the world. Work and worship become one.

Activity Connect Your Faith

See Signs of God's Love How are each of these gifts of creation used in the sacraments as signs of God's presence? Write your answer next to each picture.

Salmo de alabanza

 Oremos

Reúnanse y comiencen con la señal de la cruz.

Líder: Hermanas y hermanos, demos gracias a Dios,
            quien hizo el universo.

Lector 1:   Vemos tu gloria por encima de los cielos.

Todos: **¡Alabado seas, Dios Creador!**

Lector 2:   La luna y las estrellas has fijado en su sitio.

Todos: **¡Alabado seas, Dios Creador!**

Lector 3:   Hiciste las aves del cielo y
            todas las criaturas del océano.

Todos: **¡Alabado seas, Dios Creador!**

Lector 4:   Nos hiciste apenas inferiores a
            los dioses y llenaste nuestra alma
            de alegría con tu amor.

Todos: **¡Alabado seas, Dios Creador!**

Líder: Dios, tú nos diste todas las cosas buenas.
            ¡Enséñanos tu tierno cuidado por la creación!

Todos: **Amén.**

Basado en el *Salmo 8*

 Canten juntos.

Proclamen las grandezas del Señor
a todas las naciones.
Proclamen las grandezas del Señor
a todas las naciones.

"Salmo 96", *Leccionario para la Misa,*
© 1969, 1981, and 1997, ICEL

Psalm of Praise

 Let Us Pray

Gather and begin with the Sign of the Cross.

Leader: Sisters and brothers, let us give thanks to God who made the universe.

Reader 1: We see your glory in the heavens above.

All: **Praise to you, Creator God!**

Reader 2: The moon and stars you have put in place.

All: **Praise to you, Creator God!**

Reader 3: You made the birds in the sky and all the ocean creatures.

All: **Praise to you, Creator God!**

Reader 4: You have made us little less than gods and have gladdened our souls with your love.

All: **Praise to you, Creator God!**

Leader: God, you have given us every good thing. Teach us your tender care for creation!

All: **Amen.**

Based on *Psalm 8*

 Sing together.

Proclaim to all the nations the marvelous deeds of the Lord!
Proclaim to all the nations the marvelous deeds of the Lord!

"Psalm 96", *Lectionary for Mass,* © 1969, 1981, and 1997, ICEL

Repasar y aplicar

A **Comprueba lo que aprendiste** Encierra en un círculo la opción que mejor completa cada oración.

1. Al cuidar la creación, participas en (el poder de crear algo de la nada, los sacramentos, el plan) de Dios.

2. Cuando cuidas la creación, estás (alabando a Dios, siendo egoísta, cometiendo un pecado).

3. Debes cuidar de ti mismo y de los demás, porque estás hecho (para lavar los platos todas las noches, a imagen de Dios, con un único propósito en la vida).

4. El plan amoroso de Dios para la creación se llama (gracia, providencia, administración).

5. El cuidado responsable de la creación es (la administración, un sacramento, la providencia).

B **Relaciona** ¿Cómo puedes practicar la administración de la creación de Dios?

¿En la casa?_____

_____

¿En la escuela? _____

_____

¿En tu vecindario? _____

_____

Actividad Vive tu fe

Escribe un salmo Escribe tu propio salmo de alabanza a Dios por su creación.

Sigue estos pasos:

- Pide a los demás que alaben a Dios.

- Dile a Dios dos razones por las que estás alabándolo.

- Termina pidiendo otra vez que los demás alaben a Dios.

Review and Apply

A **Check Understanding**   Circle the choice that best completes each sentence.

1. You share in God's (power to create something from nothing, sacraments, plan) by caring for creation.

2. When you care for creation, you are (praising God, being selfish, committing a sin).

3. You should care for yourself and others because you are made (to do the dishes each night, in God's image, with only one purpose in life).

4. God's loving plan for creation is called (grace, providence, stewardship).

5. Responsible care for creation is (stewardship, a sacrament, providence).

B **Relaciona**   How can you practice stewadshiph?

At home _____

_____

At school? _____

_____

In your neightborhood? _____

_____

Activity   Live Your Faith

Write a Psalm   Write your own psalm of praise to God for his creation.

Follow these steps.

• Tell God two reasons why you are praising him.

• Close by asking again that others praise God.

La fe en familia

Lo que creemos

- Al cuidar de la creación, los seres humanos participamos en el plan amoroso del Creador.

- La providencia de Dios es su cuidado y su plan para toda la creación.

✝ LA SAGRADA ESCRITURA

Lee el *Salmo 145, 1–21* para aprender más acerca de la bondad de Dios, el Creador.

Visita **www.harcourtreligion.com** para encontrar recursos basados en el año litúrgico y lecturas semanales de la Sagrada Escritura.

Actividad

Vive tu fe

Ayuda al medio ambiente Escribe las palabras Reducir—Reutilizar—Reciclar en una tarjeta y colócala en la puerta del refrigerador. Estas palabras te recuerdan que debes cuidar la Tierra produciendo menos basura, reutilizando lo que puedas y reciclando la mayor cantidad de cosas posibles.

Esta semana

- haz una lista de las acciones que puedes realizar para reducir, reutilizar y reciclar.

- reza por tus opciones.

- elige algunas acciones de la lista para hacer esta semana.

Siervos de la fe

▲ San Benedicto 480–550

De joven, **Benedicto** decidió hacerse ermitaño (alguien que vive solo por elección) y vivir en silencio y oración. Sin embargo, la gente quería estar cerca de él y aprender a ser santo. Con el tiempo, Benedicto ideó una manera para que la gente pudiera vivir devotamente en comunidad. Su plan, llamado la Regla de San Benedicto, equilibra la oración, el estudio, el trabajo y el descanso. Benedicto también enseñó a sus seguidores que debían recibir a todos los extraños de la misma forma en que recibirían a Cristo. Aún hoy las comunidades benedictinas del mundo son conocidas por su espíritu acogedor. El día de Benedicto es el 11 de julio.

Una oración en familia

San Benedicto, ruega por nosotros para que podamos vivir en armonía con los demás y con el mundo. Ayúdanos a equilibrar el trabajo y la oración, de modo que el tiempo que tenemos sea para complacer a nuestro Padre todopoderoso. Amén.

En la Unidad 1 su hijo está aprendiendo sobre la REVELACIÓN. Consulte el Catecismo de la Iglesia Católica, números 302, 303, 307, 339 y 2415 para obtener más información sobre el contenido del capítulo.

Family Faith

Catholics Believe

■ Humans share in the Creator's loving plan by caring for creation.

■ God's providence is his care and plan for all of creation.

SCRIPTURE

Read *Psalm 145:1–21* to learn more about the goodness of God the Creator.

GO ONLINE
www.harcourtreligion.com
For weekly Scripture readings and seasonal resources

Live Your Faith

Help the Environment Write the words Reduce—Reuse—Recycle on a card, and attach the card to the refrigerator. These words remind you to care for the earth by producing less trash, reusing what you can, and recycling as much as possible.
This week

• make a list of what you can do to reduce, reuse, and recycle.

• pray about your options.

• choose a few items from the list to work on this week.

People of Faith

▲ **Saint Benedict**
480–550

As a young man, **Benedict** decided to become a hermit (one who lives alone by choice) and live in silence and prayer. But people wanted to be near him and learn from him about how to become holy. In time, Benedict devised a way by which people could live prayerfully in community. His plan, called the Rule of Saint Benedict, balances prayer, study, work, and rest. Benedict also taught his followers to welcome all strangers as they would welcome Christ. Benedictine communities around the world are still known for their welcoming spirit. Benedict's feast day is July 11.

Family Prayer

Saint Benedict, pray for us that we may live in harmony with others and with the world. Help us balance work and prayer so that the time we have will be spent pleasing our almighty Father. Amen.

CCC *In Unit 1 your child is learning about REVELATION. See Catechism of the Catholic Church 302, 303, 307, 339, 2415 for further reading on chapter content.*

Signos de la presencia de Dios

Oremos

Líder: Dios Todopoderoso, te vemos en tus obras.

"Los cielos cuentan la gloria del Señor,
proclama el firmamento la obra de sus manos".

Salmo 19, 2

Todos: Dios Todopoderoso, te vemos en tus obras. Amén.

Actividad **Comencemos**

Recordatorios El padre de Sandy está en el Ejército y debe ausentarse por largo tiempo para cumplir misiones especiales. A veces, cuando se siente sola y triste, Sandy saca la bata de él del armario, se envuelve en ella, se sienta en la silla preferida de él y apoya el mentón en sus rodillas. Acurrucándose en la bata, ella se siente más cerca de su papá.

- ¿De qué manera Sandy se siente más cerca de su papá al usar la bata de él?

- Menciona algunos signos que te ayudan a sentirte amado.

© Harcourt Religion

Chapter 3 Signs of God's presence

Let Us Pray

Leader: All-powerful God, we see you in your works.

"The heavens declare the glory of God;
the sky proclaims its builder's craft."

Psalm 19:2

All: All-powerful God, we see you in your works. Amen.

Activity Let's Begin

Reminders Sandy's father is in the military and has to be away for long periods on special assignments. Sometimes when she is especially lonely for him, Sandy gets his bathrobe out of the closet, wraps herself up in it, and sits in his favorite chair, pulling her knees up to her chin. Snuggling in his robe, she feels closer to her dad.

- How does the robe make Sandy feel closer to her father?

- What are some signs that help you feel loved?

Signos poderosos

 **Análisis** ¿Cuáles son algunos signos de la presencia de Dios?

Algunos signos ayudan a recordar a alguien o algo que has visto anteriormente, así como la bata ayuda a Sandy a recordar a su padre. Sin embargo, ciertos signos pueden recordarte aquello que no puedes ver. Los signos más poderosos te recuerdan la presencia de Dios. Dios es un misterio. Él es puro espíritu y no se puede ver o escuchar directamente. Por lo tanto, Dios usa signos para ayudarte a comprender lo que Él quiere que sepas. Lee para descubrir cómo Dios le habló a Moisés hace mucho tiempo.

Datos de fe

Yavé, el nombre del Dios de Israel, significa YO SOY.

✝ **LA SAGRADA ESCRITURA** Éxodo 3, 1–15

La zarza ardiendo

Parecía un día normal. Mientras Moisés cuidaba los rebaños de su suegro, Jetró, en la montaña, no tenía idea de que su vida iba a cambiar por completo. Moisés tenía muchas cosas en mente. Su pueblo, los hebreos, habían sido esclavizados por los egipcios y estaban siendo tratados de manera injusta. El mismo Moisés se estaba escondiendo porque él había matado a un egipcio que estaba maltratando a uno de los hebreos. Cuando Moisés llegó a Horeb, la montaña de Dios, escuchó una voz.

De pronto, Moisés advirtió algo misterioso. Una zarza cercana estaba en llamas, pero no se consumía. Cuando Moisés se acercó para investigar, la voz se dirigió a él: "Quítate las sandalias de tus pies, porque el lugar donde te encuentras es tierra santa". ¡Dios le estaba hablando a Moisés desde la zarza ardiendo!

Moisés y Dios conversaron. Dios había oído los gritos de los hebreos y tenía la intención de liberarlos. Moisés le preguntó a Dios qué debía decirle al pueblo cuando le preguntara quién le había dicho todo eso. Dios respondió: "Esto es lo que debes decir a los israelitas: YO SOY me ha enviado a ustedes". Moisés supo que al revelar su nombre, Dios estaba prometiendo estar con su pueblo.

Basado en Éxodo 3, 1–15

 ¿Qué quiso Dios que Moisés entendiera cuando le mostró que la zarza ardiente no se consumía por las llamas?

Powerful Signs

Some signs help you remember someone or something that you have seen at an earlier time, just as the robe helps Sandy remember her father. But certain signs can remind you of things you cannot see. The most powerful signs remind you of God's presence. God is a mystery. He is pure spirit and cannot be seen or heard directly. So God uses signs to help you understand what he wants you to know. Read to find out how God spoke to Moses long ago.

Faith Fact

Yahweh, the name of the God of Israel, means *I AM*.

✝ **SCRIPTURE**   **Exodus 3:1–15**

The Burning Bush

It seemed an ordinary day. As Moses tended the flocks of his father-in-law, Jethro, on the mountain, he had no idea that his whole life was about to change. Moses had a lot on his mind. His people, the Hebrews, were enslaved by the Egyptians and were being treated unjustly. Moses himself was hiding because he had killed an Egyptian who was mistreating one of the Hebrews. As Moses arrived at Horeb, the mountain of God, he heard a voice.

Suddenly Moses noticed something mysterious. A nearby bush was in flames—but it wasn't burning up. As Moses moved closer to investigate, the voice called to him, "Remove the sandals from your feet, for the place where you stand is holy ground." God was speaking to Moses from the burning bush!

Moses and God talked. God had heard the cries of the Hebrew people, and he intended to free them. Moses asked God what he should tell people when they asked who had told him all this. God replied, "This is what you shall tell the Israelites: I AM sent me to you." Moses knew that by revealing his name, God was promising to be with his people.

Based on Exodus 3:1–15

❓ **What did God want Moses to understand when he showed Moses that the burning bush was not consumed by the flames?**

Los signos señalan el camino

La zarza ardiendo fue un signo. Un signo es algo que puedes ver, oír, oler, tocar o saborear. Un signo hace referencia a algo más. El trueno es un signo de que puede llover. Una señal de alto es sólo letras en un pedazo de metal pintado de rojo, pero todos saben que puede ser peligroso no obedecerla. El lenguaje de señas brinda a las personas que no pueden oír, o que no pueden oír bien, una manera de comunicarse.

Dios utiliza signos para comunicarse con la gente. Las maravillas de la creación y los acontecimientos de la vida humana contienen signos de la cercanía y del poder maravilloso de Dios. Hablan de su eterna bondad, fuerte justicia y amable misericordia. Cuando Moisés vio por primera vez la zarza ardiendo, se quedó confuso y sorprendido. Sin embargo, este signo de la presencia de Dios no fue el fin del encuentro con Moisés; la experiencia abrió el camino para que Moisés conociera mejor a Dios.

Al principio, Moisés no se dio cuenta de que Dios estaba con su pueblo en sus penurias y angustias. Sin embargo, cuando Moisés vio el signo de la zarza ardiendo, comenzó a entender que Dios estaba presente y que quería ayudar a los israelitas. Puede que no veas, oigas, huelas, saborees o toques a Dios, pero los signos pueden demostrarte que Dios está contigo.

? **¿Cuáles son algunos signos de la bondad, justicia y misericordia de Dios?**

Actividad — Comparte tu fe

Reflexiona: Piensa en un lugar, además de la iglesia, donde experimentes signos de la presencia de Dios.

Comunica: Describe este lugar a un compañero. ¿Está bajo techo? ¿Está iluminado u oscuro? ¿Puedes ver el amanecer o el anochecer? ¿Puedes oler las flores? ¿Puedes escuchar música o el canto de las aves?

Actúa: Escribe sobre uno de los signos de la presencia de Dios en este lugar en una hoja de papel aparte. Si lo prefieres, haz un dibujo del lugar.

Signs Point the Way

The burning bush was a sign. A sign is something you can see, hear, smell, touch, or taste. A sign points beyond itself to something more. Thunder is a sign of possible rain. A stop sign is only letters on red-painted metal, but everyone knows that there could be danger if you do not obey the sign. Sign language gives people who cannot hear or cannot hear well a way to communicate.

God uses signs to communicate with people. The wonders of creation and the events of human life contain signs of God's awesome power and nearness. They tell of his eternal goodness, strong justice, and gentle mercy. When Moses first saw the burning bush, he was puzzled and surprised. But this sign of the presence of God was not the end of Moses' encounter—the experience opened the way for Moses to know God better.

At first Moses did not realize that God was with his people in their hardship and distress. But when Moses saw the sign of the burning bush, he began to understand that God was present and wanted to help the Israelites. You may not see, hear, smell, taste, or touch God, but signs can show you that God is with you.

❓ **What are some signs of God's goodness, justice, and mercy?**

Activity Share Your Faith

Reflect: Think about a place, other than church, where you experience signs of God's presence.

Share: Describe this place to a partner. Is it indoors? Is it light or dark? Can you see the sun rise or set? Can you smell flowers? Can you hear music or bird songs?

Act: Write about one of the signs of God's presence in this place on a separate sheet of paper. If you prefer, draw a picture of the place.

Signos de la presencia de Dios

 **Análisis** ¿Cuáles son los signos de la alianza de Dios?

A través de la historia, Dios ha comunicado su presencia y ha mostrado su amor por las personas a través de signos. Ordenó a los hebreos, que luego se conocieron como israelitas, a comer una comida especial en la noche que Moisés les mostró el camino para salir de la esclavitud en Egipto. Fue denominado el banquete de la Pascua judía y se convirtió en un signo de la **alianza**, o acuerdo sagrado, entre Dios y la gente que salvó.

Los hebreos comprendieron que el banquete era un signo del acuerdo que Dios había hecho con ellos. Debido a la importancia de la comida como signo, los hebreos la hicieron parte de su fe y tradición. Los judíos todavía celebran el banquete de la Pascua judía cada año.

La nueva alianza

La muerte y Resurrección de Jesús se convirtieron en la base de la nueva alianza. Escuchas acerca de esta alianza cada vez que asistes a misa. El pan y el vino provienen del trigo y las uvas, signos de la bondad de Dios en la creación. En la Última Cena, Jesús dio un significado nuevo y vivificante a los signos del pan y el vino convirtiéndolos en su Cuerpo y su Sangre. Dijo que debían ser compartidos en una comida con quienes creyeran que Jesús cumplió la promesa de salvación de Dios.

❓ **¿Cuál es la relación que existe entre la Misa y el banquete de la Pascua judía?**

God's Presence in Signs

Focus   What are signs of God's covenant?

Throughout history God has communicated his presence and shown his love for people through signs. He commanded the Hebrew people, later known as the Israelites, to eat a special meal on the night before Moses led them out of slavery in Egypt. It was called the Passover meal, and it became a sign of he **covenant**, or sacred agreement, between God and the people he saved.

The Hebrews understood that the meal was a sign of the agreement God had made with them. Because of the meal's importance as a sign, the Hebrews made it a part of their faith and tradition. Jewish people still eat the Passover meal every year.

The New Covenant

Jesus' death and Resurrection became the basis for a new covenant. You hear about this covenant each time you attend Mass. The bread and wine come from wheat and grapes, signs of God's goodness in creation. At the Last Supper, Jesus gave a new and life-giving meaning to the signs of bread and wine by changing them into his Body and Blood. He said that they were to be shared in a meal with those who believe that Jesus fulfilled God's saving promise.

? **What is the relationship between the Mass and the Jewish Passover meal?**

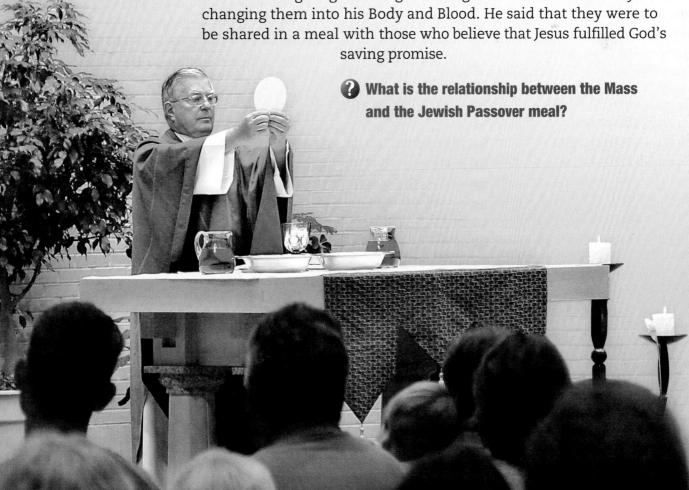

Los sacramentos como signos

Todos los **sacramentos** son signos de la nueva alianza realizada a través de la vida y del sacrificio de Jesús. Señalan a Dios y a su amor. Sin embargo, los sacramentos no son sólo eso. Cristo mismo actúa en los sacramentos y se convierten en fuentes de gracia. Los sacramentos son celebraciones de la presencia de Dios en su pueblo y con su pueblo.

Jesús mismo es en realidad el sacramento, el gran signo universal del amor de Dios, porque Él es el Hijo de Dios que se hizo hombre. En esta tabla, puedes ver cómo Jesús eligió signos poderosos para mostrar cómo Dios está presente en los momentos importantes de la vida.

Palabras † de fe

La **alianza** es un acuerdo sagrado entre Dios y su pueblo.

Los **sacramentos** son signos eficaces de la vida de Dios que Jesús concedió a la Iglesia.

SACRAMENTO	SIGNO—ACCIÓN SIMBÓLICA	DIOS ESTÁ PRESENTE A TRAVÉS DE
Bautismo	agua y palabras (Yo te bautizo…)	la nueva vida en Cristo
Confirmación	crisma e imposición de las manos	el fortalecimiento por el Espíritu Santo
Eucaristía	pan, vino y las palabras de consagración, comer y beber	el alimento por el Cuerpo y la Sangre de Cristo
Reconciliación	palabras de absolución	la conversión y el perdón
Unción de los Enfermos	unción de los enfermos con el óleo	la sanación y el fortalecimiento
Matrimonio	consentimiento mutuo y entrega recíproca total del hombre y la mujer en amor matrimonial	el compromiso y la unión amorosa
Orden Sagrado	imposición de las manos y la oración de consagración para el hombre	el ministro ordenado para el pueblo de Dios

Actividad

Acordamos...

Practica tu fe

Hacer un contrato   Aporten ideas para un contrato escolar. Incluyan en el acuerdo qué harán por los demás durante el próximo año. Elijan un signo de la clase para recordarse unos a otros el cumplimiento del acuerdo.

Nuestro signo: _____

Sacraments as Signs

All of the **sacraments** are signs of the new covenant made through the life and sacrifice of Jesus. They point to God and to his love. But sacraments are even more. Christ himself acts in the sacraments, and they become sources of grace. Sacraments are celebrations of God's presence in and with his people.

Jesus himself is truly the Sacrament—the one great universal sign of God's love—because he is the Son of God who became human. In this chart, you can see how Jesus chose powerful signs to show how God is present in important moments of life.

Words of Faith

Covenant is a sacred agreement between God and his people.

Sacraments are effective signs of God's life, given by Christ to the Church.

SACRAMENT	SIGN—SYMBOLIC ACTION	GOD IS PRESENT THROUGH
Baptism	water and words (I baptize you. . .)	new life in Christ
Confirmation	chrism and laying on of hands	strengthening by the Holy Spirit
Eucharist	bread, wine, and the words of consecration, eating and drinking	nourishment of the Body and Blood of Christ
Reconciliation	words of absolution	conversion and forgiveness
Anointing of the Sick	anointing with the oil of the sick	healing and strengthening
Matrimony	mutual consent and total giving of the man and woman to each other in married love	loving union and commitment
Holy Orders	the laying on of hands and the Prayer of Consecration prayed over the man	ordained ministry for God's people

Activity — Connect Your Faith

We Agree To...

Make a Contract   Brainstorm ideas for a class contract. Include in your agreement what you will do for others over the coming year. Choose a class sign as a way to remind one another to keep the agreement.

Our sign: _____

Oración de petición

 Oremos

Reúnanse y comiencen con la señal de la cruz.

Líder: Dios misericordioso, estamos aquí reunidos para rezar en el nombre de tu Hijo.

Lector 1: Dios, Padre, te damos gracias por la bondad de la creación, por la bendición de tu alianza y por los signos de tu presencia en el mundo. Más que nada, te agradecemos por tu Hijo, Jesús. Ayúdanos a conocerte mejor cada día.

Todos: **Oh Señor, escucha nuestra oración.**

Lector 2: Dios, Padre, abre nuestros ojos para ver tu mano presente en la belleza de la vida humana. Ayúdanos a valorar los dones que nos rodean y a compartir tus bendiciones con los demás.

Todos: **Oh Señor, escucha nuestra oración.**

Lector 3: Dios, Padre, nos concedes tu gracia a través de signos sacramentales que nos muestran la maravilla de tu poder invisible. Ayúdanos a crecer para convertirnos en signos de tu amor. Rezamos, ahora y siempre, en el nombre de tu Hijo, Jesús.

Todos: **Amén.**

 Canten juntos.

Lo que es bello y lleno de amor,
lo grande y chico también;
lo que es sabio y de gran color,
lo hiciste tú, mi Señor.

"All Things Bright and Beautiful" Tonada tradicional

Prayer of Petition

 Let Us Pray

Gather and begin with the Sign of the Cross.

Leader: Gracious God, we come together now to pray in the name of your Son.

Reader 1: God our Father, we thank you for the goodness of creation, for the blessing of your covenant, and for the signs of your presence in the world. Most of all, we thank you for your Son, Jesus. Help us know you better every day.

All: **Hear our prayer, O Lord.**

Reader 2: God our Father, open our eyes to see your hand at work in the beauty of human life. Help us cherish the gifts that surround us and share your blessings with others.

All: **Hear our prayer, O Lord.**

Reader 3: God our Father, you give us grace through sacramental signs that tell us of the wonders of your unseen power. Help us grow to become signs of your love. We pray, now and always, in the name of your Son, Jesus.

All: **Amen.**

Sing together.

All things bright and
beautiful,
all creatures great and
small,
all things wise and wonderful,
The Lord God made them all.

"All Things Bright and Beautiful" Traditional

Repasar y aplicar

A **Trabaja con palabras**   Completa cada oración.

1. Los signos señalan algo que no puedes conocer a través de tus
   _____.

2. Dios se apareció a Moisés en la _____.

3. El gran signo universal del amor de Dios es _____.

4. El banquete de la Pascua judía es un signo de la _____
   entre Dios y los israelitas.

5. _____ se convierten en el Cuerpo y la Sangre
   de Cristo.

B **Comprueba lo que aprendiste**   Describe los signos y las acciones
simbólicas que se usan en uno de los sacramentos.

_____

_____

_____

Actividad   Vive tu fe

Hacer un emblema   Como
clase, comenten sobre qué los
hace diferentes como grupo
y por qué cosas les gustaría
ser conocidos en su escuela o
parroquia. Trabajen en pequeños
grupos para aportar ideas para un
emblema que puede ser un signo
para otros de sus valores. Voten
por las mejores cuatro ideas.
Hagan un emblema que incluya
las cuatro ideas y expónganlo en
su salón de clases.

Review and Apply

A **Work with Words** Complete each statement.

1. Signs point to something you cannot know through your

   _____ .

2. God appeared to Moses in the _____.

3. The one great universal sign of God' love is _____.

4. The Passover meal is a sign of the _____ between God and the Israelites.

5. _____ become the Body and Blood of Christ.

B **Check Understanding** Describe the signs and symbolic actions used in one of the sacramens.

_____

_____

_____

Activity Live Your Faith

Make a Crest As a class, discuss what sets your class apart and what you would like to be known for in your school or parish. Meet in small groups to brainstorm ideas for a crest that can be a sign to others of your values. Vote on the four best ideas. Create a crest that includes the four ideas, and display it in your classroom.

La fe en familia

Lo que creemos

- Dios se comunica a través de signos.
- A través de los signos y de las acciones simbólicas de los sacramentos, la vida de Dios se hace verdaderamente presente en tu vida.

✝ LA SAGRADA ESCRITURA

Leer *Mateo 1, 21–23* para aprender el significado del nombre de Jesús.

Visita **www.harcourtreligion.com** para encontrar recursos basados en el año litúrgico y lecturas semanales de la Sagrada Escritura.

Actividad
Vive tu fe

Investiga Busca el significado del primer nombre de cada miembro de tu familia. Luego, pídele a cada uno que diga cómo él o ella es o puede ser un signo para los demás de lo que significa su nombre.

Siervos de la fe

Hildegarda era una abadesa, la superiora de una enorme comunidad religiosa en Bingen, Alemania. En una época en la que pocas mujeres podían leer o escribir, Hildegarda estaba muy preparada. Su curiosidad y su amor por la creación de Dios la llevaron a estudiar el mundo natural. Escribió e ilustró libros sobre jardinería y medicinas naturales. Personas que necesitaban sanación y orientación espiritual viajaban a la abadía con frecuencia para encontrarse con Hildegarda. Ella compuso música y creó pinturas inspiradas en su visión del amor creativo. Celebramos su día el 17 de septiembre.

▲ Santa Hildegarda de Bingen 1098–1179

Una oración en familia

Santa Hildegarda, ruega por nosotros para que descubramos los numerosos signos del amor de Dios en el mundo que nos rodea. Que aprendamos a valorar nuestros propios dones y a usarlos como tú los usaste para el mayor honor y gloria de nuestro Creador. Amén.

En la Unidad 1 su hijo está aprendiendo sobre la REVELACIÓN. Consulte el Catecismo de la Iglesia Católica, números 774, 1084, 1147 y 1152 para obtener más información sobre el contenido del capítulo.

Catholics Believe

- God communicates through signs.
- Through the signs and symbolic actions of the sacraments, God's life becomes truly present in your life.

✝ SCRIPTURE

Read *Matthew 1:21–23* to learn the meaning of Jesus' name.

 GO ONLINE www.harcourtreligion.com
For weekly Scripture readings and seasonal resources

Activity
Live Your Faith

Research Look up the meaning of each family member's first name. Then ask each family member to say how he or she is or can be a sign to others of what the name means.

People of Faith

Hildegarde was an abbess, the head of a large religious community in Bingen, Germany. At a time when few women could read or write, Hildegarde was well educated. Her curiosity and her love for God's creation led her to study the natural world. She wrote and illustrated books on gardening and herbal medicine. People in need of healing and spiritual guidance often traveled to the abbey to meet with Hildegarde. She composed music and created paintings inspired by her vision of creative love. We celebrate her feast day on September 17.

▲ Saint Hildegarde of Bingen
1098–1179

 ## Family Prayer

Saint Hildegarde, pray for us that we may discover the many signs of God's love within the world around us. May we learn to value our own gifts and to use them as you did for the greater honor and glory of our Creator. Amen.

CCC *In Unit 1 your child is learning about* REVELATION. *See Catechism of the Catholic Church 774, 1084, 1147, 1152 for further reading on chapter content.*

129

REPASO DE LA UNIDAD 1

A **Trabaja con palabras**   Completa cada oración con el término correcto del vocabulario.

1. Los sacramentos, la _____ y la creación son signos de la _____ de Dios.

2. La _____, lectura o audición de _____, y la orientación de tu comunidad parroquial te ayudan a edificar tu fe.

3. La gente muestra buena _____ de la creación _____ vidrio, papel y plástico en vez de deshacerse de esas cosas.

4. El uso del _____ con moderación, sin derrocharla, y plantar _____ en vez de talarlos son maneras de mostrar respeto por el don de Dios de nuestro medio ambiente.

5. El agua viva y la zarza ardiendo son _____ de la presencia de Dios porque Él _____ a través de ellos.

VOCABULARIO

signos
ilustraciones
fe
reciclando
árboles
gracia
agua
comunican
obra
oración
administración
la Sagrada
Escritura

B **Comprueba lo que aprendiste**   Escribe las respuestas a las preguntas en los espacios del 6 al 9. Encuentra y encierra en un círculo las respuestas en la sopa de letras. Las letras restantes forman un mensaje. Escribe el mensaje en los espacios del número 10.

```
Ó  J  E  S  U  S  U  S  O  A
E  L  S  T  O  S  D  O  U  N
U  E  E  S  D  E  L  G  A  C
R  V  E  O  A  C  A  I  O  N
P  A  A  R  A  R  E  A  L  I
Z  A  R  S  S  U  S  O  B  R
A  S  D  E  L  A  S  A  L  V
T  R  I  G  O  A  C  I  O  N
```

¿Qué dones usó Jesús para los signos de sus sacramentos?

6. _____   8. _____

7. _____   9. _____

10. __ __ __ __ __ __ __ __ __ __ __ __ __ __ __ __ __ __ __

    __ __ __ __ __ __ __ __ __ __ __ __ __ __ __ __ __ __ __

    __ __ __ __ __ __ __ __ __ __ __ __ __ __ __ __ __ __ __

    __ __ __ __ __ __ __ __ __ __ __ __ __ __.

130

UNIT 1 REVIEW

Work with Words   Complete each sentence with the correct term from the Word Bank.

1. Scraments, _____, and creation are all signs of God's _____.

2. _____, reading or listening to _____, and the guidance of your parish community help you build up your faith.

3. People show good _____ of cretion by _____ glass, paper, and plastic instead of throwing away these things.

4. Using _____ sparingly rather than wasting it and planting _____ rather than cutting them down are ways to show respect for God's gift of our environment.

5. Living water and the burning bush are _____ of God's presence bcause God _____ thrugh them.

B Check Understanding   Write answers to the question on spaces 6 through 9. Find and circle these answers in the word search. The remaining letters form a message. Write the message on the spaces for number 10.

G	J	E	S	U	S	U	S	E	R
D	R	T	H	E	S	E	G	E	I
F	T	A	S	F	R	O	T	M	C
R	L	E	P	A	T	A	I	O	N
T	O	I	P	E	W	E	R	F	O
R	M	H	O	I	S	S	S	A	V
I	N	G	W	O	R	K	S	R	N
W	H	E	A	T	F	E	F	M	W

What gifts did Jesus use for signs of his sacraments?

6. _____   8. _____

7. _____   9. _____

10. __ __ __ __ __ __ __ __ __ __ __ __ __ __ __

__ __ __ __ __ __ __ __ __ __ __ __ __ __ __ __ __ __

__ __ __ __ __ __ __ __ __ __ __ __ __ __ __ __

__ __ __ __ __ __ __ __ __ __ __ .

UNIDAD 2

El pueblo de Dios responde

Capítulo 4
El misterio de Dios

¿Cómo explicarías algunas de las maneras en que Dios se revela a nosotros?

Capítulo 5
La oración y el culto

¿Por qué las personas rinden culto?

Capítulo 6
Hacer el bien

¿Cómo es que siendo mejor persona das gloria y alabanza a Dios?

 ¿Qué crees que aprenderás en esta unidad sobre la respuesta del pueblo de Dios?

UNIT 2
God's People Respond

Chapter 4
The Mystery of God

How would you explain some of the ways in which God shows himself to us?

Chapter 5
Prayer and Worship

Why do people worship?

Chapter 6
Doing Good

How does being your best self give glory and praise to God?

What do you think you will learn in this unit about how God's people respond?

4

El misterio de Dios

 **Oremos**

Líder: Dios todopoderoso, sentimos respeto reverencial por ti.

"Detrás de él una voz ruge;
truena con su majestuosa voz.

Por su voz hace Dios cosas maravillosas, cosas grandes
que no comprendemos".

Job 37, 4–5

Todos: Dios todopoderoso, sentimos respeto reverencial por ti.
Amén.

Actividad **Comencemos**

Cuán grandioso eres

Oh Señor, mi Dios, cuando admiro maravillado
y pienso en todos los astros que fueron obra
de tu mano, veo las estrellas, oigo el ruido
de truenos, ¡Tu poder manifestado en todo
el universo! Luego, canta mi alma, Dios mi
Salvador, a ti; ¡Cuán grandioso eres, cuán
grandioso eres!

Selección de canciones compuestas por Stuart K. Hine

• ¿Qué cosas te recuerdan la grandeza
de Dios?

• Completa esta oración de tantas maneras
como puedas: Dios es como…
porque…

The Mystery Of God

Let Us Pray

Leader: Almighty and powerful God, we are in awe of you.

"Again his voice roars—
the majestic sound of his thunder.
He does great things beyond our knowing;
wonders past our searching out."

Job 37:4–5

All: Almighty and powerful God, we are in awe of you. Amen.

Activity — Let's Begin

How Great Thou Art

O Lord my God, when I in awesome wonder
Consider all the worlds Thy hands have made,
I see the stars, I hear the rolling thunder,
Thy power throughout the universe displayed!
Then sings my soul, my Savior God, to Thee;
How great Thou art, how great Thou art!

A selection from lyrics by Stuart K. Hine

• What things remind you of the greatness of God?

• Complete this sentence in as many ways as you can: God is like . . . because . . .

Más allá de lo que podemos comprender

 **Análisis** ¿Qué don concedió Patricio a los irlandeses?

No siempre podemos ver el plan de Dios para nosotros. Las bendiciones llegan a veces en forma de dificultades. El siguiente relato muestra cómo esto fue verdad para un cristiano.

UNA BIOGRAFÍA

Capturado

Patricio, el hijo de un oficial romano, vivía en la costa oeste de Britania. Un día, mientras trabajaba en la granja de su padre, cayó prisionero de un grupo de invasores y fue vendido como esclavo.

Patricio fue llevado a Irlanda, un lugar completamente nuevo para él. Nuevamente trabajó en una granja, pero esta vez no tenía ropa abrigada para vestirse y casi nada para comer. No tenía familia ni amigos. Enojado con Dios, Patricio sólo pensaba en su desgracia. ¿Por qué Dios había permitido que algo tan terrible sucediera?

❓ **¿Qué palabra o símbolo describe lo que pensarías o sentirías en un momento así?**

© Harcourt Religion

More Than Can Be Known

Focus What gift did Patrick bring to the Irish people?

We can't always see God's plan for us. Blessings often come in the form of hardships. The following story shows how this was true for one Christian.

BIOGRAPHY

Kidnapped

Patrick, the son of a Roman official, lived on the western coast of Britain. While working on his father's farm one day, he was seized by a group of raiders and sold as a slave.

Patrick was taken away to Ireland, a place completely new to him. Again he worked on a farm, but now he had no warm clothing to wear and almost nothing to eat. He had no family and no friends. Angry with God, Patrick thought only of his misery. Why had God allowed this terrible thing to happen?

❓ **What is a word or symbol that describes what you would think or feel at such a time?**

© Harcourt Religion

137

El misterio se revela

A medida que pasaba el tiempo, Patricio comenzó a darse cuenta de que si bien su vida era difícil, las vidas de sus amos irlandeses eran aun más difíciles porque no conocían a Jesús. No conocían la fe cristiana, que está llena de esperanza y amor. Patricio comenzó a rezar con todo su corazón, entregando su vida y su futuro a Dios. Después de seis años, se escapó y emprendió el largo y difícil viaje a su hogar. Sus padres estuvieron encantados de verlo. Desearon que él nunca más volviera a dejarlos.

Sin embargo, Patricio seguía pensando en los irlandeses que había dejado. Nunca dejó de preguntarse sobre el misterio de su vida y sobre qué podría rescatar del tiempo que él había pasado con esa gente. Una noche soñó que ellos lo llamaban. De pronto, comprendió que como sabía el idioma de ellos, podía enseñarles la fe cristiana. Aunque los estudios le resultaron difíciles, Patricio se preparó para ser sacerdote. Con el tiempo, se convirtió en obispo y regresó a Irlanda. Cuando los irlandeses escucharon a Patricio, muchos de ellos pidieron ser bautizados. Debido a su gran santidad y a su amor por Dios, la Iglesia lo declaró santo.

La experiencia le enseñó a Patricio que los misterios de la vida humana acercan a las personas al **misterio** de Dios, que es más grande de lo que podrían llegar a comprender.

❓ **¿Qué cosas de tu propia vida te hacen pensar como lo hizo Patricio?**

Palabras† de fe

Un **misterio** es una verdad de fe que no se puede entender completamente, pero en la que se cree porque Dios la ha revelado a las personas en la Sagrada Escritura, en la vida de Jesús o en las enseñanzas de la Iglesia.

Actividad   comparte tu fe

Reflexiona: Si pudieras hacerle a Dios cualquier pregunta acerca de los misterios de tu vida, ¿qué le preguntarías?

Comunica: Comparte tus preguntas con un compañero.

Actúa: Escribe una pregunta aquí. Reza a Dios para que puedas comprender este misterio.

_____

_____

The Mystery Unfolds

As time went by, Patrick began to realize that despite his harsh life, the lives of his Irish masters were even harder because they did not know Jesus. They did not know the Christian faith, which is full of hope and love. Patrick began to pray with all his heart, turning his life and his future over to God. After six years, he escaped and made the long, hard journey home. His parents were overjoyed to see him. They hoped that he would never leave them again.

But Patrick kept thinking about the Irish people he had left. He never stopped wondering about the mystery of his life and what good might come from his time among these people. One night he dreamed that they were calling him. All at once it became clear to him that because he knew their language, he could bring them the Christian faith. Although the studies were hard for him, Patrick prepared to become a priest. In time, he became a bishop and returned to Ireland. When the Irish people heard Patrick speak, great numbers of them asked to be baptized. Because of his great holiness and love for God, the Church made Patrick a saint.

Experience taught Patrick that the mysteries in human life draw people toward the **mystery** of God, who is so much more than they can ever grasp.

❓ **What are some things about your own life that cause you to wonder as Patrick did?**

© Harcourt Religion

Words of Faith

A **mystery** is a truth of faith that you cannot fully understand but that you believe because God has shown it to people in Scripture, in the life of Jesus, or in the teachings of the Church.

Activity — Share Your Faith

Reflect: If you could ask God any questions about the mysteries in your life, what would they be?

Share: Share your questions with a partner.

Act: Write one question here. Pray to God for your understanding of this mystery.

_____

_____

El misterio más allá de las palabras

Análisis ¿Quién es la Santísima Trinidad?

Como Patricio, en la actualidad la gente se pregunta sobre el misterio de Dios y sobre cómo Dios obra en sus vidas. Dios quiere ser conocido, aun más grandioso de lo que cualquiera puede decir o comprender.

Desde los primeros tiempos del Antiguo Testamento, los israelitas aprendieron por medio de la revelación que Dios es uno, inagotable de verdad y amor. Jesús revela un nivel más profundo de su misterio al mostrar que Dios es tres Personas: Padre, Hijo y Espíritu Santo, la **Santísima Trinidad**. Patricio enfatizó y honró a la Trinidad en todas sus enseñanzas. Jesús y sus seguidores te invitan a comprender más profundamente el misterio del Dios que no puedes ver.

LA SAGRADA ESCRITURA
Juan 1, 32–34

El Bautismo de Jesús

Juan Bautista declaró que Jesús es el Hijo de Dios enviado por el Padre y lleno del Espíritu Santo:

"He visto al Espíritu bajar del cielo como una paloma y quedarse sobre él. Yo no lo conocía, pero Aquel que me envió a bautizar con agua, me dijo también: 'Verás al Espíritu bajar sobre aquel que ha de bautizar con el Espíritu Santo, y se quedará en él'. Sí, yo lo he visto, y declaro que éste es el Elegido de Dios".

Juan 1, 32–34

Siempre que la Iglesia bautiza, se usan los nombres de la tres Personas de la Santísima Trinidad. Aquellos que son bautizados entran en la vida misma de Dios, quien es amor. Todos los sacramentos nos permiten participar en la vida de Dios y en el misterio que es Dios: Padre, Hijo y Espíritu Santo.

❓ ¿De qué maneras experimentas el amor de la Santísima Trinidad en tu vida?

El Bautismo de Cristo, *Currier e Ives*

The Mystery Beyond Words

Focus Who is the Holy Trinity?

Like Patrick, people today wonder about the mystery of God and the way God works in their lives. God wants to be known, yet he is greater than anyone can tell or understand.

From earliest Old Testament times, the Israelites learned through revelation that God is one, unfailing in truth and love. Jesus revealed a deeper level of this mystery, showing that the one God is three Persons: Father, Son, and Holy Spirit—the **Holy Trinity**. Patrick emphasized and honored the Trinity in all his teaching. Jesus and his followers invite you into a deeper understanding of the mystery of the God you cannot see.

✝ SCRIPTURE John 1:32–34

The Baptism of Jesus

John the Baptist testified that Jesus is the Son of God, sent by the Father and filled with the Holy Spirit:

"I saw the Spirit come down like a dove from the sky and remain upon him. I did not know him, but the one who sent me to baptize with water told me, 'On whomever you see the Spirit come down and remain, he is the one who will baptize with the holy Spirit.' Now I have seen and testified that he is the Son of God."

John 1:32–34

Whenever the Church baptizes, the names of the three Persons in the Holy Trinity are used. Those who are baptized enter into the very life of God, who is love. all of the sacraments offer a share in God's life and into the mystery that is God—Father, Son, and Holy Spirit.

❓ What are some ways in which you experience the love of the Holy Trinity in your life?

The Baptism of Christ, *Currier and Ives*

Vivir tu fe

La señal de la cruz te ayuda a recordar que la Trinidad está contigo, que te protege y te guía para vivir del mismo modo que Jesús. Cuando renuevas tus promesas bautismales, se te recuerda que la Trinidad te da una nueva vida eterna.

El primer mandamiento es éste: Amarás a Dios sobre todas las cosas. Este mandamiento te pide que creas en Dios, que confíes en Él y que lo ames por sobre todas las cosas. Al obedecer este mandamiento, vives en unión con la Trinidad.

Una **virtud** es un hábito de hacer el bien. Las virtudes de la fe, la esperanza y el amor se denominan virtudes teologales porque son dones de Dios.

- La fe es la virtud mediante la cual eliges libremente responder a la invitación de Dios y decir "sí" a todo lo que Él ha revelado.

- La esperanza es tu deseo y expectativa de que Dios te concederá vida eterna con la Trinidad y te otorgará la gracia para lograrla.

- El amor, o la caridad, es la virtud por la cual amas a Dios por sobre todas las cosas y a los demás por el amor de Dios.

Todas las personas están hechas a **imagen de Dios** porque son creadas por Dios. Si lo intentas, podrás ver rastros de la Trinidad reflejados en cada persona. Cuando las personas se aman entre sí, reflejan la comunión de las tres Personas en un mismo Dios.

? **¿De qué manera algunas de las personas que conoces se muestran como imágenes de Dios?**

Palabras† de fe

La **Santísima Trinidad** es el misterio de un Dios en tres Personas: Padre, Hijo y Espíritu Santo.

Una **virtud** es el hábito de hacer el bien que ayuda a crecer en el amor por Dios.

La **imagen de Dios** es la semejanza divina de cada persona, resultado de ser creada por Dios.

Actividad — Practica tu fe

Descubre símbolos de la Trinidad La leyenda dice que Patricio usó el trébol para representar a la Trinidad. ¿Por qué fue útil usar el trébol para explicar la Trinidad? ¿Qué otras imágenes ayudarían a explicar la Trinidad? Dibuja una o más imágenes en este espacio.

Living Your Faith

The Sign of the Cross helps you recall that the Trinity is with you, protecting and guiding you to live as Jesus did. When you renew your baptismal promises, you are reminded that the Trinity gives you new life that never ends.

The first commandment is this: I am the Lord your God; you shall not have strange gods before me. This commandment calls you to believe in God, to hope in him, and to love him above everything else. In obeying this commandment, you live in relationship with the Trinity.

A **virtue** is a habit of doing good. The virtues of faith, hope, and love are called theological virtues because they are gifts from God.

- Faith is the virtue by which you freely choose to respond to God's invitation and say "yes" to all that he has revealed.

- Hope is your desire and expectation that God will grant you eternal life with the Trinity and give you the grace to attain it.

- Love, or charity, is the virtue by which you love God above all things and others for the love of God.

All people are made in the **image of God** because they are created by God. If you try, you can see traces of the Trinity reflected in every person. When people love one another, they reflect the communion of the three Persons in one God.

❓ **How do some of the people you know show themselves as images of God?**

Words of Faith

The **Holy Trinity** is the mystery of one God in three Persons: Father, Son, and Holy Spirit.

A **virtue** is a habit of doing good that helps you grow in love for God.

Image of God means the divine likeness in each person, the result of being created by God.

Activity ## Connect Your Faith

Discover Symbols of the Trinity   Legend says that Patrick used the shamrock as an image for the Trinity. How could the shamrock be useful in explaining the Trinity? What other images would help explain the Trinity? Draw one or more of them in this space.

El Credo de los Apóstoles

 **Oremos**

Reúnanse y comiencen con la señal de la cruz.

Líder: Afirmemos lo que creemos.
Después de cada oración, digan: ¡Lo creemos!

Lector 1: Creo en Dios,
    Padre Todopoderoso,
    Creador del cielo y de la tierra.

Lector 2: Creo en Jesucristo,
su único Hijo, nuestro Señor,
que fue concebido por obra y gracia
    del Espíritu Santo,
    nació de Santa María Virgen,
padeció bajo el poder de
Poncio Pilato,
    fue crucificado, muerto
    y sepultado.

Lector 3: Descendió a los infiernos,
al tercer día resucitó de entre
los muertos,
    subió a los cielos y está sentado
    a la derecha de Dios,
    Padre Todopoderoso.
Desde allí ha de venir a juzgar
    a vivos y a muertos.

Lector 4: Creo en el Espíritu Santo,
la santa Iglesia Católica,
la comunión de los santos,
el perdón de los pecados,
la resurrección de la carne
y la vida eterna. Amén.

Oh Santísima Trinidad,
unidad indivisible;
Santo Dios, Dios poderoso.
¡Que seas adorado Dios inmortal!

Versión de "Sing Praise to Our Creator," Omer Westendorf, © 1962 World Library Publications, Inc.

Apostles' Creed

 Let Us Pray

Gather and begin with the Sign of the Cross.

Leader: Let us affirm what we believe.

After each statement, say: We do believe!

Reader 1: I believe in God,
the Father almighty,
creator of heaven and earth.

Reader 2: I believe in Jesus Christ,
his only Son, our Lord.
He was conceived by the power
of the Holy Spirit and
born of the Virgin Mary.
He suffered under Pontius Pilate,
was crucified, died, and
was buried.

Reader 3: He descended to the dead.
On the third day he rose again.
He ascended into heaven,
and is seated at the right hand
of the Father.
He will come again to judge the
living and the dead.

Reader 4: I believe in the Holy Spirit,
the holy catholic Church,
the communion of saints,
the forgiveness of sins,
the resurrection of the body,
and life everlasting. Amen.

 O most holy Trinity,
Undivided unity;
Holy God, mighty God,
God immortal be adored!

"Sing Praise to Our Creator," Omer Westendorf, © 1962 World Library Publications, Inc.

CAPÍTULO 4

Repasar y aplicar

A **Comprueba lo que aprendiste**   Encierra en un círculo Verdadero o Falso según corresponda para cada enunciado. Corrige todos los enunciados falsos.

1. La fe en Dios significa que Dios no es un misterio.

   Verdadero   Falso _____

2. El misterio de Dios en tres Personas: Padre, Hijo y Espíritu Santo, se denomina imagen de Dios.

   Verdadero   Falso _____

3. Jesús revela a las personas el Dios que no pueden ver.

   Verdadero   Falso _____

4. Los bautizados se bautizan en la vida misma de Dios.

   Verdadero   Falso _____

5. Cuando bautizó a Jesús, Patricio aprendió más sobre el misterio de Dios.

   Verdadero   Falso _____

B **Relaciona**   ¿Qué significa ser creado a imagen de Dios?

_____

_____

Actividad — Vive tu fe

Imagina   Crea una escena para una película. En tu escena una persona acaba de cuestionar la fe en Dios de otra persona. Cuenta cómo responde el otro personaje.

Review and Apply

A **Check Understanding**   Circle True if a statement is true, and circle False if a statement is false. Correct any false statements.

1. Faith in God means that God is not a mystery

   True   False _____

2. The mystery of God in three Persons—Father, Son, and Holy Spirit—is called the image of God.

   True   False _____

3. Jesus reveals to people the God they cannot see.

   True   False _____

4. Those who are baptized are baptized into the very life of God.

   True   False _____

5. When he baptized Jesus, Patrick learned more about the mystery of God.

   True   False _____

B **Make Connections**   What does it mean to be created in the image of God?

_____

_____

Activity   Live Your Faith

Imagine   Create a scene for a movie. In your scene, one character has just challenged another person's faith in God. Tell how the other character responds.

_____

_____

_____

_____

_____

_____

La fe en familia

Lo que creemos

- La Santísima Trinidad es el misterio central de la fe y la vida cristianas.

- La virtud es el hábito de hacer el bien. Las virtudes teologales de la fe, la esperanza y el amor son dones de Dios.

LA SAGRADA ESCRITURA

Leer *1 Corintios 13, 1–13* para aprender cómo San Pablo describe el amor.

Visita **www.harcourtreligion.com** para encontrar recursos basados en el año litúrgico y lecturas semanales de la Sagrada Escritura.

Actividad

Vive tu fe

Haz un símbolo El amor es una de las virtudes de las que se habló en la lección de esta semana. El amor es el pegamento que mantiene unida a una familia. El amor en una familia debe reflejar el amor de la Santísima Trinidad.

Crea un símbolo que represente cómo demuestra tu familia el amor de Dios por los demás. Si alguien de tu familia tiene habilidades artísticas o de costura, puedes ayudar a esa persona a crear un símbolo más duradero para exhibir en tu casa.

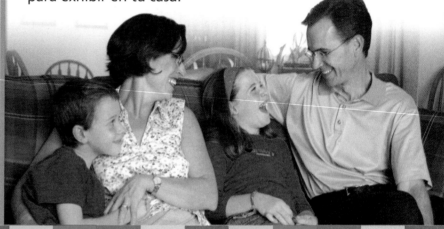

Siervos de la fe

Atanasio se convirtió en el obispo de Alejandría en Egipto a los treinta años. Vivió en una época en la que mucha gente apoyaba la falsa enseñanza de que, en realidad, Jesús no era el Hijo de Dios. Como obispo, Atanasio defendió la doctrina de la Trinidad. Debido a su franqueza, fue exiliado, no una sino cinco veces en toda su vida. En esa época, vivió en la privación, pero empleó su tiempo en escribir, rezar y en animar a otros cristianos. La Iglesia celebra su día el 2 de mayo.

▲ **San Atanasio**
c. 295–373

Una oración en familia

San Atanasio, reza por nosotros para que conozcamos y amemos al Padre, al Hijo y al Espíritu Santo como tú lo hiciste. También, que sigamos tu ejemplo y defendamos nuestras convicciones aun cuando resulte difícil hacerlo. Amén.

  En la Unidad 2 su hijo está aprendiendo sobre la Trinidad. Consulte el Catecismo de la Iglesia Católica, números 234, 1812 y 1813 para obtener más información sobre el contenido del capítulo.

Family Faith

Catholics Believe

- The Trinity is the central mystery of Christian faith and life.

- Virtue is the habit of doing good. The theological virtues of faith, hope, and love are gifts from God.

✝ SCRIPTURE

Read *1 Corinthians 13:1–13* to learn how Saint Paul describes love.

www.harcourtreligion.com
For weekly Scripture readings and seasonal resources

Activity
Live Your Faith

Make a Symbol Love is one of the virtues talked about in this week's lesson. Love is the glue that holds a family together. The love within a family is meant to reflect the love of the Holy Trinity.

Create a symbol that represents how your family shows God's love to others. If someone in your family is skilled with art or fabric, you can help that person make a more permanent symbol to display in your home.

People of Faith

© Harcourt Religion

▲ Saint Athanasius
c. 295–373

Athanasius became the bishop of Alexandria in Egypt at the age of thirty. He lived at a time when many people were supporting a false teaching that Jesus was not really the Son of God. As bishop, Athanasius defended the doctrine of the Trinity. Because of his outspokenness, he was sent into exile—not once, but five times over the course of his life. During these times he lived in hardship but spent his time writing, praying, and encouraging other Christians. The Church celebrates his feast day on May 2.

 ## Family Prayer

Saint Athanasius, pray for us that we may know and love the Father, Son, and Holy Spirit as you did. May we also follow your example and uphold our convictions even when it is difficult to do so. Amen.

La oración y el culto

 **Oremos**

Líder: Oh, Dios, haz que nos presentemos con humildad ante ti.

"¡Entremos, agachémonos, postrémonos;
de rodillas ante el Señor que
nos creó!"

Salmo 95, 6

Todos: Oh, Dios, haz que nos presentemos con humildad ante ti. Amén.

Actividad Comencemos

Dar gracias

Querida tía Gina:

¡Gracias, eres maravillosa! No tengo palabras para agradecerte el hermoso suéter para esquiar que me hiciste...

Cuando alguien te da un regalo, ¿qué haces? ¿Das las gracias? ¿Abrazas o besas a esa persona? ¿Escribes una nota? Bien, Dios te ama más que cualquier otra persona.

Todas las cosas buenas que tienes y todo lo bueno que eres es un regalo de Dios.

• ¿De qué regalos de Dios estás hoy más agradecido?

• Sugiere una manera de mostrar gratitud a Dios.

Chapter 5 Prayer and Worship

Let Us Pray

Leader: Make us humble before you, O God.

"Enter, let us bow down in worship;
let us kneel before the LORD who
made us."

Psalm 95:6

All: Make us humble before you, O God. Amen.

Activity — Let's Begin

Give Thanks

Dear Aunt Gina,

Thanks—You really are the best! I can't thank you enough for that great ski sweater you made for me. . .

When someone gives you a gift, what do you do? Say thank you? Give that person a hug or a kiss? Write a note? Well, God loves you more than anybody else does. Every good thing you have and are is a gift from God.

• What gifts of God are you most grateful for today?

• Suggest a way to show gratitude to God.

Dios está con nosotros

 **Análisis**   ¿Cómo alabó y honró David a Dios?

David fue el segundo rey de Israel. Era un soldado que solía llevar a Israel a la victoria contra sus enemigos. También era poeta y músico. A él se le atribuyen muchos de los salmos. En el siguiente relato, David lleva a Jerusalén el Arca de la Alianza.

✝ LA SAGRADA ESCRITURA   2 Samuel 6, 1–15

Un día de alegría

Los ejércitos de David habían llevado el Arca de la Alianza, una caja que contenía las tablas de la Ley, a la batalla como signo de la presencia de Dios. Ahora David la trasladaba a Jerusalén, donde sería el signo de la presencia de Dios para todo el pueblo.

Para celebrar la llegada del Arca, David organizó una gran procesión e invitó a participar en ella a músicos y cantantes. El pueblo siguió el Arca por las calles con cantos de alegría. David encabezó la procesión vestido con las ropas sencillas de un sacerdote del Señor, no con las de soldado o rey, y ¡danzaba con todas sus fuerzas ante el Señor!

Basado en 2 Samuel 6, 1–15

❓ **¿Qué crees que sentía el corazón de David cuando danzaba ante el Arca?**

❓ **¿Cuándo te has sentido tan feliz que has querido bailar?**

God with Us

◎ **Focus** How did David praise and honor God?

David was the second king of Israel. He was a soldier who often led Israel to victory against its enemies. He was also a poet and a musician. Many of the psalms are attributed to him. In the story that follows, David brings the Ark of the Covenant to Jerusalem.

✝ **S C R I P T U R E**   **2 Samuel 6:1–15**

A Day of Joy

David's armies had carried the Ark of the Covenant—a box containing the tablets of the Law—into battle as a sign of God's presence. Now David brought the Ark to Jerusalem, where it would signal God's presence to all the people.

To celebrate the Ark's arrival, David organized a great procession and invited musicians and singers to take part. Singing with joy, the people followed the Ark through the streets. David led the procession, dressed not as a soldier or a king but in the simple clothes of a priest of the Lord—and he danced with abandon before the Lord!

Based on 2 Samuel 6:1–15

❓ **What do you think was in David's heart as he danced before the Ark?**

❓ **When have you felt so happy that you wanted to dance?**

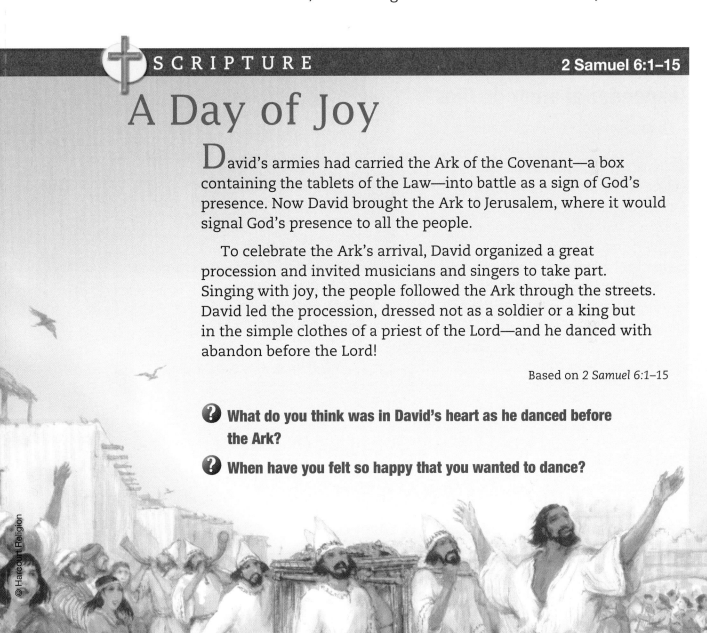

© Harcourt Religion

La Iglesia ora y rinde culto

Desde los primeros días de la comunidad cristiana, los seguidores de Cristo Resucitado se reunían para orar y rendir culto. Como David, alababan a Dios con gran fe y alegría.

Palabras[†] de fe

✝ LA SAGRADA ESCRITURA

"Todos los días se reunían en el Templo con entusiasmo, partían el pan en sus casas y compartían la comida con alegría y con gran sencillez de corazón. Alababan a Dios y se ganaban la simpatía de todo el pueblo".

Hechos 2, 46–47

La **oración** es hablar con Dios y escucharlo. La oración puede ser privada o pública; hablada, cantada o silenciosa; formal o espontánea.

Responder al amor de Dios

La **oración** y el culto son maneras de responder al amor de Dios como lo hizo el rey David. La Biblia está repleta de relatos de Jesús orando. Hoy tú puedes elevar la mente y el corazón a Dios a través de la oración. También puedes honrar a Dios mediante el culto, ofreciendo palabras y acciones en alabanzas y agradecimientos públicos. La Misa es el acto de culto más importante de la Iglesia . En ella se reúne el Pueblo de Dios alrededor de la mesa del Señor Jesús y se leen versículos del Antiguo y del Nuevo Testamento, en especial de los evangelios, para recordar aquellos acontecimientos salvadores de Dios que aparecen en el Antiguo Testamento y que llegan a realizarse en el misterio de Jesús, el Cristo.

Actividad comparte tu fe

Reflexiona: Piensa en los salmos que has leído o escuchado.

Comunica: Comparte los salmos que recuerdes con un compañero.

Actúa: Un salmo es un cántico de alabanza a Dios. Escribe un salmo breve en este espacio. Usa esta forma:

1. Invita a los demás a alabar a Dios. _____

2. Di por qué Dios merece alabanzas. _____

3. Termina haciendo una promesa a _____
Dios o pidiéndole un favor. _____

The Church Prays and Worships

From the earliest days of the Christian community, the followers of the Risen Christ gathered for prayer and worship. Like David, they praised God with great faith and joy.

✝ SCRIPTURE

"Every day they devoted themselves to meeting together in the temple area and to breaking bread in their homes. They ate their meals with exultation and sincerity of heart, praising God and enjoying favor with all the people."

Acts 2:46–47

Responding to God's Love

Prayer and worship are ways to respond to God's love as King David did. The Bible is filled with stories of Jesus at prayer. Today, you can lift your mind and heart to God through prayer. You also honor God through worship, by offering words and actions in public praise and thanks. The Mass is the Church's greatest act of worship. It unites the whole People of God gathered around the table of the Lord Jesus. In the Mass, the Church reads from both the Old and New Testaments, most especially the Gospels, to recall those saving events of God in the Old Testament that found their fulfillment in the mystery of Jesus, the Christ.

> ## Words of Faith
>
> **Prayer** is talking to and listening to God. Prayer can be private or public; spoken, sung, or silent; formal or spontaneous.

Activity — Share Your Faith

Reflect: Think about the psalms that you have read or heard.

Share: With a partner, share the psalms you remember.

Act: A psalm is a song of praise to God. Write a short psalm in this space. Use this form:

1. Invite others to praise God. _____

2. Tell why God is worthy of praise. _____

3. End by making a promise to _____
God or by asking him for a favor. _____

Obra sagrada

Análisis   ¿Qué es la liturgia?

El tercer mandamiento dice: Santificarás las fiestas. Esto significa que los fieles tienen el deber de orar y de rendir **culto** a Dios en el día del Señor. Pero ese deber es también una alegría y un don. Estar en compañía de quien te ama, alguien a quien amas profundamente, no es una tarea.

El culto es una respuesta natural a la bondad amorosa de Dios. Hay momentos y lugares para actos de oración individuales, pero el culto se centra en la comunidad de fe.

Las expresiones de culto comunitario de la Iglesia son prácticas formales conocidas como **liturgia**. En la liturgia, participas junto con todo el Cuerpo de Cristo en la obra salvadora realizada a través de la vida, muerte, Resurrección y Ascensión de Jesús. La liturgia de la Iglesia Católica incluye:

- la Eucaristía, principal sacramento y expresión del culto de la Iglesia.

- los otros sacramentos: el Bautismo, la Confirmación, la Reconciliación, la Unción de los enfermos, el Matrimonio y el Orden.

- la Liturgia de las Horas, la oración diaria pública de la Iglesia.

❷ **¿Qué significa decir que la liturgia es una obra?**

❷ **¿Cuándo es tu obra más valiosa para ti?**

Holy Work

The third commandment is this: Remember to keep holy the Lord's day. This means that faithful people have a duty to pray and to offer **worship** to God on the Lord's day. But that duty is also a joy and a gift. Spending time with someone who loves you, someone whom you love very much, is not a chore.

Worship is a natural response to God's loving goodness. There are times and places for individual acts of prayer, but worship is centered in the community of faith.

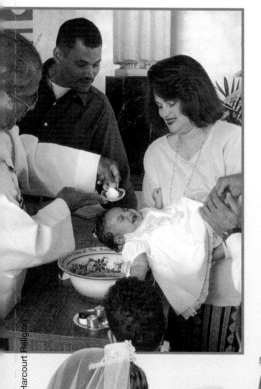

The Church's expressions of communal worship are formal practices known as the **liturgy**. In the liturgy, you are participating along with the whole Body of Christ in the saving work accomplished through Jesus' life, death, Resurrection, and Ascension. The Catholic Church's liturgy includes

- the Eucharist, the Church's central sacrament and expression of worship.

- the other sacraments: Baptism, Confirmation, Reconciliation, Anointing of the Sick, Matrimony, and Holy Orders.

- the Liturgy of the Hours, the Church's public daily prayer.

? What does it mean to say that the liturgy is a form of work?

? When is your work most meaningful for you?

157

La obra de la Trinidad

La presencia de la Trinidad es el centro de la liturgia de la Iglesia. Las oraciones se ofrecen al Padre en nombre de Jesús. Cristo es el sacerdote único y verdadero que se ofrece a sí mismo a través de las acciones del sacerdote, el diácono y la asamblea. El Espíritu guía y sostiene a la Iglesia en la manera de orar y rendir culto. Mediante la liturgia, cielo y tierra se unen en un himno de alabanza.

La obra del Padre, el Hijo y el Espíritu Santo se reconoce en muchas oraciones de la Misa. Desde la señal de la cruz al comienzo hasta la bendición final, la liturgia entera es una celebración del amor salvador de la Santísima Trinidad que se vierte en todo el mundo. En el Gloria a Dios, las lecturas, el Credo, la plegaria eucarística y el Gran Amén, se apela a la Santísima Trinidad. Y una y otra vez, el pueblo responde: ¡Amén!

Palabras[†] de fe

El **culto** es la veneración y honra públicas que se muestran a Dios en la oración.

La **liturgia** es el culto público oficial de la Iglesia. La palabra significa "la obra del pueblo".

Actividad Practica tu fe

Explorar la oración

En un grupo pequeño, comenta qué experiencias de oración y culto han sido mejores para ti. Crea una lista de buenos consejos que podrías dar a otra persona sobre cómo profundizar su vida de oración.

The Trinity at Work

The presence of the Trinity is at the core of the Church's liturgy. Prayers are offered to the Father in Jesus' name. Christ is the one true priest who offers himself through the actions of the priest, the deacon, and the assembly. The Spirit guides and sustains the Church in the way of prayer and worship. Through the liturgy, heaven and earth are joined in one hymn of praise.

The work of the Father, Son, and Holy Spirit is acknowledged in many prayers at Mass. From the Sign of the Cross at the beginning of Mass until the final blessing, the entire liturgy is a celebration of the saving love of the Holy Trinity poured out to all the world. In the Glory to God, the readings, the Creed, the Eucharistic Prayer, and the Great Amen, the Holy Trinity is called upon. And over and over, the people respond: Amen!

© Harcourt Religion

Words of Faith

Worship is public adoration and honor shown to God in prayer

Liturgy is the official public worship of the Church. The word means "the work of the people."

Activity Connect Your Faith

Explore Prayer In a small group, discuss which experiences of prayer and worship have been best for you. Create a list of good advice you can offer another person on how to deepen his or her prayer life.

Oración de agradecimiento y petición

Oremos

Reúnanse y comiencen con la señal de la cruz.

Líder: Dios amoroso, cada aliento que tomamos, todo lo bueno que somos, tenemos y hacemos, viene de ti. Háblanos con tu palabra.

Lector 1: Lectura de la carta a los filipenses.

Lean Filipenses 4, 4–7.

Palabra de Dios.

Todos: **Te alabamos, Señor.**

Líder: Demos gracias y alabanzas a Dios.

Respondan a cada petición: Gracias por tus bendiciones, Señor.

Lector 2: Por crearnos a tu imagen, oramos:

Lector 3: Por revelarte a nosotros para que podamos alabarte, Padre, Hijo y Espíritu Santo, oramos:

Lector 4: Por todos los que nos aman y cuidan de nosotros, oramos:

Líder: Señor, ahora te ofrecemos nuestras oraciones de acción de gracias.

Agreguen su oración individual de acción de gracias.

Líder: Oremos.

Inclinen la cabeza mientras el líder reza.

Todos: **Amén.**

Canten juntos.

¡Alégrate siempre en Cristo,
alégrate otra vez!
¡Alégrate! ¡Alégrate! ¡Alégrate otra vez!

"Rejoice in the Lord Always"
Tonada Tradicional

Prayer of Thanks and Petition

 Let Us Pray

Gather and begin with the Sign of the Cross.

Leader: Loving God, every breath we take—every good thing we are, have, and do—comes from you. Speak to us in your word.

Reader 1: A reading from the Letter to the Philippians.

Read Philippians 4:4–7.

The word of the Lord.

All: **Thanks be to God.**

Leader: Let us offer our thanks and praise to God.

Respond to each petition: Thank you for your blessings, Lord.

Reader 2: For creating us in your image, we pray:

Reader 3: For revealing yourself to us that we might praise you, Father, Son, and Holy Spirit, we pray:

Reader 4: For all those who love and care for us, we pray:

Leader: Lord, we now offer you our prayers of thanksgiving.

Add your individual prayers of thanks.

Leader: Let us pray.

Bow your heads as the leader prays.

All: **Amen.**

Sing together.

Rejoice in the Lord always,
again I say, rejoice!

Rejoice! Rejoice! Again I say, rejoice!

"Rejoice in the Lord Always"
Traditional

Repasar y aplicar

A **Trabaja con palabras** Completa cada oración con el término correcto del vocabulario.

VOCABULARIO

liturgia
comunidad
Jesús
oración
tercer

1. La oración pública oficial de la Iglesia, como la celebración de los siete sacramentos, se llama _____ .

2. El _____ mandamiento te dice que ofrezcas oración y rindas culto a Dios.

3. La _____ puede ser en silencio o hablada, formal o espontánea.

4. El culto se centra en la _____ de fe.

5. Las oraciones de la Iglesia se ofrecen en el nombre de _____ .

B **Relaciona** Explica por qué las personas de fe necesitan alabar y rendir culto a Dios.

_____

_____

_____

_____

Actividad vive tu fe

Lee para entender Los salmos expresan a Dios distintas emociones y pensamientos. Lee los versos de los salmos que se enumeran abajo. Luego, en el espacio provisto, identifica el pensamiento o el sentimiento principal que encuentras en cada uno.

1. *Salmo 12, 7* _____

2. *Salmo 31, 4* _____

3. *Salmo 84, 13* _____

4. *Salmo 108, 3* _____

5. *Salmo 130, 1* _____

Review and Apply

A **Work with Words**   Complete each sentence with the correct term from the Word Bank.

WORD BANK

liturgy
community
Jesus
prayer
third

1. The official public prayer of the Church, such as the celebration of the seven sacraments, is called the

    _____ .

2. The _____ commandment tells you to offer prayer and worship to God.

3. _____ can be silent or spoken, formal or spontaneous.

4. Worship is cenered in the _____ of faith.

5. The prayers of the Church are offered in the name of

    _____ .

B **Make Connections**   Explain why people of faith need to praise and worship God.

_____

_____

_____

_____

Activity Live Your Faith

Read to Understand   Psalms express various emotions and thoughts to God. Read the psalm verses listed below. Then, in the space provided, identify the main thought or feeling you find in each verse.

1. *Psalm 12:7*   _____

2. *Psalm 31:4*   _____

3. *Psalm 84:13*   _____

4. *Psalm 108:3*   _____

5. *Psalm 130:1*   _____

La fe en familia

Lo que creemos

- La oración y el culto son maneras de mostrar amor por Dios y de darle gracias por sus bendiciones.

- Cuando oramos y rendimos culto, Dios nos llena de alegría, fortaleza y esperanza.

✝ LA SAGRADA ESCRITURA

Lee el *Salmo 22, 23–32* para aprender acerca de otros que han rendido culto a Dios.

APRENDE en línea Visita **www.harcourtreligion.com** para encontrar recursos basados en el año litúrgico y lecturas semanales de la Sagrada Escritura.

Actividad

Vive tu fe

Bienvenido Cuando David, el rey de Israel, celebró el regreso del Arca de la Alianza a Jerusalén, invitó a todo el reino. ¿Conoces a alguien que podría valorar una invitación a rendir culto contigo? Invita a esa persona a ir a Misa con tu familia y luego compartan una comida.

Siervos de la fe

Ya desde el siglo IV los cristianos honraban como santa a la mártir romana Cecilia. Una leyenda dice que su esposo, Valeriano, también fue un mártir. Por el ejemplo de ellos y por sus palabras, cientos de romanos se convirtieron en cristianos. La leyenda también dice que Cecilia le cantó a Dios el día de su boda, y probablemente por esta razón es la santa patrona de la música y los músicos. Muchas sociedades de música llevan el nombre de Cecilia. Su día, el 22 de noviembre, es una ocasión tradicional para celebraciones musicales.

▲ **Santa Cecilia** segundo o tercer siglo

Una oración en familia

Santa Cecilia, ruega por nosotros para que cantemos alabanzas a Dios y, como tú, nos alegremos en la pureza de la mente y del cuerpo para poder reunirnos un día contigo y los demás santos y ángeles con nuestro Padre en el cielo. Amén.

Family Faith

Catholics Believe

- Prayer and worship are ways to show love for God and to thank him for his blessings.

- When we pray and worship, God fills us with joy, strength, and hope.

✝ SCRIPTURE

Read *Psalm 22:23–32* to learn about others who have worshiped God.

GO ONLINE www.harcourtreligion.com
For weekly Scripture readings and seasonal resources

Activity
Live Your Faith

Welcome   When David, the king of Israel, celebrated the return of the Ark of the Covenant to Jerusalem, he invited everyone in the kingdom. Is there someone you know who might appreciate an invitation to worship with you? Invite that person to come to Mass with your family, and then share a meal together.

People of Faith

As early as the fourth century, Christians honored the Roman martyr **Cecilia** as a saint. A legend about Cecilia says that her husband, Valerian, was a martyr, too. Because of their example and words, hundreds of Romans became Christian. The legend also says that Cecilia sang to God on her wedding day, and it is probably for this reason that she is the patron saint of music and musicians. Many music societies are named for Cecilia. Her feast day, November 22, is a traditional time for musical celebrations.

▲ Saint Cecilia
second or
third century

Family Prayer

Saint Cecilia, pray for us that we may sing the praises of God and, like you, rejoice in purity of mind and body so that we may one day join you and the other saints and angels with our Father in heaven. Amen.

CCC *In Unit 2 your child is learning about the TRINITY. See Catechism of the Catholic Church 1077–1083, 2637, 2638, 2648 for further reading on chapter content.*

Capítulo 6 Hacer el bien

Oremos

Líder: Dios misericordioso, abre nuestro corazón a ti.

"Corro por el camino de tus mandamientos,
ahí me ensanchas el corazón".

Salmo 119, 32

Todos: Dios misericordioso, abre nuestro corazón a ti. Amén.

Actividad Comencemos

Actuar con amor El señor Switzer pasó arrastrando los pies frente a los muchachos que estaban sentados en los escalones y abrió la puerta del edificio de apartamentos. No les habló como acostumbraba a hacer.

—Hola, señor Switzer —dijo uno de los muchachos.

—¿Qué tal? —El anciano giró y sonrió a los niños con desgano—. Temo que hoy estoy un poco triste, muchachos —dijo—. He perdido a Spike, mi perrito. Estaba enfermo, ¿saben?, y la veterinaria llamó hoy temprano para decirme que no lo pudo salvar.

—¡Ay, qué pena! —dijo otro de los niños—. Lo siento mucho. Todos los demás niños dijeron lo mismo.

Cuando el señor Switzer entró uno de los muchachos dijo:
—Veamos qué podemos hacer para conseguirle otro perro al señor Switzer. Sin Spike, no sabrá qué hacer. Ese perrito era un verdadero amigo para él.

• ¿Qué te parece que harán los niños?

• ¿Qué acción amorosa has hecho por alguien?

6 Doing Good

Let Us Pray

Leader: Gracious God, open our hearts to you.

"I will run the way of your commands,
for you open my docile heart."

Psalm 119:32

All: Gracious God, open our hearts to you. Amen.

© Harcourt Religion

Activity Let's Begin

Act with Love Mr. Switzer shuffled past the boys sitting on the steps and opened the door to the apartment building. He didn't speak to them as he usually did.

"Hi, Mr. Switzer," said one of the boys. "What's new?" The old man turned and gave the boys a half-hearted smile.

"I'm afraid I'm a little sad today, boys," he said. "I've lost my little dog, Spike. He's been sick, you know, and the vet called earlier to say that she couldn't save him."

"That's too bad," said another of the boys. "I'm really sorry." All the other boys said the same thing.

When Mr. Switzer went inside, one of the boys said, "Let's see what we can do about getting Mr. Switzer another dog. He won't know what to do with himself without Spike. That little dog was a real friend to him."

• What do you think the boys will do?

• What is a loving action you have done for someone else?

El camino a la bondad

 **Análisis** ¿Qué enseña Jesús acerca de cumplir los mandamientos de Dios?

Saber dar lo mejor de uno y saber hacer el bien no siempre es fácil. Con frecuencia, necesitas pedir consejo o aprender del ejemplo de los demás. En la época de Jesús, un grupo especial de personas llamadas escribas estudiaron la Ley de Dios y ayudaron a los demás a entender lo que Dios quería que hicieran. Era común que Jesús se reuniera con los escribas y participara en sus debates sobre la Ley de Dios. Los escribas se preocupaban de cuestiones secundarias y también de las cuestiones serias. Del siguiente relato hemos conocido acerca de un escriba en particular que hizo a Jesús una pregunta muy importante.

Datos de fe

Al principio, los hebreos usaban el término *escriba* para referirse a las personas que ocupaban cargos en el gobierno o que cumplían las órdenes del rey.

LA SAGRADA ESCRITURA

Marcos 12, 28–34

El gran mandamiento

Uno de los escribas, que había escuchado la discusión y había visto lo bien que Jesús les había contestado, se adelantó y le preguntó: "¿Qué mandamiento es el primero de todos?". Jesús le contestó: "El primer mandamiento es: Escucha, Israel: El Señor nuestro Dios es un único Señor. Amarás al Señor tu Dios con todo tu corazón, con toda tu alma, con toda tu inteligencia y con todas tus fuerzas. Y el segundo es éste: Amarás a tu prójimo como a ti mismo. No hay ningún mandamiento más importante que éstos". El escriba le dijo: "Has hablado muy bien, Maestro; tienes razón cuando dices que el Señor es único y que no hay otro fuera de él, y que amarlo con todo el corazón, con toda la inteligencia y con todas las fuerzas y amar al prójimo como a sí mismo vale más que todas las víctimas y sacrificios". Y, cuando Jesús vio que le había respondido con sabiduría, le dijo: "No estás lejos del Reino de Dios".

Marcos 12, 28–34

❓ **¿Cuáles fueron las dos leyes que el escriba mencionó?**

❓ **¿Cómo cumples estos dos mandamientos en tu vida?**

The Way to Goodness

◎ Focus   What does Jesus teach about following God's commandments?

Faith Fact

The Hebrews first used the term *scribe* to refer to those who held government positions or carried out orders issued by the king.

Knowing how to be your best self and how to do good is not always easy. Often you need to ask advice or learn from the examples of others. In Jesus' time, a special group of people called scribes studied the Law of God and helped others understand what God wanted them to do. It was not unusual for Jesus to meet with scribes and join in their debate about points of God's Law. Scribes concerned themselves with minor as well as major matters. We learn from the following story about one particular scribe who asked Jesus a very important question.

✝ SCRIPTURE
Mark 12:28–34

The Great Commandment

One of the scribes, when he came forward and heard them disputing and saw how well [Jesus] had answered them, asked him, "Which is the first of all the commandments?" Jesus replied, "The first is this: 'Hear, O Israel! The Lord our God is Lord alone! You shall love the Lord your God with all your heart, with all your soul, with all your mind, and with all your strength.' The second is this: 'You shall love your neighbor as yourself.' There is no other commandment greater than these." The scribe said to him, "Well said, teacher. You are right in saying, 'He is One and there is no other than he.' And 'to love him with all your heart, with all your understanding, with all your strength, and to love your neighbor as yourself' is worth more than all burnt offerings and sacrifices." And when Jesus saw that [he] answered with understanding, he said to him, "You are not far from the kingdom of God."

Mark 12:28–34

❓ What two laws did the scribe name?

❓ How do you keep these two commandments in your own life?

169

El culto que complace a Dios

En los tiempos de Jesús, los religiosos creían que era importante adorar a Dios con holocaustos y sacrificios. Pero Jesús elogió al escriba que entendió que aquel que muestra amor a Dios y al prójimo haciendo el bien realiza un acto de culto todavía más importante.

El primer paso es comprender que Dios quiere que lo ames y que ames a tu prójimo. El siguiente paso es poner esa comprensión en acción en la vida cotidiana. Aprender a hacer esto es un proceso que dura toda la vida. Tendrás que practicar. Así como el ejercicio físico desarrolla la fortaleza de tu cuerpo, el ejercicio de hacer el bien desarrolla la virtud.

❓ ¿Cómo te ejercitas para hacer el bien?

Las virtudes cardinales

Las cuatro **virtudes cardinales** son fundamentales para llegar a ser una buena persona. Proveen el fundamento para la vida moral.

La prudencia	es saber lo que es correcto y bueno y elegirlo. La prudencia te ayuda a "ver más allá" de las consecuencias de las acciones.
La templanza	es mantener un equilibrio en la vida. La templanza te ayuda a disfrutar de todas las cosas buenas con moderación y fomenta el dominio de sí mismo.
La justicia	es dar a Dios y a las personas lo que les corresponde. La justicia te ayuda a construir la comunidad respetando los derechos y promoviendo el bien común.
La fortaleza	es demostrar valor, especialmente frente al mal. La fortaleza te ayuda a resistir la tentación y a superar los obstáculos para hacer el bien.

Actividad — Comparte tu fe

Reflexiona: Piensa de qué manera las personas de tu clase o de tu familia practican una virtud cardinal.

Comunica: Con un compañero, comenta qué hacen las personas cuando practican una de las virtudes cardinales.

Actúa: Con tu compañero, elijan una de las virtudes cardinales y hagan una representación de cómo podrían practicarla cada uno de ustedes.

Worship That Pleases God

In Jesus' time, religious people thought that it was important to worship God with burnt offerings and sacrifices. But Jesus praised the scribe, who understood that a person who shows love for God and neighbor by doing good makes an even greater act of worship.

The first step is understanding that God wants you to love him and love your neighbor. The next step is putting that understanding to work in everyday life. Learning to do this is a lifelong process. You will need to practice. Just as physical exercise builds the strength of your body, so the exercise of doing good builds virtue.

Words of Faith

The **cardinal virtues** are acquired by human effort and cooperation with God's grace.

❓ How do you practice doing good?

The Cardinal Virtues

The four **cardinal virtues** are central to becoming a good person. They provide a foundation for moral living.

Prudence	is knowing what is right and good and choosing it. Prudence helps you "see ahead" to the consequences of actions.
Temperance	is keeping a balance in life. Temperance helps you enjoy all good things in moderation and promotes self-control.
Justice	is giving God and people their due. Justice helps you build up the community by respecting rights and promoting the common good.
Fortitude	is showing courage, especially in the face of evil. Fortitude helps you resist temptation and overcome obstacles to doing good.

Activity — Share Your Faith

Reflect: Think about the ways in which the people in your class or family practice a cardinal virtue.

Share: With a partner, share what people do when they practice one of the cardinal virtues.

Act: Choose one of the cardinal virtues, and with your partner act out a way that each of you could practice the virtue.

Vivir las virtudes cardinales

© Harcourt Religion

 **Análisis** ¿Cómo el vivir las virtudes cardinales muestra el amor por Dios y por los demás?

Las virtudes son hábitos que te ayudan a vivir de acuerdo con tu conciencia, la capacidad que tienes de saber distinguir lo que está bien de lo que está mal. Todas las virtudes te ayudan a actuar bien. Cuando haces el bien, te transformas en la persona que Dios quiere que seas.

Practicar las virtudes, o llevar una vida moralmente buena, es una manera de alabar a Dios, pero es también un desafío. Con frecuencia ves formas de ser y de actuar que no son cristianas. Piensa en los desafíos de vivir virtuosamente que estos jóvenes enfrentan. Imagina qué harías tú en estas situaciones.

¿Una elección prudente?

Jill y Kenzie estaban en el centro comercial. Kenzie quería un nuevo CD, pero no tenía dinero para comprarlo.

—Entonces, tómalo —dijo Jill—. Nadie te verá.

—Pero eso es robar —replicó Kenzie.

—En realidad, no —contestó Jill—. Por estas cosas siempre cobran de más.

❓ **¿Cómo ayudó la virtud de la prudencia a que Kenzie decidiera hacer lo correcto?**

Con justicia para todos

—¿Ves a aquel chico nuevo? —preguntó a Miguel uno de sus amigos de la escuela—. Bueno, él no es como nosotros, habla raro. Busquemos a los demás chicos y vayamos a molestarlo. Se lo merece. Miguel se detuvo antes de responder.

❓ **¿Qué respuesta mostraría que Miguel conoce la virtud de la justicia?**

Living the Cardinal Virtues

 **Focus** How does living the cardinal virtues show love for God and others?

Virtues are habits that help you live according to your conscience, the ability you have to know right from wrong. All of the virtues help you act for good. When you do good, you become the person God wants you to be.

Practicing virtue, or living a morally good life, is a way to praise God—but it is also a challenge. Often you see ways to be and act that are not the Christian way. Consider the challenges to virtuous living that these young people face. Imagine what you would do in these situations.

A Prudent Choice?

Jill and Kenzie were in the mall. Kenzie wanted a new CD, but she didn't have the money for it. "So just take it," Jill said. "No one will see you."

"But that's stealing," Kenzie replied.

"Not really," returned Jill. "They overcharge for this stuff, anyway."

❓ **How could the virtue of prudence help Kenzie decide to do the right thing?**

With Justice for All

"See the new kid over there?" one of his school friends asked Miguel. "Well, he isn't like us—he sounds funny when he talks. Let's get the other guys and gang up on him. He deserves it." Miguel paused before responding.

❓ **What response would show that Miguel knows about the virtue of justice?**

Hace falta valor

—Corre el brazo, Phan —susurró Ty—, no puedo ver tus respuestas. Durante el recreo, Ty había presionado a Phan para que lo dejara copiar de él en el examen. Phan no había querido negarse frente a los demás compañeros de quinto grado que estaban escuchando. Lo habrían llamado gallina si no cooperaba con Ty.

❓ **Si fueras Phan, ¿qué harías para mostrar la virtud de la fortaleza?**

Desproporcionado

A Marisol le encantaba su computadora nueva. Se pasaba horas enviando mensajes por correo electrónico a sus amigas y no se cansaba nunca de jugar frente a la pantalla. Un día su hermanita le preguntó:

—¿Por qué no juegas más *conmigo*?

Luego, la madre recordó con dulzura a Marisol que había unas artesanías sin terminar en el sótano y una cantidad de tareas sin hacer.

❓ **Si fueras Marisol, ¿cómo practicarías la templanza?**

Actividad Practica tu fe

Escribe tu propio relato En el espacio, crea un relato en el que alguien tenga una oportunidad de poner en práctica una de las virtudes cardinales. Escribe tu relato. Luego, léelo en voz alta y haz una pregunta al grupo.

PRUDENCIA

JUSTICIA

FORTALEZA

TEMPLANZA

_____

_____

_____

_____

_____

_____

_____

It Takes Courage

"Move your arm, Phan," Ty whispered. "I can't see your answers." During recess, Ty had pressured Phan to let him cheat during the test. Phan had not wanted to refuse in front of the other fifth grade boys who were listening. They would all call him chicken if he did not go along with Ty.

? If you were Phan, what would you do to show the virtue of courage?

Out of Balance

Marisol loved her new computer. She spent hours sending e-mails to her friends and never tired of playing games on the flashing screen. One day her little sister asked, "Why don't you ever play with *me* anymore?" Then their mother gently reminded Marisol of some unfinished craft projects in the basement and a number of neglected chores.

? If you were Marisol, how could you practice temperance?

Activity Connect Your Faith

Write Your Own Story In the space, create a problem story in which someone has an opportunity to practice one of the four cardinal virtues. Write your story. Then read it aloud and pose a question to the group.

_____

_____

_____

_____

_____

_____

PRUDENCE

JUSTICE

FORTITUDE

TEMPERANCE

Salmo de alabanza

 Oremos

Reúnanse y comiencen con la señal de la cruz.

Líder: Dios, ven en mi ayuda.

Todos: **Señor, apresúrate a ayudarme.**

Grupo 1: Dichosos los que sin yerro andan el camino y caminan
según la Ley del SEÑOR.

Grupo 2: Dichosos los que observan sus testimonios y lo buscan
de todo corazón.

Grupo 1: Ojalá sea firme mi conducta
en cumplir tus preceptos.

Grupo 2: Entonces no tendré vergüenza alguna
en respetar todos tus mandamientos.

Todos: **Te daré gracias con rectitud de corazón.**

Salmo 119, 1–2, 5–7

Lector: Lectura de la carta a los Filipenses.

Lean Filipenses 1, 3–6.

Palabra de Dios.

Todos: **Te alabamos, Señor.**

Líder: Rezamos por las necesidades de la Iglesia
y del mundo.

Todos: **Te pedimos tu bendición, Señor.**

Líder: Oremos.
Inclinen la cabeza mientras el líder reza.

Todos: **Amén.**

Canten juntos.

Amén Siakudmisa.
Amén Siakudmisa.
Amén bawo, Amén bawo,
Amén Siakudmisa.

"Amen Siakudumisa", canto tradicional sudafricano

Psalm of Praise

Gather and begin with the Sign of the Cross.

Leader: God, come to my assistance.

All: **Lord, make haste to help me.**

Group 1: Happy those whose way is blameless,
who walk by the teaching of the LORD.

Group 2: Happy those who observe God's decrees,
who seek the LORD with all their heart.

Group 1: May my ways be firm
in the observance of your laws!

Group 2: Then I will not be ashamed
to ponder all your commands.

All: **I will praise you with sincere heart.**

Psalm 119:1–2, 5–7

Reader: A reading from the Letter to the Philippians.
Read Philippians 1:3–6.
The word of the Lord.

All: **Thanks be to God.**

Leader: We pray for the needs of the Church
and the world.

All: **We ask your blessing, Lord.**

Leader: Let us pray.
Bow your heads as the leader prays.

All: **Amen.**

Sing together.

Amen si – a – ku – du – mi – sa.
Amen si – a – ku – du – mi – sa.
Amen ba - wo, Amen ba - wo,
Amen si - a - ku - du - mi - sa.

"Amen Siakudumisa" South African traditional

Repasar y aplicar

A **Comprueba lo que aprendiste** Encierra en un círculo la opción que mejor completa cada oración.

1. Haciendo el bien, (aprendes a ser un escriba, das lo mejor de ti, evitas tener que escuchar a tu conciencia).

2. Amar al prójimo significa que (les recuerdas a las personas que sean buenas contigo, les pides a los demás que hagan lo que tú quieres, cuidas a los demás y vives virtuosamente).

3. Practicar la virtud es (una manera de alabar a Dios, un signo de que puedes decidirte, un sacramento).

4. Evitar las situaciones que puedan influir para que tomes decisiones equivocadas es una manera de que practiques la virtud cardinal de la (templanza, justicia, prudencia).

5. Las virtudes cardinales se adquieren mediante (el esfuerzo humano y la gracia de Dios, el esfuerzo humano solamente, la gracia de Dios solamente).

B **Relaciona** ¿Qué ejemplos puedes dar de tu propia experiencia de comportamiento virtuoso a alguien de tu edad?

_____

_____

_____

Actividad — Vive tu fe

Haz una ficha Elige una virtud cardinal y trata de ponerla en práctica durante una semana. No importa si no lo haces a la perfección, lo importante es que lo intentes. Como ayuda para recordar la virtud que elegiste, crea una ficha de cartulina que puedas llevar contigo. Haz en ella un símbolo que te recuerde esa virtud. Al terminar la semana, piensa en cuán bien lo has hecho y en lo que aprendiste acerca de vivir moralmente.

Templanza   Justicia   Prudencia   Fortaleza

Review and Apply

A **Check Understanding**   Circle the choice that best completes each sentence.

1. By doing good, you (learn to be a scribe, become your best self, avoid having to listen to your conscience).

2. Loving your neighbor means that you (remind people to be good to you, get people to do whatever you want, care for others and live virtuously).

3. Practicing virtue is (a way to praise God, a sign that you can't make up your mind, a sacrament).

4. Avoiding situations that could influence you to make wrong choices is a way you can practice the cardinal virtue of (temperance, justice, prudence).

5. Cardinal virtues are acquired through (human effort and God's grace, human effort alone, God's grace alone).

B **Make Connections**   What are examples from your own experience of virtuous behavior for someone your age

_____

_____

_____

Activity   Live Your Faith

Make a Token   Choose one cardinal virtue, and try to practice it for a week. It does not matter whether you do it perfectly; the point is that you try. To help you remember the virtue you choose, create from cardboard a token that you can carry with you. On the token, create a symbol that will remind you of the virtue. At the end of the week, think about how well you did and what you learned about living morally.

La fe en familia

Lo que creemos

- El gran mandamiento establece que amarás al Señor, tu Dios, con todo tu corazón, con toda tu alma y con toda tu mente.

- Las virtudes cardinales cumplen una función esencial para que las personas lleven una vida moralmente buena.

✚ LA SAGRADA ESCRITURA

Lee *Isaías 56, 1–2* para aprender más acerca de las recompensas que esperan los que actúan con justicia.

Visita **www.harcourtreligion.com** para encontrar recursos basados en el año litúrgico y lecturas semanales de la Sagrada Escritura.

Actividad

Vive tu fe

Voluntarios Practica la virtud cardinal de la justicia. La mayoría de los vecindarios y de las parroquias tienen programas de alimentos. Quizás en tu ciudad haya un refugio para personas sin hogar. Busca un programa en el que puedas ofrecerte como voluntario junto con tu familia o con un miembro de tu familia y dedica tiempo para hacerlo. Habla sobre cómo podrías ayudar a cambiar las condiciones de tu comunidad para que más personas puedan tener lo que necesitan.

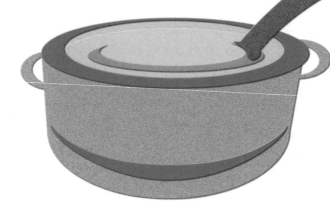

Siervos de la fe

Sir Tomás Moro tenía una familia maravillosa, una carrera brillante y la amistad del rey de Inglaterra, Enrique VIII. Pero un día el rey exigió que el pueblo inglés cortara sus lazos con Roma y lo aceptara a él como jefe de la Iglesia en Inglaterra. Moro renunció a su cargo. Él no podía apartarse de la Iglesia Católica. Conocía el significado de la fortaleza. Enojado, el rey hizo decapitar a Moro. Tomás Moro llegó a ser santo y mártir por haber obedecido a su conciencia. Su día se celebra el 22 de junio.

▲ **Santo Tomás Moro**
c. 1477–1535

Una oración en familia

Santo Tomás Moro, ruega por nosotros para que actuemos de acuerdo con lo que nos indique nuestra conciencia y para que siempre obedezcamos a nuestro Rey celestial por encima de todo poder y autoridad. Amén.

© Harcourt Religion

CIC *En la Unidad 2 su hijo está aprendiendo sobre la* Trinidad. *Consulte el Catecismo de la Iglesia Católica, números 1805–1809 y 2055 para obtener más información sobre el contenido del capítulo.*

Family Faith

Catholics Believe

- The Great Commandment states that you will love the Lord, your God, with all your heart, soul, and mind.

- The cardinal virtues play a central role in helping people lead morally good lives.

✝ SCRIPTURE

Read *Isaiah 56:1–2* to learn more about the rewards that await those who act justly.

GO ONLINE www.harcourtreligion.com
For weekly Scripture readings and seasonal resources

Activity

Volunteer Practice the cardinal virtue of justice. Most neighborhoods and parishes have meal programs. Your town may have a homeless shelter. Find a program in which you can volunteer as a family or with one other family member, and take time to do it. Talk about how you could help change conditions in your community so that more people might have what they need.

People of Faith

Sir Thomas More had a wonderful family, a brilliant career, and the friendship of the king of England, Henry VIII. But then the king demanded that the English people cut their ties with Rome and accept him as the head of the Church in England. More resigned his office. He could not cut himself off from the Catholic Church. He knew the meaning of fortitude. Angered, the king had More beheaded. Thomas More became a saint and a martyr because he obeyed his conscience. His feast day is June 22.

▲ **Saint Thomas More**
c. 1477–1535

Family Prayer

Saint Thomas More, pray for us that we may act as our conscience directs us and always obey our heavenly King before all other powers and authority. Amen.

REPASO DE LA UNIDAD 2

A **Trabaja con palabras** Resuelve el crucigrama usando las pistas provistas.

Horizontales

2. Se dice que Dios es un _____ porque los humanos no llegamos a conocerlo ni a comprenderlo del todo.

5. La oración y el _____ son maneras de responder al amor de Dios como lo hizo el rey David.

6. En la _____ de la Iglesia adoramos a la Trinidad.

9. El "Gloria al Padre", o doxología, alaba a la _____.

Verticales

1. El rey David escribió una oración particular de alabanza llamada _____.

2. Los seres humanos podemos rezar tocando _____.

3. La _____ de adorar a Dios el día del Señor es también una alegría y un don.

4. La fortaleza es mostrar _____, especialmente frente al mal.

7. La _____ es hablar y escuchar a Dios.

8. Las _____ son hábitos para hacer el bien que ayudan a que en los humanos crezca el amor a Dios.

A **Work with Words** Solve the puzzle, using the clues provided.

Across

5. Prayer and _____ are ways to respond to God's love as King David did.

7. We worship the Trinity in the Church's _____.

8. God is called a _____ because humans never completely know and understand him.

9. The "Glory to God," or doxology, praises the _____.

Down

1. Fortitude is showing _____, especially in the face of evil.

2. King David wrote a particular prayer of praise called a _____.

3. _____ are habits of doing good that help humans grow in love of God.

4. The _____ to worship God on the Lord's day is also a _____ and a gift.

6. _____ is talking and listening to God.

8. Humans can pray by playing _____.

UNIDAD 3

La Encarnación

Capítulo 7 La imagen de Dios

¿Qué es la Encarnación?

Capítulo 8 Proclamar el Reino

¿Cómo habló Jesús acerca del Reino de Dios?

Capítulo 9 Nueva vida

¿Qué significado tiene el sufrimiento y la muerte?

 ¿Qué crees que aprenderás en esta unidad acerca de la Encarnación de Jesús?

UNIT 3

The Incarnation

Chapter 7 The Image of God

What is the Incarnation?

Chapter 8 Proclaim the Kingdom

How did Jesus tell people about the kingdom of God?

Chapter 9 New Life

What meaning is there for suffering and death?

? What do you think you will learn in this unit about Jesus' Incarnation?

© Harcourt Religion

Capítulo 7

La imagen de Dios

Oremos

Líder: Dios, que todo lo sabes, enséñanos tus obras.

"Pues eres tú quien formó mis riñones,
quien me tejió en el seno de mi madre.
Te doy gracias por tantas maravillas, admirables
son tus obras y mi alma bien lo sabe".

Salmo 139, 13–14

Todos: Dios, que todo lo sabes, enséñanos tus obras. Amén.

Actividad Comencemos

Todos lo dicen

Todos lo dicen, / me parezco a mi madre.
Todos lo dicen, / soy la imagen de la tía Liz.
Todos lo dicen, / tengo la nariz de mi padre.
Pero sólo quiero parecerme a mí.

Dorothy Aldis

• ¿A qué miembro de tu familia te pareces?

• ¿Quién es el "mí" al que quieres parecerte?

The Image of God

Let Us Pray

Leader: God, All-Knowing, teach us your works.

"You formed my inmost being;
   you knit me in my mother's womb.
I praise you, so wonderfully you made me;
   wonderful are your works!"

Psalm 139:13–14

All: God, All-Knowing, teach us your works. Amen.

Activity — Let's Begin

Everybody Says

Everybody says / I look just like my mother.
Everybody says / I'm the image of Aunt Bee.
Everybody says / My nose is like my father's.
But I want to look like me.

Dorothy Aldis

• Whom in your family do you resemble?

• Who is the "me" you want to look like?

Los que buscan a Dios

 **Análisis** ¿Qué te dicen acerca de Jesús los regalos de los Magos?

Éste es el relato de personas que buscaban signos de Dios y encontraron un rey recién nacido en un lugar sorprendente.

UNA OBRA DE TEATRO

LOS MAGOS

Escena 1

NARRADOR: Hace mucho tiempo, en los reinos de Oriente, tres hombres sabios buscaban la verdad de Dios estudiando el cielo.

GASPAR: ¿Alguna vez has visto una estrella como ésta?

MELCHOR: No, es asombrosa. ¿Dónde está exactamente? ¿Qué significa?

BALTASAR: ¡Gaspar! ¡Melchor!

GASPAR: ¡Baltasar! ¿Qué haces aquí?

BALTASAR: ¡Iba a preguntarte lo mismo, amigo!

MELCHOR: Gaspar ha venido a hablar conmigo sobre una maravillosa estrella. Hemos estado siguiendo sus movimientos.

BALTASAR: Yo vi esa misma estrella. He trazado un mapa de todas las constelaciones que se encuentran en este punto en el cielo. ¡Miren! *(Desenrolla un mapa y señala varias estrellas y planetas.)* ¡Estas estrellas representan el reinado; y ésta, elevándose, representa el nacimiento!

Seekers of God

This is a story about people who looked for signs of God and found a newborn king in a surprising place.

A PLAY

THE MAGI

Scene 1

Narrator: Long ago in kingdoms of the East, three wise men searched for God's truth by studying the skies.

Caspar: Have you ever seen anything like this star?

Melchior: No, it's amazing. Where exactly is it? What does it mean?

Balthasar: Caspar! Melchior!

Caspar: Balthasar! What are you doing here?

Balthasar: I was going to ask you the same question, friend!

Melchior: Caspar has come to see me about a great star. We have been following its movements.

Balthasar: I saw the same star. I have charted all the constellations that meet at this one point in the sky. Look! *[He unrolls a chart and points to several stars and planets.]* These stars stand for kingship; and this one, rising, stands for birth!

© Harcourt Religion

GASPAR: Dios quizá esté diciendo que ha nacido un gran rey.

MELCHOR: Debemos ir ahora a llevarle regalos a este rey y a honrarlo.

Escena 2

NARRADOR: Guiados por la estrella, los Magos viajaron muy lejos y por último llegaron a Judea.

BALTASAR: ¡Éste es un lugar muy apartado! ¿Dónde estamos ahora?

GASPAR: Melchor, ¿encontraremos realmente un rey en este ambiente tan humilde?

MELCHOR: Gaspar, tú sabes cómo obra Dios.

BALTASAR: Los primeros rayos del sol de la mañana no muestran toda la luz del día, pero sabes que está amaneciendo. Predigo que la vida y la muerte de este niño serán extraordinarias. Por eso le traje mirra, un bálsamo aromático para la unción funeraria.

MELCHOR: Por eso le traje incienso de regalo para venerar su divinidad.

GASPAR: Yo le traje oro porque este niño es un rey.

BALTASAR: Entremos aquí, bajo el cielo estrellado.
Los Magos entran y colocan en silencio sus regalos ante el niño.

NARRADOR: Lejos de su pueblo y su cultura, los Magos encontraron un bebé judío cuya grandeza cambiaría el mundo.

❓ Existe un dicho "Los sabios lo siguen buscando".
¿Cuándo o cómo buscas a Dios?

Actividad Comparte tu fe

Reflexiona: Tus buenas obras son los regalos que le ofreces a Jesús. Piensa en algunas de las cosas buenas que has hecho en tu vida.

Comunica: Comparte con un compañero dos de las cosas buenas que has hecho.

Actúa: Escribe tus dos ejemplos abajo y agrega una tercera obra buena que harás esta semana.

_____

_____

_____

Caspar: God may be saying that a great king has been born.

Melchior: We must go now to take gifts to this king and give honor to him.

Scene 2

Narrator: Guided by the star, the magi traveled far from home, finally arriving in Judea.

Balthasar: This is an out-of-the-way place! Where are we now?

Caspar: Melchior, are we really going to find a king in such humble surroundings?

Melchior: Caspar, you know how God works.

Balthasar: The first rays of the morning sun don't show the full light of day, but you know it is coming. I predict that this child's life and death will be extraordinary. So I brought him myrrh—fragrant oil to anoint for burial.

Melchior: That is why I brought the gift of frankincense so to worship his divinity.

Caspar: I brought gold because this child is a king.

Balthasar: Come, let us enter here beneath the stars.
The magi enter and silently place their gifts before the child.

Narrator: Far from their own countries and culture, the magi found a Jewish baby whose greatness would change the world.

❓ There is a saying: "Wise people still seek him." When or how do you seek God?

Activity — Share Your Faith

Reflect: Your good works are your gifts for Jesus. Think about some of the good things you have done in your life.

Share: Share with a partner two of the good things you have done.

Act: Write your two examples below, and add a third good work that you will do this week.

_____

_____

_____

_____

A imagen de Dios

 **Análisis** ¿Qué significa ser una imagen de Dios?

Los Magos vieron a un bebé humano a quien consideraron que sería el rey de los judíos. Pero Jesús es aun más grande de lo que los hombres sabios podían imaginarse. Jesús es Dios y es hombre, y llegó a la tierra no sólo para el pueblo judío, sino para todos los pueblos.

El misterio de cómo el Hijo de Dios, la segunda Persona de la Santísima Trinidad, tomó la naturaleza humana se llama **Encarnación**. La palabra *encarnación* significa "convertirse en carne".

La Iglesia plantea que la Encarnación es un misterio porque puede entenderse sólo por medio de la fe. Por la fe los cristianos creen que Jesús es completamente **divino** y completamente humano al mismo tiempo. Jesús es Dios verdadero y hombre verdadero. Jesús es la imagen perfecta de Dios porque Él es Dios. A veces, se le llama sacramento de Dios porque hace que Dios esté verdaderamente presente entre nosotros. Encontrar a Jesús es encontrar a Dios.

El nombre *Jesús* significa "Dios salva". Jesús salvó a todas las personas del poder del pecado y de la muerte eterna y por eso se le llama, con toda razón, el Salvador del mundo.

❓ ¿Qué has aprendido acerca de Dios a través de las enseñanzas de Jesús?

La Virgen con el niño, Lorenzo di Credi

In God's Image

 What does it mean to be an image of God?

The magi saw a human baby who they thought would be the king of the Jews. But Jesus is even greater than the wise men could have known. He is both God and man, and he came to earth not only for the Jewish people, but for all people.

The mystery of how the Son of God, the second Person of the Blessed Trinity, took on a human nature is called the **Incarnation**. The word *incarnation* means "coming into flesh."

Madonna and Child, Lorenzo di Credi

The Church calls the Incarnation a mystery because it can be understood only through faith. In faith Christians believe that Jesus is both fully **divine** and fully human at the same time. Jesus is both true God and true man. Jesus is the perfect image of God because he is God. Sometimes he is called the sacrament of God because he makes God truly present among us. To meet Jesus is to meet God.

The name *Jesus* means "God saves." Jesus saved all people from the power of sin and everlasting death, and so he is rightly called the Savior of the world.

❓ **What are some things you have learned about God through the teachings of Jesus?**

La imagen de Dios en ti

Jesús revela completamente a Dios. En su ministerio, Jesús puso en práctica el amor, la sanación y el perdón para mostrar que Dios está con su pueblo. Todas las personas están hechas a imagen de Dios porque son creadas por Dios. Si lo intentas, podrás ver signos de la Trinidad reflejados en todas las personas. Cuando los seres humanos se aman unos a otros, reflejan la comunión de las tres Personas en un mismo Dios.

? **¿Cómo muestran algunas de las personas que conoces que son imágenes de Dios?**

? **¿Qué aprendes acerca de Dios a través de ellas?**

Signos del amor de Dios

Tú estás creado a imagen de Dios, pero el pecado original empañó esa imagen. En el sacramento del Bautismo te unes a Cristo y restauras por completo la imagen de Dios. Se te da la verdadera vida de Dios y la gracia de ser una imagen viva de Cristo todos los días.

Cada vez que ofreces ayuda, cada vez que escuchas con atención, cada vez que perdonas a alguien, cada vez que buscas la bondad en los demás, estás siguiendo el ejemplo de Jesús y eres un signo del amor de Dios en el mundo. Tu dignidad como hijo de Dios es más clara cuanto más te pareces a Jesús. Cuanto más cooperas con la gracia de Dios y cuidas de los demás, más reflejas la imagen de Dios. Jesús es la imagen de Dios, y de un modo absolutamente real, también lo eres tú.

© Harcourt Religion

Actividad  Practica tu fe

Muestra la cara de Dios Imagina que estás dirigiendo una película que muestra cómo reflejan los jóvenes la imagen de Dios. En una hoja de papel aparte, ilustra una escena que hayas decidido incluir en la película.

God's Image in You

Jesus reveals God fully. In his ministry, Jesus set out to love, heal, and forgive—to show that God is with his people. All people are made in the image of God because they are created by God. If you try, you can see traces of the Trinity reflected in every person. When people love one another, they reflect the communion of three Persons in one God.

❓ **How do some of the people you know show that they are images of God?**

❓ **What do you learn about God through them?**

Signs of God's Love

You are created in God's image. But original sin blurred that image. In the Sacrament of Baptism you are united to Christ and are fully restored to God's image. You are given God's very life and the grace to be a living image of Christ every day.

Every time you offer help, every time you are a good listener, every time you forgive someone, every time you look for the good in others, you are following Jesus' example and are being a sign of God's love to the world. Your dignity as a child of God becomes clearer the more you become like Jesus. The more you cooperate with God's grace and the more you care for others, the more you reflect God's image. Jesus is the image of God, and, in a very real way, so are you.

Words of Faith

The **Incarnation** is the mystery that the Son of God took on a human nature in order to save all people

Divine means God, like God, or of God. Sometimes God is referred to as *The Divine*.

Activity **Connect Your Faith**

Show the Face of God   Imagine that you are directing a film showing how young people reflect God's image. On a separate sheet of paper, illustrate a scene that you have decided to include in the film.

Celebración de la Palabra

 Oremos

Reúnanse y comiencen con la señal de la cruz.

Líder: Señor Jesús, te damos gracias por venir entre nosotros a mostrarnos quién es Dios Padre. Gracias por ser como nosotros, así podemos parecernos más a ti. Abre nuestro corazón ahora para escuchar la Palabra de Dios.

Lector 1: Lectura de la carta de Pablo a los Colosenses.

Lean Colosenses 2, 6–10.

Palabra de Dios.

Todos: **Te alabamos, Señor.**

Canten juntos el estribillo después de la parte de cada lector.

¡Ven, oh Señor, cambia nuestro corazón!

Emanuel, Dios está con nosotros.

Versión de Reunión de Adviento: "Make Ready the Way/Come, O Lord"
© 1997, David Haas, GIA Publications, Inc.

Lector 2: Gloria a ti, Emanuel, Dios en nosotros, porque nos muestras la compasión y el amor de Dios.

Todos: **Gloria a ti, Príncipe de la Paz, porque le das paz a todos los corazones y a todos los lugares.**

Lector 3: Gloria a ti, Buen Pastor, porque nos guías a la seguridad y das la vida por tus ovejas.

Todos: **Gloria a ti, Salvador del Mundo, porque no nos abandonaste al poder del pecado, sino que viniste entre nosotros para salvarnos y liberarnos.**

Líder: Oremos.

Inclinen la cabeza mientras el líder reza.

Todos: **Amén.**

Celebration of the Word

Gather and begin with the Sign of the Cross.

Leader: Lord Jesus, we thank you for coming among us to show us who God the Father is. Thank you for becoming like us so that we can become more like you. Open our hearts now to listen to God's word.

Reader 1: A reading from Paul's Letter to the Colossians.

Read Colossians 2:6–10.

The word of the Lord.

All: **Thanks be to God.**

Sing together the refrain after each reader's part.

Come, O Lord, change our hearts!
Emmanuel, God is with us.

Advent Gathering: "Make Ready the Way/Come, O Lord"
© 1997, David Haas, GIA Publications, Inc.

Reader 2: Praise to you, Emmanuel, God with Us,
for you show us the compassion and love of God.

All: **Praise to you, Prince of Peace, for you offer peace to every heart and every place.**

Reader 3: Praise to you, Good Shepherd, for you guide us to safety and you lay down your life for your sheep.

All: **Praise to you, Savior of the World, for you did not abandon us to the power of sin, but came among us to save us and set us free.**

Leader: Let us pray.

Bow your heads as the leader prays.

All: **Amen.**

The Good Shepherd,
Philippe De Champaigne

Repasar y aplicar

A **Trabaja con palabras** Relaciona cada descripción de la Columna 1 con el término correcto de la Columna 2.

Columna 1

Columna 2

_____ **1.** Este término describe a Jesús, la segunda Persona de la Santísima Trinidad, que se convirtió en hombre para ofrecer la salvación a todos los seres humanos.

a. Encarnación

b. Magos

c. sacramento del Bautismo

_____ **2.** Éste es el misterio por el cual la segunda Persona de la Santísima Trinidad se convirtió en hombre y continuó siendo completamente divino.

d. Dios Padre

e. Salvador

_____ **3.** Con su propia vida, Jesús muestra cómo es esta Persona de la Trinidad.

_____ **4.** El relato de los _____ indica que el mensaje de salvación de Jesús es para todas las personas.

_____ **5.** El _____ te restaura por completo como imagen de Dios y te da la verdadera vida de Dios.

B **Comprueba lo que aprendiste** ¿Qué significa la Encarnación?

_____

_____

Actividad **Vive tu fe**

Crea un calendario Haz un calendario de la próxima semana. En él escribe las maneras en que mostrarás la imagen de Dios a los demás en la escuela, en la casa o cuando juegas.

Review and Apply

A **Work with Words**   Match each description in Column 1 with the correct term in Column 2.

Column 1

_____ **1.** This term describes Jesus, the second Person of the Holy Trinity, who became human to offer salvation to all people.

_____ **2.** This is the mystery by which the second Person of the Holy Trinity became human while remaining fully divine.

_____ **3.** By his own life, Jesus shows what this Person of the Trinity is like.

_____ **4.** The story of the _____ indicates that Jesus' message of salvation is for all people.

_____ **5.** The _____ fully restores you to God's image and gives you God's very life.

Column 2

a. Incarnation

b. magi

c. Sacrament of Baptism

d. God the Father

e. Savior

B **Check Understanding**   What does the Incarnation mean?

_____

_____

Activity   Live Your Faith

Create a Schedule   Make a calendar of the coming week. Write on the calendar the ways you will show God's image to others in school, at home, or at play.

La fe en familia

Lo que creemos

- La Encarnación es la creencia de que el Hijo de Dios se convirtió en hombre para salvar a todas las personas.

- Jesús es a la vez humano y divino, verdaderamente Dios y verdaderamente hombre.

✝ LA SAGRADA ESCRITURA

Lean *Colosenses 1, 15–20* para hallar un poema acerca de la imagen de Cristo.

Visita **www.harcourtreligion.com** para encontrar recursos basados en el año litúrgico y lecturas semanales de la Sagrada Escritura.

Actividad

Vive tu fe

Reza con una imagen ¿Qué imágenes de Jesús tienes en tu casa y en tu parroquia? En ellas puede haber una ilustración, un ícono o un crucifijo. Pide a cada miembro de tu familia que mencione cuál es su imagen preferida y que explique por qué lo es. Esta semana recen una oración en familia alrededor de una imagen de Jesús.

Siervos de la fe

▲ **Beata María Vicenta Rosal Vásquez 1820–1886**

Bautizada como Vicenta, aunque en la vida religiosa se le conocía como María de la Encarnación del Corazón de Jesús, esta valiente hermana fue la primera mujer guatemalteca que nombraron "beata". Los disturbios políticos y las persecuciones religiosas a menudo convirtieron a María de la Encarnación en refugiada, pero a pesar de tantas dificultades pudo hacer muchas obras de bien. Reformó su orden, fundó escuelas y orfanatos y estableció el primer colegio de mujeres en Costa Rica. Su día se celebra el 18 de abril.

Una oración en familia

Beata María, ruega por nosotros para que vivamos imitando a Jesús como tú lo hiciste y para que los habitantes de Guatemala continúen recibiendo las bendiciones de tus intercesiones ante nuestro Padre en el cielo. Amén.

En la Unidad 3 su hijo está aprendiendo sobre Jesucristo. Consulte el Catecismo de la Iglesia Católica, números 461–464, 470 y 483 para obtener más información sobre el contenido del capítulo.

Family Faith

Catholics Believe

- The Incarnation is the belief that the Son of God became man in order to save all people.

- Jesus is both human and divine, truly God and truly human.

✝ SCRIPTURE

Read *Colossians 1:15–20* to find a poem about the image of Christ.

GO ONLINE
www.harcourtreligion.com
For weekly Scripture readings and seasonal resources

Activity

Live Your Faith

Pray with an Image What images of Jesus do you have in your home and in your parish? Images could include a picture, an icon, or a crucifix. Ask each family member to name his or her favorite image and explain why it is a favorite. Use an image of Jesus as the center of a family prayer this week.

People of Faith

▲ Blessed María Vicenta Rosal Vásquez 1820–1886

Baptized Vicenta, but known in religious life as María de la Encarnación del Corazón de Jesús (Mary of the Incarnation of the Heart of Jesus), this courageous sister was the first Guatemalan woman to be named "Blessed." Political unrest and religious persecution often made María Encarnación a refugee, but she accomplished much good despite many hardships. She reformed her order, founded schools and orphanages, and established the first women's college in Costa Rica. Her feast day is April 18.

 Family Prayer

Blessed María, pray for us that we may live in imitation of Jesus, as you did, and that the people of Guatemala may continually receive the blessings of your intercession with our Father in heaven. Amen.

CCC *In Unit 3 your child is learning about* JESUS CHRIST. *See Catechism of the Catholic Church 461–464, 470, 483 for further reading on chapter content.*

201

INVITACIÓN Invite

Capítulo 8 Proclamar el Reino

Oremos

Líder: Muéstranos tus caminos, oh Señor.

"En tu verdad guía mis pasos, instrúyeme,
tú que eres mi Dios y mi Salvador".

Salmo 25, 5

Todos: Muéstranos tus caminos, oh Señor. Amén.

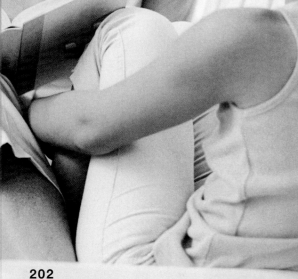

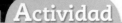

Actividad Comencemos

Un buen relato ¿Qué clase de relatos te gustan? Marca tus favoritos en esta lista.

- ❏ misterios
- ❏ relatos de aventuras
- ❏ fábulas
- ❏ cuentos fantásticos
- ❏ relatos reales
- ❏ cuentos tradicionales
- ❏ biografías
- ❏ relatos sobre la historia

- Menciona uno de tus relatos favoritos.

- ¿Por qué te gusta?

- ¿Cuál es el mensaje del relato?

Let Us Pray

Leader: Show us your ways, O Lord.

"Guide me in your truth and teach me,
for you are God my savior."

Psalm 25:5

All: Show us your ways, O Lord. Amen.

Activity Let's Begin

A Good Story What kinds of stories do you like? Check your favorites on this list.

- ❑ mysteries
- ❑ adventure stories
- ❑ fables
- ❑ fantasy
- ❑ true stories
- ❑ folktales
- ❑ biographies
- ❑ stories about history

• What is one of your favorite stories?

• Why do you like it?

• What's the message of the story?

© Harcourt Religion

El poder de los relatos

 **Análisis** ¿Cómo enseñó Jesús sobre el Reino?

Algunas cosas maravillosas pueden ocurrir cuando las personas cuentan relatos. Martin Buber fue un filósofo judío del siglo XX. En sus escritos, describe una ocasión en que su abuelo le mostró el poder de un buen relato.

"Un relato se debe contar de tal manera que constituya una ayuda en sí mismo. Mi abuelo era cojo. Una vez, le pidieron que contara un relato sobre su maestro. Entonces, relató cómo su maestro solía brincar y bailar mientras rezaba. Mi abuelo se puso de pie mientras hablaba y estaba tan entusiasmado con su relato que comenzó a brincar y a bailar para mostrar lo que había hecho su maestro. Desde ese momento se curó de su cojera. Así es como se cuenta un relato".

❓ ¿Qué trata de enseñar Martin Buber sobre contar bien un relato?

Caminos hacia la comprensión

Cuando Jesús contó a sus seguidores relatos sobre el **Reino de Dios**, ocurrieron cosas maravillosas. Mientras las personas escuchaban a Jesús, entendían mejor lo que tenían que hacer para entrar al Reino de Dios. Muchas decidieron cambiar la manera en que vivían. Luego, mientras compartían los relatos de Jesús con los demás, su fe se fortaleció.

Como Jesús era un gran maestro, entendió que las personas recordaban mejor las ideas importantes cuando éstas se trasmitían de un modo interesante. Es por eso que Jesús se valió de relatos para transmitir su mensaje e invitar a las personas al Reino de Dios de la justicia, el amor y la paz.

❓ ¿Cómo puede ayudarte a fortalecer tu fe repetir los relatos de Jesús?

The Power of Stories

Focus How did Jesus teach about the kingdom?

Some amazing things can happen when people tell stories. Martin Buber was a Jewish philosopher in the twentieth century. In his writings, he describes a time when his grandfather showed the power of a good story.

"A story must be told in such a way that it constitutes help in itself. My grandfather was lame. Once he was asked to tell a story about his teacher. And he related how his teacher used to hop and dance while he prayed. My grandfather rose as he spoke, and he was so swept away by his story that he began to hop and dance to show what the master had done. From that hour he was cured of his lameness. That's how to tell a story."

? What is Martin Buber trying to teach about good storytelling?

Paths to Understanding

When Jesus told his followers stories of the **kingdom of God**, wonderful things happened. As they listened to Jesus, people understood better what they had to do to enter God's kingdom. Many decided to change the way they lived. Then, as they shared Jesus' stories with others, their faith became stronger.

Because Jesus was a great teacher, he understood that people remember important ideas better when they are expressed in an interesting way. That's why Jesus used stories to spread his message and to invite people into God's reign of justice, love, and peace.

? How can retelling Jesus' stories help your faith grow stronger?

Ejemplos

Jesús contó muchos relatos que se conocen como **parábolas**. Una parábola es un relato que hace una comparación valiéndose de ejemplos de la vida diaria para sacar a la luz algo que está oculto. Éste es un ejemplo que Jesús usó para mostrar lo que significa abrirse a la Palabra de Dios para poder entrar al Reino.

La parábola del sembrador

Un sembrador salió a sembrar. Mientras sembraba, algunas semillas cayeron en el camino y algunas aves se las comieron. Algunas semillas cayeron sobre rocas, donde había poca tierra. Brotaron de inmediato porque la tierra no era profunda, pero cuando salió el sol se quemaron y se secaron porque no tenían raíces. Algunas semillas cayeron entre espinos y los espinos crecieron y las ahogaron. Pero otras semillas cayeron en tierra fértil y crecieron y produjeron el ciento por uno. El que tenga oídos que oiga.

Basada en *Lucas 8, 5–8*

❓ **En esta parábola, ¿quién es el sembrador?**

❓ **¿Qué representan las semillas?**

❓ **¿Qué puede ayudar a crecer y a dar fruto a la semilla?**

Palabras† de fe

El **reino de Dios** es el reinado de Dios de justicia, amor y paz. Jesús vino a traer el Reino de Dios, que está presente ahora y a la vez está por venir.

Las **parábolas** son relatos en los que se hacen comparaciones para enseñar algo. Jesús se valió de parábolas para enseñar sobre el Reino de Dios.

Actividad   comparte tu fe

Reflexiona: Lee sobre otras imágenes del Reino de Dios en *Mateo 13, 44–50.*

Comunica: Elige una de las imágenes y comenta con un compañero por qué la elegiste.

✏️ **Actúa:** En una hoja de papel aparte, escribe un dicho que ayude a los demás a saber cómo es el Reino de Dios. Luego, representa la imagen que has elegido.

Examples

Jesus told many stories that are known as **parables**. A parable is a story that makes a comparison by using examples from everyday life to bring to light something that is hidden. Here is one example that Jesus used to show what it means to be open to the word of God so that you can enter his kingdom.

✠ SCRIPTURE   Luke 8:5–8

The Parable of the Sower

A sower went out to sow. As he sowed, some seed fell on the path, and birds came and ate it. Some seed fell on rocky ground, where it had little soil. It sprang up at once because the soil was not deep; but when the sun rose, the seed was scorched, and it withered for lack of roots. Some seed fell among thorns, and the thorns grew up and choked it. But other seed fell on rich soil, and produced fruit, as much as a hundredfold. Whoever has ears ought to hear.

Based on Luke 8:5–8

❓ In this parable, who is the sower?

❓ What do the seeds represent?

❓ What can help the seed grow and bear fruit?

Words of Faith

The **kingdom of God** is God's reign of justice, love, and peace. Jesus came to bring the kingdom of God, which is both present now and yet to come.

Parables are stories that make comparisons in order to teach something. Jesus used parables to teach about the kingdom of God.

Activity   Share Your Faith

Reflect: Read about other images for the kingdom of God in *Matthew 13:44–50*.

Share: Choose one of the images, and discuss with a partner why you chose it.

Act: On a separate sheet of paper, write a saying that will help others know what the kingdom of God is like. Then sketch the image you have chosen.

Signos y maravillas

 **Análisis** ¿Cuáles son los signos del Reino de Dios?

Jesús proclamó el Reino de Dios de muchas maneras. Predicó la Buena Nueva. Contó relatos y parábolas sobre el Reino. También, realizó signos y maravillas, o **milagros**, como medios para demostrar que se estaba estableciendo el Reino de Dios. Estos milagros incluyeron la expulsión de demonios y la curación de enfermos.

Jesús mismo fue una proclamación del Reino. Acogió a los pecadores y comió con ellos para demostrar que el perdón es parte del Reino. Prestó atención a los niños, a las mujeres, a los leprosos, a los extranjeros y a otros que generalmente eran ignorados. Demostró que todos están invitados al Reino de Dios, que vendrá en plenitud al final de los tiempos, cuando Cristo regrese en la gloria.

A través de estos relatos y signos, Jesús enseñó que el Reino de Dios no es una tierra imaginaria y lejana. Es real y se encuentra aquí contigo ahora. Sin embargo, no todos viven de la manera que Dios quiere. Cuando cooperas con la gracia de Dios amando, actuando con justicia o haciendo la paz, ayudas a que el Reino de Dios venga en su plenitud.

❓ **¿De qué maneras Jesús proclamó el Reino de Dios?**

❓ **¿A quién conoces que haga el trabajo de Jesús en la actualidad?**

Signs and Wonders

 **Focus** What are signs of the kingdom of God?

Jesus proclaimed the kingdom of God in many ways. He preached the good news. He told stories and parables about the kingdom. He also performed signs and wonders, or **miracles**, as ways of showing that God's kingdom was being established. These miracles included casting out demons and curing people who were sick.

Jesus himself was a proclamation of the kingdom. He welcomed sinners and ate with them, showing that forgiveness is part of the kingdom. He paid attention to children, to women, to lepers, to those from other lands, and to others who were often ignored. He showed that everyone is invited into God's kingdom, which will come in fullness at the end of time when Christ returns in glory.

Through his stories and signs, Jesus taught that God's kingdom is not a faraway, imaginary land. It is real, and it is here with you now. But because it is not fully understood, not everyone lives in the way that God intends. Whenever you cooperate with God's grace by loving, acting justly, or making peace, you help the reign of God come in its fullness.

❓ **What are some ways that Jesus proclaimed the kingdom of God?**

❓ **What person do you know who is doing Jesus' work today?**

© Harcourt Religion

Vida sacramental

Jesús está presente en el mundo actual, realizando signos y milagros. La Iglesia y sus sacramentos mantienen las palabras y acciones de Jesús presentes en tu vida. Los sacramentos tienen el poder de cambiar la manera en que te relacionas con Dios y con los demás.

Tú puedes cambiar a medida que te reúnes con la comunidad de la Iglesia para escuchar la Palabra de Dios y experimentar el poder del Espíritu Santo a través de las palabras y acciones de los sacramentos. Las lecturas de la Sagrada Escritura que escuchas y las oraciones que rezas te invitan a convertirte en parte del Reino de Dios.

Puedes cambiar en la Eucaristía cuando a través de las acciones del sacerdote, tú y la comunidad unidos, ofrecen alabanza y dan gracias a Dios por el don de su Hijo. Cuando el sacerdote dice al final de la Misa: "Glorificad al Señor con vuestra vida. Podéis ir en paz", te envía en el nombre de Él a ser un signo de Jesús para el mundo.

Cuando pecas, Dios te llama a experimentar la **conversión**. Con la ayuda de Dios puedes cambiar tu corazón y poner tu pecado ante Él. En el sacramento de la Reconciliación recibes la gracia y el perdón de Dios a través del ministerio de la Iglesia. Eres renovado y fortalecido para vivir una vida moral que te acerca más a Dios y te pone al servicio de su Reino.

Palabras† de fe

Los **milagros** son signos y maravillas del poder divino de Jesús que te ayudan a ver la presencia del Reino de Dios.

La **conversión** es el proceso de apartarse del pecado y de dirigirse a Dios y a sus prácticas. Es una respuesta al amor y al perdón de Dios.

© Harcourt Religion

Actividad — Practica tu fe

Mantén el corazón abierto

Alrededor del contorno del corazón, escribe algunas cosas que te impiden escuchar el mensaje de Jesús. Dentro del corazón, escribe algunas palabras que expresen qué relato de Jesús te ayudó a entender su mensaje de manera más clara.

Sacramental Living

Jesus Christ is present in the world today, working signs and wonders. The Church and its sacraments keep the words and actions of Jesus present in your life. The sacraments have the power to change the way in which you relate to God and others.

You can be changed as you gather with the Church community to hear the word of God and experience the power of the Holy Spirit through the words and actions of the sacraments. The Scripture readings you hear and the prayers you pray invite you to become a part of God's kingdom.

You can be changed at Eucharist when, through the actions of the priest, you and the assembled community offer praise and thanksgiving to God for the gift of his Son. When the priest says at the end of Mass, "Go in peace to love and serve the Lord," he is sending you in the name of Jesus to be a sign of Jesus to the world.

When you have sinned, God calls you to exerience **conversion**. With God's help you can change your heart and place your sin before him. In the Sacrament of Reconciliation, you receive God's grace and forgiveness through the ministry of the Church. You are renewed and strengthened to live a moral life that draws you ever closer to God and into service for his kingdom.

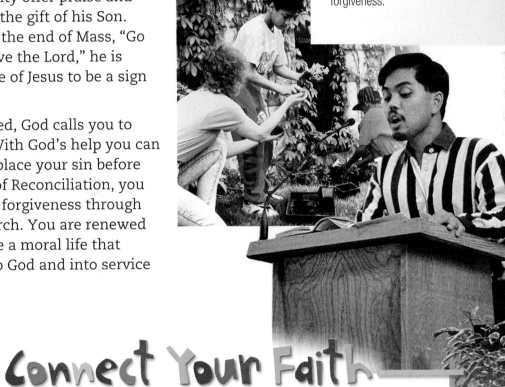

Words of Faith

The **miracles** of Jesus are signs and wonders of the divine power that help you see the presence of the kingdom of God.

Conversion is the process of turning away from sin and toward God and his ways. It is a response to God's love and forgiveness.

Activity Connect Your Faith

Keep an Open Heart Around the outside of the heart, write some things that keep you from hearing the message of Jesus. Inside the heart, write a few words that tell which story of Jesus has helped you understand his message most clearly.

Celebración de la Palabra

 Oremos

Reúnanse y comiencen con la señal de la cruz.

Líder: Hermanos y hermanas, Jesús nos invita al Reino de Dios de la justicia, el amor y la paz. Oremos.

Oh Dios, abre nuestro corazón para escuchar la palabra de vida y ayúdanos a responder con acciones. Te lo pedimos por Jesucristo, nuestro Señor.

Todos: **Amén.**

Lector: Lectura del profeta Isaías.

Lean Isaías 55, 10–11.

Palabra de Dios.

Todos: **Te alabamos, Señor.**

Canten juntos.

¡Venga el Reino del Cielo,
Vengan su paz y su amor.
Reine profunda justicia
En la Ciudad del Señor!

Versión de *"Bring Forth the Kingdom"*, Marty Haugen © 1986, GIA Publications, Inc.

Líder: Oremos.

*Todos levanten las manos
y recen la Oración del Señor.*

Líder: Vayamos ahora en paz.

Todos: **Te alabamos, Señor.**

Celebration of the Word

![Let Us Pray]

Let Us Pray

Gather and begin with the Sign of the Cross.

Leader: Brothers and sisters, Jesus invites us into God's kingdom of justice, love, and peace. Let us pray.

O God, open our hearts to hear your word of life, and help us respond to it in action. We ask this through Christ our Lord.

All: **Amen.**

Reader: A reading from the prophet Isaiah.

Read Isaiah 55:10–11.

The word of the Lord.

All: **Thanks be to God.**

Sing together.

Bring forth the Kingdom of mercy,
Bring forth the Kingdom of peace;
Bring forth the Kingdom of justice,
Bring forth the City of God!

"Bring Forth the Kingdom", Marty Haugen © 1986, GIA Publications, Inc.

Leader: Let us pray.

All raise hands and pray the Lord's Prayer.

Leader: Now let us go in peace.

All: **Thanks be to God.**

Repasar y aplicar

A **Comprueba lo que aprendiste** Encierra en un círculo Verdadero o Falso según corresponda para cada enunciado. Corrige todos los enunciados falsos.

1. Las acciones todopoderosas de Jesús, los signos del Reino de Dios, se denominan parábolas.

Verdadero   Falso _____

2. A través de estos relatos y obras, Jesús invitó a la gente a entrar al Reino de Dios.

Verdadero   Falso _____

3. Los sacramentos de la Iglesia continúan transmitiendo las palabras y acciones de Jesús y muestran el camino al Reino de Dios.

Verdadero   Falso _____

4. Contar un relato es una buena manera de enseñar.

Verdadero   Falso _____

5. Jesús habló del Reino de Dios sólo a través de parábolas.

Verdadero   Falso _____

B **Relaciona** Nombra y explica tres imágenes del Reino de Dios.

_____

_____

_____

Actividad Vive tu fe

Crea una parábola Con un pequeño grupo, aporta ideas para una parábola en el siglo XXI. ¡Sé creativo! Piensa en una imagen que ayude a los demás a entender el poder salvador de Jesús. Comparte tu mejor idea con la clase. Fuera de la clase, escribe e ilustra toda tu parábola. Pueden juntar los relatos de todos en un Libro de fe para tu clase.

Review and Apply

A **Check Understanding**   Circle True if a statement is true. Circle False if a statement is false. Correct any false statements.

1. The mighty deeds of Jesus, the signs of the kingdom, are called parables.

   True   False   _____

2. Through his stories and actions, Jesus invited people into the kingdom of God.

   True   False   _____

3. The sacraments of the Church continue to pass on the words and actions of Jesus and point to the kingdom of God.

   True   False   _____

4. Telling a story is a good way to teach.

   True   False   _____

5. Jesus told about the reign of God only through parables.

   True   False   _____

B **Make Connections**   Name and explain three images for the kingdom of God.

_____

_____

_____

Activity   Live Your Faith

Create a Parable   With a small group, brainstorm ideas for a parable for the twenty-first century. Be creative! Think of an image that will help others understand Jesus' saving power. Share your best idea with the class. Outside of class, write out and illustrate your complete parable. You can gather everyone's stories into a Book of Faith for your class.

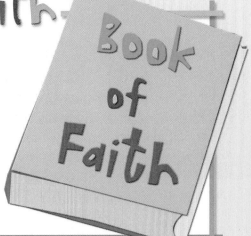

La fe en familia

◎ Lo que creemos

- El Reino de Dios está presente y crece en la Iglesia y en sus sacramentos hasta que el reinado de Dios venga en plenitud al final de los tiempos.

- Jesús proclamó el Reino de Dios a través de sus obras y parábolas.

✝ LA SAGRADA ESCRITURA

Lee *Mateo 6, 25–34* para aprender cómo buscar el Reino de Dios.

APRENDE en línea Visita **www.harcourtreligion.com** para encontrar recursos basados en el año litúrgico y lecturas semanales de la Sagrada Escritura.

Actividad
Vive tu fe

Ve a Dios en casa Crea un *collage* del Reino para tu refrigerador o la cartelera de anuncios de la cocina. Esta semana, junta fotos y relatos de periódicos y revistas que muestren evidencia del Reino de Dios en el mundo. Si algún miembro de la familia hace algo que revele la bondad de Dios, agrega una foto o algunas palabras acerca de él o ella en el *collage*.

Siervos de la fe

▲ Santa Margarita Bourgeoys 1620–1700

Margarita Bourgeoys es una heroína de la historia canadiense. En 1653, inspirada por un deseo de servir a Dios, abandonó Francia para convertirse en la primera maestra de escuela en un pequeño poblado francés. En un establo que era su escuela y su hogar, enseñó a los niños de los colonos y de los indígenas norteamericanos. También enseñó a las jóvenes las habilidades necesarias para vivir en el bosque canadiense. Debido a su amor por las personas y su voluntad para ayudarlas, aquellos a los que sirvió la llamaron "Hermana Margarita". Su día se celebra el 12 de enero.

🙌 Una oración en familia

Santa Margarita, ruega por nosotros para que podamos proclamar a Jesús con nuestras palabras y acciones. Que sigamos tu ejemplo de servicio a aquellos que más lo necesitan y que tienen menos poder. Amén.

© Harcourt Religion

En la Unidad 3 su hijo está aprendiendo sobre JESUCRISTO. Consulte el Catecismo de la Iglesia Católica, números 546–547,567,763–769 para obtener más información sobre el contenido del capítulo.

Family Faith

Catholics Believe

- God's kingdom is present and grows in the Church and its sacraments until God's reign comes in fullness at the end of time.

- Jesus proclaimed the kingdom of God through his actions and parables.

✝ SCRIPTURE

Read *Matthew 6:25–34* to learn how to seek the kingdom of God.

GO ONLINE
www.harcourtreligion.com
For weekly Scripture readings and seasonal resources

Activity

Live Your Faith

See God at Home Create a kingdom collage for your refrigerator or kitchen bulletin board. During the week, collect photos and stories from newspapers and magazines that show evidence of the reign of God in the world. If a member of the family does something that reveals God's goodness, add a photo or a few words about him or her to the collage.

People of Faith

Marguerite Bourgeoys is a hero of early Canadian history. In 1653, inspired by a desire to serve God, she left France to become the first schoolteacher in a tiny French settlement. In a stable that was both her school and her home, she taught the children of colonists and of Native Americans. She also taught young women the skills needed for living in the Canadian wilderness. Because of her love for people and her readiness to help them, she was called "Sister Marguerite" by those she served. Her feast day is January 12.

▲ Saint Marguerite
Bourgeoys
1620–1700

Family Prayer

Saint Marguerite, pray for us that we may proclaim Jesus with our words and actions. May we follow your example of service to those who have the greatest need and the least power. Amen.

CCC *In Unit 3 your child is learning about JESUS CHRIST. See Catechism of the Catholic Church 546–547, 567, 763–769 for further reading on chapter content.*

Capítulo 9 Nueva vida

 **Oremos**

Líder: Dios eterno, queremos andar por tu senda.

"Caminaré en presencia del Señor
en la tierra de los vivos".

Salmo 116, 9

Todos: Dios eterno, queremos andar por tu senda. Amén.

Actividad Comencemos

Finales Nadie desea sufrir. Todo aquel que disfruta de la vida querría que ésta no tuviera fin. Sin embargo, aun las mejores personas y las más felices pueden toparse con el dolor y, por supuesto, finalmente conocerán la muerte. Es posible que ya hayas sentido el dolor que provocan el fracaso o el ser apartado. Quizás hayas experimentado una especie de muerte si te has mudado de una ciudad a otra, si has quedado fuera de un equipo o si te has despedido de un buen amigo. Incluso, quizás, te has separado de algún ser querido a causa de su muerte.

- ¿Qué situación de dolor o de muerte has presenciado o has experimentado en tu vida?

- ¿Cómo te ha afectado la experiencia?

New Life

Let Us Pray

Leader: Eternal God, we want to walk your path.

"I shall walk before the LORD
in the land of the living."
Psalm 116:9

All: Eternal God, we want to walk your path. Amen.

Activity Let's Begin

Endings Nobody looks forward to suffering. Everyone who enjoys life would like it to go on and on. Yet, even the happiest and best of people are likely to encounter suffering and surely will eventually know death. You may already have felt the suffering that comes from failure or from being left out. You may have experienced a kind of death when you moved from one town to another, got cut from a team, or said good-bye to a good friend. You may even have been separated from someone you love because of that person's physical death.

- What situation of suffering or death have you witnessed or experienced in your own life?

- How were you affected by the experience?

Un testigo valiente

 **Análisis** ¿De qué manera dio testimonio el arzobispo Romero del mensaje de Jesús de amor por todos?

En El Salvador, un país de América Central, nadie esperaba que el tranquilo arzobispo Oscar Romero se transformara en campeón de los pobres. Pero la situación de las personas a las que servía era tan desesperada que él se dedicó a ayudarlos.

Datos de fe

Oscar Romero empezó a estudiar para el sacerdocio, gracias a su vocación, a los trece años de edad.

UNA BIOGRAFÍA

El pastor denuncia

En El Salvador, aquellos que trabajaban por la justicia eran a menudo perseguidos por bandas de hombres armados llamadas "escuadrones de la muerte". Un día un escuadrón de la muerte asesinó a un sacerdote jesuita y a otras dos personas que trabajaban entre los pobres. El arzobispo Romero protestó por la matanza y condujo una marcha pacífica para recuperar la ciudad del ejército que la había tomado.

Muchas veces le dijeron al arzobispo que su vida corría peligro, pero él jamás dejó de defender la justicia. Dijo: "Si me matan, resucitaré en el pueblo salvadoreño".

❓ ¿Qué piensas que quiso decir el arzobispo con su declaración?

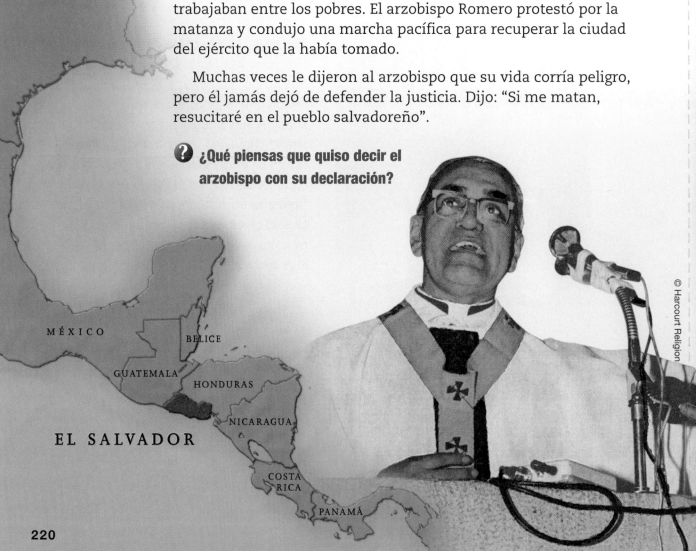

© Harcourt Religion

MÉXICO

BELICE

GUATEMALA

HONDURAS

NICARAGUA

EL SALVADOR

COSTA RICA

PANAMÁ

A Valiant Witness

Faith Fact

Oscar Romero began studying for a vocation to the priesthood at the age of thirteen.

In El Salvador, a country in Central America, no one expected the quiet Archbishop Oscar Romero to become a champion of those who were poor. But the situation of the people he served was so desperate that he dedicated himself to helping them.

BIOGRAPHY

The Shepherd Speaks Out

Those who worked for justice in El Salvador were often attacked by bands of armed men called "death squads." One day a Jesuit priest and two other people working among those who were poor were murdered by one of the death squads. Archbishop Romero protested the killings and led a peaceful march to take back the town from the army that had overrun it.

Many times the archbishop was told that his life was in danger, but he never stopped speaking out for justice. He said, "If they kill me, I shall rise again in the Salvadoran people."

❓ What do you think the archbishop meant by his statement?

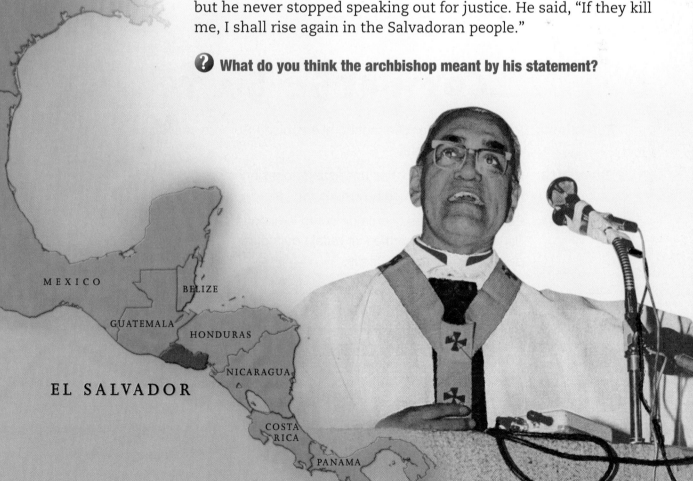

MEXICO

BELIZE

GUATEMALA

HONDURAS

NICARAGUA

EL SALVADOR

COSTA RICA

PANAMA

© Harcourt Religion

De la muerte a la nueva vida

El arzobispo Romero usaba su programa de radio para pedir a los miembros de los escuadrones de la muerte que depusieran sus armas. En su último discurso público, reclamó al gobierno que cesara la violencia. Al día siguiente de haber hecho esta solicitud, le dispararon mientras estaba de pie en el altar celebrando la Misa.

El funeral se llevó a cabo el 30 de marzo de 1980 y dio lugar a la mayor manifestación popular jamás vista en El Salvador. La lucha por la justicia del pueblo salvadoreño empezó a captar más atención internacional. Se apreció de una nueva manera la perspicacia del arzobispo Romero, debido a que había dado la vida por el pueblo. Sus palabras y su testimonio, su vida y su muerte continúan inspirando a los que trabajan por la justicia en El Salvador y en el mundo.

El arzobispo Romero creía tan profundamente en Jesús y en su mensaje de amor que nada pudo impedir que proclamara ese mensaje, ni siquiera el temor a la muerte. La muerte no tuvo poder sobre él, porque él sabía que viviría para siempre con Dios.

Actividad | Comparte tu fe

Reflexiona: Piensa en el valor que mostró el arzobispo Romero cuando condujo la protesta.

Comunica: Con un compañero, haz una lista de ocasiones en las que los jóvenes de hoy muestran valor.

Actúa: Escribe tres frases acerca de cómo la historia del arzobispo Romero es un reflejo de alguna de las enseñanzas de Jesús.

_____

_____

_____

_____

_____

From Death to New Life

Archbishop Romero used his radio program to beg members of the death squads to lay down their weapons. In his last public address, he called on the government to stop the violence. The day after he made this appeal, he was shot dead as he stood at the altar celebrating Mass.

The funeral on March 30, 1980, became the occasion for the largest popular demonstration ever seen in El Salvador. The struggle of the Salvadoran people for justice began to gain more international attention. Archbishop Romero's insights were appreciated in a new way because he had given his life for the people. His words and witness, his life and death, continue to inspire those who work for justice in El Salvador and around the world.

Archbishop Romero believed in Jesus and his message of love so strongly that nothing could keep him from speaking that message, not even fear of death. Death had no power over him because he knew that he would live forever with God.

Activity — Share Your Faith

Reflect: Think about the courage Archbishop Romero showed when he led the protest.

Share: With a partner, list times when young people today show courage.

Act: Write three sentences stating how the story of Archbishop Romero is a reflection of something that Jesus taught.

_____

_____

_____

_____

_____

Sacrificio sacramental

 **Análisis** ¿Qué es el Misterio Pascual y cómo se celebra?

Debido al pecado original, la vida en la tierra conlleva dolor y muerte. La Buena Nueva es que Jesús venció el poder del mal cuando eligió padecer y morir en la cruz. Él es el Redentor de la raza humana, ya que la rescató de la esclavitud del pecado y de la muerte eterna. El Evangelio según San Lucas nos dice que varias mujeres seguidoras de Jesús fueron las que descubrieron y anunciaron la Resurrección.

✝ LA SAGRADA ESCRITURA   Lucas 24, 5–9

La Resurrección de Jesús

La Resurrección de Cristo,
Mathis Gruenewald

Pero ellos [los ángeles] les dijeron [a las mujeres], "¿Por qué buscan entre los muertos al que vive? No está aquí. Resucitó. Acuérdense de lo que les dijo cuando todavía estaba en Galilea: 'El Hijo del Hombre debe ser entregado en manos de los pecadores y ser crucificado, y al tercer día resucitará'." Ellas entonces recordaron las palabras de Jesús. Al volver del sepulcro, les contaron a los Once y a todos los demás lo que les había sucedido.

Lucas 24, 5–9

El Misterio Pascual

La Resurrección es la piedra angular del Misterio Pascual. El **Misterio Pascual** se refiere a la Pasión, la muerte, la Resurrección y la Ascensión de Jesús. Debido a esto, los cristianos viven en la esperanza. Tú participas del Misterio Pascual. Estás unido a este misterio por la gracia del Espíritu Santo que recibiste por primera vez en el sacramento del Bautismo y que celebras en el sacramento de la Eucaristía.

La muerte no es el final, sino el comienzo de la vida con Dios para siempre. Todos los domingos son un día de alegría, porque la Iglesia recuerda la Resurrección de Jesús. Debido a la Resurrección, los cristianos creen que un día Jesús regresará glorioso.

Sacramental Sacrifice

 **Focus** What is the Paschal mystery, and how is it celebrated?

Because of the consequences of original sin, life on earth includes suffering and death. The good news is that Jesus broke the power of evil by choosing to suffer and die on the cross. He is the Redeemer of the human race, bringing it back from the slavery of sin and everlasting death. The Gospel of Luke tells us that the Resurrection was first discovered and announced by several women who were followers of Jesus.

✚ **SCRIPTURE** Luke 24:5–9

The Resurrection of Jesus

They [the angels] said to [the women], "Why do you seek the living one among the dead? He is not here, but he has been raised. Remember what he said to you while he was still in Galilee, that the Son of Man must be handed over to sinners and be crucified, and rise on the third day." And they remembered his words. Then they returned from the tomb and announced all these things to the eleven and to all the others.

Luke 24:5–9

Resurrection of Christ,
Mathis Gruenewald

The Paschal Mystery

The Resurrection is the cornerstone of the Paschal mystery. The **Paschal mystery** refers to the Passion, death, Resurrection, and Ascension of Jesus. Because of it, Christians live in hope. You participate in the Paschal mystery. You are united to this mystery through the grace of the Holy Spirit that you first received in the Sacrament of Baptism and that you celebrate in the Sacrament of Eucharist.

Death is not the end but the beginning of life forever with God. Every Sunday is a day of joy as the Church remembers the Resurrection of Jesus. Because of the Resurrection, Christians believe that Jesus will one day return in glory.

La celebración del Misterio

Cada uno de los sacramentos celebra, a su manera, el Misterio Pascual de la muerte de Jesús y de su Resurrección a la nueva vida. Cada sacramento ofrece una nueva forma de mirar el misterio de tu vida. Jesús, que murió y resucitó, obra en los sacramentos y a través de ellos.

Palabras† de fe

El **Misterio Pascual** es la obra de redención de Cristo por medio de su Pasión, muerte, Resurrección y Ascensión.

BAUTISMO
En las aguas del Bautismo, mueres con Cristo y luego resucitas a la nueva vida de la gracia.

CONFIRMACIÓN
Mueres al egoísmo y vives en la compasión, ya que el Espíritu Santo te induce a hacer obras de caridad y de servicio.

ORDEN
Mueres a tu propia voluntad y a tus necesidades, y resucitas a una nueva vida de ministerio ordenado al pueblo de Dios.

EUCARISTÍA
Este alimento sacrificial es la celebración más importante del Misterio Pascual. Entras en la muerte y la Resurrección salvadoras de Jesús. Resucitas y Dios te envía a servirlo como lo hizo Jesús.

MATRIMONIO
Resucitas a la nueva vida en una familia, ya que te vuelves uno con el otro.

RECONCILIACIÓN
Mueres al pecado y resucitas a una nueva vida de perdón y de comunidad.

UNCIÓN DE LOS ENFERMOS
Te vuelves uno con el padecimiento, la muerte y la Resurrección de Jesús, en la salud renovada o en el paso a la vida eterna.

Actividad — Practica tu fe

Representar el relato de la Resurrección   Con tu grupo, representa el descubrimiento de la Resurrección de Jesús que se relata en *Lucas 24, 1–12*. Cuando hayas terminado la representación, imagina que eres uno de los primeros discípulos y escribe un mensaje a un amigo para contarle lo que has visto y lo que eso significa.

_____

_____

_____

_____

The Celebration of the Mystery

Each of the sacraments celebrates, in some way, the Paschal mystery of Jesus' dying and rising to new life. Each sacrament offers a new way of looking at the mystery of your life. Jesus, who died and was raised, is at work in and through the sacraments.

BAPTISM
You die with Christ in the waters of Baptism, and then you are raised to the new life of grace.

CONFIRMATION
You die to selfishness and live in compassion as the Holy Spirit moves you to acts of charity and service.

HOLY ORDERS
You die to selfishness your own will and needs and are raised to a new life of ordained ministry to God's people.

EUCHARIST
This sacrificial meal is the greatest celebration of the Paschal mystery. You enter into Jesus' saving death and Resurrection. You are raised and sent forth to serve God as Jesus did.

MATRIMONY
You rise to new life in a family as you become one with another.

RECONCILIATION
You die to sin and are raised to new life in forgiveness and community.

ANOINTING OF THE SICK
You become one with Jesus' suffering and death and rise to renewed health or pass over to eternal life.

Words of Faith

The **Paschal mystery** is Christ's work of redemption through his Passion, death, Resurrection, and Ascension.

Activity — Connect Your Faith

Role-Play the Resurrection Story With your group, act out the story of the discovery of Jesus' Resurrection as recorded in *Luke 24:1–12*. When you have finished the role-play, imagine that you are one of the first disciples and write a message to a friend, telling what you have seen and what it means.

_____

_____

_____

_____

Oración de alabanza

 **Oremos**

Reúnanse y comiencen con la señal de la cruz.

Líder: Jesús, tú resucitas de la muerte y nos llamas a caminar en una nueva vida. En ti confiamos. No temeremos.

Lector 1: No temeremos al rayo ni al trueno, al bramido del mar ni al temblor de la tierra.

Todos: **Aleluya.**

Lector 2: No temeremos a la oscuridad de la noche, al vacío del silencio ni cuando estemos en soledad.

Todos: **Aleluya.**

Lector 3: No temeremos a las burlas de nuestros enemigos ni a la pequeñez y la bajeza de quienes nos desean el mal.

Todos: **Aleluya.**

Líder: Sí, Señor, al abrazar la muerte para bien de nosotros, has demostrado que la muerte no puede vencer el poder de la vida. Con tu gloriosa Resurrección has conquistado el pecado y la muerte, y nos das el valor de cantawr:

 Canten juntos.

Aleluya, aleluya demos gracias a Cristo Rey.

Aleluya, aleluya alabemos al Señor.

"Aleluya N.º 1", Donald Fishel, © 1973, Word of God Music.

Prayer of Praise

 Let Us Pray

Gather and begin with the Sign of the Cross.

Leader: Jesus, you are risen from the dead and call us to walk in newness of life. We trust in you. We shall not fear.

Reader 1: We shall not fear the lightning or thunder, the roar of the sea, or the trembling of the earth.

All: **Alleluia.**

Reader 2: We shall not fear the dark of night, the emptiness of silence, or the times of being alone.

All: **Alleluia.**

Reader 3: We shall not fear the jeers of our enemies or the smallness and meanness of those who wish us harm.

All: **Alleluia.**

Leader: Yes, Lord, by embracing death for our sake, you have shown us that death cannot overcome the power of life. By your glorious Resurrection you have conquered sin and death, and you give us the courage to sing:

 *Sing together.*

Alleluia, alleluia, give thanks to the risen Lord.
Alleluia, alleluia, give praise to his name.

"Alleluia No. 1," Donald Fishel, © 1973, Word of God Music.

Repasar y aplicar

A **Comprueba lo que aprendiste** Cada una de las siguientes oraciones tiene varias respuestas correctas y una respuesta que es incorrecta. Tacha la opción que no corresponde.

1. Cristo comunica los efectos salvadores de su Misterio Pascual a través de los sacramentos, como (el Bautismo, la Confirmación, la Acción de gracias, la Reconciliación).

2. La fe en la Resurrección llena al creyente de (temor, esperanza, alegría, valor).

3. Todas las personas necesitan que Cristo Redentor las libere de (la esclavitud del pecado, el reinado de la muerte, los errores que han cometido).

4. El padecimiento y la muerte de Jesús en la cruz significan que puedes (evitar todo dolor en esta vida, vivir con Dios para siempre, participar en el Misterio Pascual).

5. La Resurrección de Jesús es (recordada en la Misa todos los domingos, menos importante que las demás verdades de la fe católica, una parte del Misterio Pascual).

B **Relaciona** ¿Dónde ves muerte y resurrección en la vida cotidiana?

_____

_____

Actividad Vive tu fe

Escribe un mensaje Los cristianos son personas de esperanza. Recuerda un relato de las noticias de la televisión en el que alguien haya muerto inesperadamente o busca un relato semejante en un periódico local. Escribe en una tarjeta un mensaje de esperanza cristiana para la familia de esa persona. Adorna tu tarjeta con símbolos de esperanza. Piensa en la posibilidad de enviarla a la familia.

Review and Apply

A **Check Understanding** Each of the sentences below has several correct answers and one answer that is incorrect. Cross out the choice that does not fit.

1. Christ communicates the saving effects of his Paschal mystery through the sacraments, such as (Baptism, Confirmation, Thanksgiving, Reconciliation).

2. Faith in the Resurrection fills a believer with (fear, hope, joy, courage).

3. All people need Christ the Redeemer to free them from (the bondage to sin, the reign of death, mistakes they have made).

4. Jesus' suffering and death on the cross means that you can (avoid all suffering in this life, live forever with God, share in the Paschal mystery).

5. Jesus' Resurrection is (remembered at Mass every Sunday, less important than other truths of the Catholic faith, a part of the Paschal mystery).

B **Make Connections** Where do you see dying and rising in everyday life?

_____

_____

Activity Live Your Faith

Write a Message Christians are people of hope. Recall a television news story in which someone has died unexpectedly, or look in a local newspaper for a similar story. Write a message of Christian hope on a card for the family of this person. Decorate your card with symbols of hope. Consider sending it to the family.

La fe en familia

Lo que creemos

- A través de los sacramentos, Cristo une a sus seguidores a su Pasión, muerte, Resurrección y Ascensión.

- Jesucristo es el Redentor de la raza humana.

✝ LA SAGRADA ESCRITURA

Lee el *Salmo 41, 1–4* para ver cómo responde Dios a las personas que se preocupan de aquellos que son pobres.

Visita **www.harcourtreligion.com** para encontrar recursos basados en el año litúrgico y lecturas semanales de la Sagrada Escritura.

Actividad

Vive tu fe

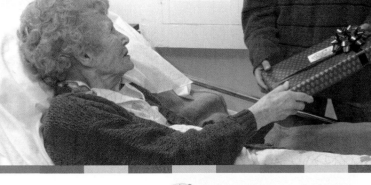

Visitar a los enfermos   En todas partes hay soledad, enfermedad y discapacidad. Anima a los miembros de tu familia a rezar todas las noches por los que necesitan ayuda. Encuentra a alguien que pueda necesitar tu ayuda, quizás en un centro de atención local. Piensa de qué manera puedes dar aliento y alegría a esa persona. Considera una visita, un regalo, una canción, un arreglo floral o algún otro signo de interés y de cuidado. Lleva a cabo tu plan.

Siervos de la fe

▲ **San Pablo Miki**
c. 1564–1597

En el siglo XVI, los misioneros llevaron la fe católica a Japón. **Pablo Miki** fue un japonés que aceptó las enseñanzas católicas. Se unió a los jesuitas y llegó a ser un gran predicador que persuadió a muchos a convertirse al cristianismo. En 1597, el soberano de Japón se volvió en contra de las misiones cristianas y ejecutó a veintiséis cristianos, entre ellos a Pablo Miki. Los ataron a cruces y luego los apuñalaron. Al igual que Jesús, Pablo Miki perdonó a sus perseguidores y rezó por ellos mientras estaba colgado en una cruz. Su día se celebra el 6 de febrero.

Una oración en familia

San Pablo Miki, ruega por nosotros para que podamos ser intrépidos testigos de Jesús y podamos perdonar a los demás como tú lo hiciste. Que podamos seguir tu ejemplo de aceptar la cruz a imitación de Jesús, nuestro Salvador. Amén.

En la Unidad 3 su hijo está aprendiendo sobre JESUCRISTO. Consulte el Catecismo de la Iglesia Católica, números 515, 571, 618, 628, 654, 655, 1002, 1003, 1010, 1067, 1076 y 1085 para obtener más información sobre el contenido del capítulo.

Family Faith

Catholics Believe

- Through the sacraments, Christ unites his followers to his Passion, death, Resurrection, and Ascension.

- Jesus Christ is the Redeemer of the human race.

✝ SCRIPTURE

Read *Psalm 41:1–4* to see how God responds to people who are concerned about those who are poor.

GO ONLINE
www.harcourtreligion.com
For weekly Scripture readings and seasonal resources

Activity
Live Your Faith

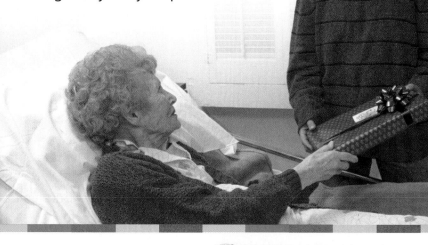

Visit the Sick Loneliness, illness, and disability are found everywhere. Encourage family members to pray each evening for those who need help. Locate someone who could use your help, perhaps in a local care center. Think of ways to bring encouragement and cheer to that person. Consider a visit, a gift, a song, a flower arrangement, or some other sign of interest and caring. Carry out your plan.

People of Faith

▲ Saint Paul Miki
c. 1564–1597

In the sixteenth century, missionaries took the Catholic faith to Japan. **Paul Miki** was one who accepted Catholic teachings. He joined the Jesuits and became a great preacher, persuading many to become Christians. In 1597, Japan's ruler turned against the Christian mission and executed twenty-six Christians, including Paul Miki. They were tied to crosses and then stabbed. Like Jesus, Paul Miki forgave and prayed for his persecutors while hanging on a cross. His feast day is February 6.

Family Prayer

Saint Paul Miki, pray for us that we may be fearless witnesses to Jesus and may be forgiving of others, as you were. May we follow your example in accepting the cross in imitation of Jesus our Savior. Amen.

In Unit 3 your child is learning about JESUS CHRIST. See Catechism of the Catholic Church 515, 571, 618, 628, 654, 655, 1002, 1003, 1010, 1067, 1076, 1085 *for further reading on chapter content.*

REPASO DE LA UNIDAD 3

A **Trabaja con palabras**   Une cada descripción de la Columna 1
con el término correcto de la Columna 2.

Columna 1

_____ **1.** La obra de redención de Cristo por medio de su Pasión,
muerte, Resurrección y Ascensión.

_____ **2.** Por medio de esto mueres al egoísmo y vives en la
compasión, ya que el Espíritu Santo te induce a hacer
obras de caridad y de servicio.

_____ **3.** Relatos que hacen comparaciones para enseñar
una lección.

_____ **4.** El misterio de que el Hijo de Dios adoptó una naturaleza
humana para salvar a todas las personas.

_____ **5.** El reinado de Dios de justicia, amor y paz.

Columna 2

a. Reino de Dios

b. parábolas

c. Encarnación

d. Misterio Pascual

e. Confirmación

B **Comprueba lo que aprendiste**   Completa cada oración con
el término correcto del vocabulario.

6. Puedes _____ cuando te reúnes con la
comunidad de la Iglesia para escuchar la Palabra de Dios
y experimentas el poder del Espíritu Santo a través de las
palabras y las acciones de los sacramentos.

7. La Iglesia llama misterio a la Encarnación porque se puede
entender solamente por medio de la _____.

8. Tu _____ como hijo de Dios se hace más clara a
medida que más te pareces a Jesús.

9. El arzobispo Romero fue un _____.

10. Todos los _____ son un día de alegría, porque la
Iglesia recuerda la Resurrección.

> **VOCABULARIO**
>
> domingos
> dignidad
> esperanza
> mártir
> cambiar
> fe

UNIT 3 REVIEW

A **Work with Words** Match each description in Column 1 with the correct term in Column 2.

Column 1

_____ **1.** Christ's work of redemption through his Passion, death, Resurrection, and Ascension.

_____ **2.** By this you die to selfishness and live in compassion as the Holy Spirit moves you to acts of charity and service.

_____ **3.** Stories that make comparisons in order to teach a lesson.

_____ **4.** The mystery that the Son of God took on a human nature in order to save all people.

_____ **5.** God's reign of justice, love and peace.

Column 2

a. kingdom of God

b. parables

c. Incarnation

d. Paschal mystery

e. Confirmation

B **Check Understanding** Complete each sentence with the correct term from the Word Bank.

6. You can be _____ as you gather with the Church community to hear the word of God and experience the power of the Holy Spirit through the words and actions of the sacraments.

7. The Church calls the Incarnation a mystery because it can be understood only through _____.

8. Your _____ as a child of God becomes clearer the more you become like Jesus.

9. Archbishop Romero was a _____.

10. Every _____ is a day of joy as the Church remembers the Resurrection.

WORD BANK

Sunday
dignity
hope
martyr
changed
faith

UNIDAD 4
La Iglesia como sacramento

Capítulo 10
Un signo para el mundo

¿Cómo es la Iglesia un signo del reinado de Dios en el mundo?

Capítulo 11
La Iglesia enseña

¿Cómo continúa la Iglesia las enseñanzas de Jesús?

Capítulo 12
Llamado a la santidad

¿Quiénes son los santos?

¿Qué piensas que aprenderás en esta unidad sobre la Iglesia como sacramento?

UNIT 4

The Church as Sacrament

Chapter 10
A Sign to the World

How is the Church a sign of God's reign in the world?

Chapter 11
The Teaching Church

How does the Church continue the teaching of Jesus?

Chapter 12
Called to Holiness

Who are the saints?

? What do you think you will learn in this unit about the Church as Sacrament?

© Harcourt Religion

Capítulo 10 Un signo para el mundo

 **Oremos**

Líder: Padre amoroso, únenos en tu Hijo.
"¡Qué bueno y qué tierno es
ver a esos hermanos vivir juntos!"

Salmo 133, 1

Todos: Padre amoroso, únenos en tu Hijo. Amén.

Actividad Comencemos

Estamos unidos Un día, un grupo de adolescentes de la misma raza atacaron a una persona de diferente raza que se encontraba en el vecindario de ellos. Esta expresión de odio sin sentido conmocionó a la comunidad. Las iglesias locales y otros grupos religiosos publicaron una respuesta de una página en el periódico local.

Estamos unidos contra toda expresión de odio. Estamos comprometidos a construir un mundo donde se muestra amor y respeto a todas las personas.

• ¿Por qué es importante para las iglesias y otros grupos religiosos unirse para trasmitir un mensaje de justicia?

Chapter 10 A Sign to the World

Let Us Pray

Leader: Loving Father, unite us in your Son.
"How good it is, how pleasant,
where the people dwell as one!"

Psalm 133:1

All: Loving Father, unite us in your Son. Amen.

Activity — Let's Begin

Stand Together   One day, a group of teenagers of one race attacked a person of a different race who happened to be in their neighborhood. This sign of pointless hatred shocked the community. Local churches and other religious groups published a full-page response in the local paper.

We stand together against every expression of hate. We are committed to building a world where love and respect are shown to all people.

• Why is it important for churches and other religious groups to unite in sending a message of justice?

Un nuevo comienzo

 **Análisis** ¿Por qué fue importante el Concilio Vaticano II?

De 1962 a 1965 se da un nuevo comienzo en la Iglesia Católica. Los obispos se reunieron en Roma para estudiar el significado de la Iglesia y su papel en la sociedad moderna. Un periódico escolar de aquella época pudo haber publicado la inauguración del Concilio de la siguiente manera.

El Papa Juan XXIII inauguró el Concilio Vaticano

11 de octubre de 1962 • por Sandra Ruiz • Escuela Secundaria Pío X

Hoy, en Roma, el Papa Juan XXIII inauguró el Concilio Vaticano II, una reunión de obispos de África, Asia, Europa, Australia y las Américas. Dicha reunión no se había realizado desde 1870.

Objetivos del Concilio

Los objetivos del Concilio son: renovar la liturgia de la Iglesia; ayudar a la Iglesia a responder a los problemas del mundo actual, en especial, a la necesidad de paz y justicia; promover la unidad entre todos los creyentes y encontrar nuevas maneras de difundir el Evangelio. El Papa Juan ha sorprendido a todos al organizar esta reunión, que durará varios meses. Seguramente, el trabajo de este Concilio influenciará a la Iglesia en muchos aspectos.

 ¿Qué más has escuchado sobre el Concilio Vaticano II?

A New Beginning

 **Focus** Why was the Second Vatican Council important?

The years from 1962 to 1965 were years of a new beginning in the Catholic Church. The bishops gathered in Rome to discuss the meaning of the Church and its role in modern society. Here is how the opening might have been reported in a school newspaper of that time.

Pope John XXIII Opens Vatican Council

October 11, 1962 • by Sandra Ruiz • Pius X High School

Today in Rome, Pope John XXIII opened the Second Vatican Council, a meeting of bishops from Africa, Asia, Europe, Australia, and the Americas. Such a gathering has not occurred since 1870.

Goals of the Council

The goals of the council are to renew the Church's liturgy; to help the Church respond to the problems of today's world, especially the need for peace and justice; to promote unity among all believers; and to find new ways to spread the gospel. Pope John has surprised everyone by asking for this meeting, which will go on for many months. The work of this council is sure to influence the Church in many ways.

 What more have you heard about the Second Vatican Council?

Observadores del Concilio

Algunas personas que no son obispos vendrán al Concilio como observadores. Estas personas compartirán ideas y ayudarán a los obispos a tomar decisiones. Los observadores representan a las iglesias ortodoxas, denominaciones protestantes y otros numerosos grupos. También, algunas mujeres han sido invitadas a participar.

Para el resto del mundo

Se informará a todo el mundo por televisión, radio y los periódicos acerca del Concilio Vaticano II. El discurso de apertura del Concilio, "Mensaje a la humanidad", comienza con estas palabras: "Tenemos el placer de enviar a todos… [pueblos] y naciones un mensaje con respecto al bienestar, el amor y la paz traídos al mundo por Jesucristo... y confiados a la Iglesia". La Iglesia está segura de que tiene un mensaje de Buena Nueva para compartir. El mundo está observando.

Actividad comparte tu fe

Reflexiona: Imagina que eres un periodista asignado para cubrir un nuevo Concilio.

Comunica: Con un pequeño grupo, decide qué preguntas te gustaría hacer al papa, a los obispos y a los observadores.

Actúa: Escribe tres preguntas que tu grupo considere importantes.

_____

_____

_____

Observers at the Council

Some people who are not bishops will come to the council as observers. These people will share ideas and help the bishops make decisions. The observers represent Orthodox churches, Protestant denominations, and various other groups. Some women have also been invited to participate.

The Wider World

The Second Vatican Council will be reported worldwide by television, radio, and newspapers. The council's opening address, "Message to Humanity," begins with these words: "We take pleasure in sending to all [people] and nations a message concerning that well-being, love, and peace which were brought into the world by Jesus Christ . . . and entrusted to the Church." The Church is confident that it has a message of good news to share. The world is watching.

Activity — Share Your Faith

Reflect: Imagine that you are a news reporter assigned to cover a new council.

Share: With a small group, decide what questions you would ask the pope, bishops, and observers.

Act: Write three questions that your group thinks are important.

_____

_____

_____

Bienvenido al Reino de Dios

 **Análisis** ¿De qué manera ayudas a realizar la misión de la Iglesia?

Datos de fe

El Papa Juan XXIII murió ocho meses después de haber inaugurado el Concilio Vaticano II.

El Concilio Vaticano II fue un signo para el mundo de la constante misión de la Iglesia de mostrar el camino hacia el reinado de Dios. La Iglesia es una, santa, católica y apostólica. Estos son los atributos por los cuales las personas pueden ver el Reino de Dios obrando en la Iglesia. Tú también eres un signo del reinado de Dios cuando ayudas a los necesitados, perdonas a aquellos que te han herido y recibes a nuevos miembros de la Iglesia. Tú *eres* Iglesia, y vives la fe y das testimonio del reinado de Dios cuando reflejas el amor de Jesús y difundes el don de su salvación.

La Iglesia es una asamblea, una congregación de personas denominada **Pueblo de Dios**. Esta asamblea también se denomina el **Cuerpo de Cristo** porque, a través de la Iglesia, Cristo está presente en el mundo. La Iglesia es como un edificio donde el Espíritu Santo pone su morada. Las personas son como las piedras de los sólidos pisos y paredes. Jesús es la piedra angular que mantiene unido el edificio.

✝ LA SAGRADA ESCRITURA
1 Pedro 2, 4–5

Hecho de piedras vivas

Se han acercado al que es la piedra viva rechazada por los hombres, y que sin embargo es preciosa para Dios que la escogió. También ustedes, como piedras vivas, se han edificado y pasan a ser un Templo espiritual, una comunidad santa de sacerdotes que ofrecen sacrificios espirituales agradables a Dios por medio de Cristo Jesús.

1 Pedro 2, 4–5

❓ ¿Qué cualidades necesita una persona para convertirse en una parte fundamental de la Iglesia?

Welcome to God's Kingdom

 **Focus** In what ways do you help fulfill the mission of the Church?

The Second Vatican Council was a sign to the world of the Church's continuing mission to point people toward God's reign. The Church is one, holy, catholic, and apostolic. These are the marks by which all people can see God's kingdom at work in the Church. You, too, are a sign of God's kingdom when you help those in need, forgive those who have hurt you, and welcome new members into the Church. You *are* Church, and you live the faith and witness to the reign of God when you reflect Jesus' love and extend the gift of his salvation.

The Church is an assembly—a gathering of people called the **People of God**. This gathering is also called the **Body of Christ** because, through the Church, Christ is present in the world. The Church is like a building in which the Holy Spirit makes its home. The people are like the stones of the sturdy walls and floor. Jesus is the cornerstone that holds the building together.

✝ SCRIPTURE   1 Peter 2:4–5

Built of Living Stones

Come to [Jesus], a living stone, rejected by human beings but chosen and precious in the sight of God, and, like living stones, let yourselves be built into a spiritual house to be a holy priesthood to offer spiritual sacrifices acceptable to God through Jesus Christ.

1 Peter 2:4–5

❓ What qualities does a person need to become a sturdy part of the Church?

Signos de unidad

El primero de los **atributos de la Iglesia** es la unidad: la Iglesia es una. Así como se necesitan muchos materiales para construir un edificio, también se necesitan muchas personas reunidas para ser uno en la fe. Los signos importantes de la unidad de la Iglesia son:

- La unidad en su fe
- Su celebración común del culto, en especial, en los sacramentos
- Su estrecha conexión con los Apóstoles, cuya autoridad ha sido otorgada al papa y a los obispos a través del sacramento del Orden Sagrado.

Sin embargo, a lo largo de la historia y hasta la actualidad, las divisiones de la Iglesia la han debilitado como un signo para el mundo. Por lo tanto, la unidad perfecta es un objetivo por el cual la Iglesia debe rezar constantemente y trabajar para lograrlo. El Espíritu Santo continúa ayudando a la Iglesia a cumplir este objetivo de unidad reuniendo a todos los fieles. Al reunir a personas de distintos orígenes y modos de vida, la Iglesia trabaja para crear un solo Pueblo de Dios.

❓ ¿De qué maneras muestras unidad como miembro de la Iglesia en tu casa y en la escuela?

Palabras† de fe

Pueblo de Dios significa la Iglesia, llamada por Cristo para participar en su misión.

El **Cuerpo de Cristo** es la Iglesia. Jesús es la cabeza y sus seguidores son los miembros.

Hay cuatro **atributos de la Iglesia**. La Iglesia es una, santa, católica y apostólica. Estos atributos, o características, son señales para el mundo de que el reinado de Dios ya está presente, aunque incompleto.

Actividad **Practica tu fe**

Alabar a Dios por la unidad Trabajando en grupos pequeños, escribe un lema de alabanza a la unidad de la Iglesia. Como grupo, prepárense para recitar su lema a los otros grupos.

Nuestro lema grupal es: _____

_____

_____

Signs of Unity

The first of the **marks of the Church** is unity—the Church is one. Just as many materials are needed to construct a single building, so are many people brought together to become one in faith. Important signs of the Church's unity are these:

- The oneness of its faith

- Its common celebration of worship, especially in the sacraments

- Its close connection to the Apostles, whose authority has been handed down to the pope and bishops through the Sacrament of Holy Orders.

Yet, throughout history and to this day, divisions in the Church have weakened it as a sign to the world. Therefore, perfect unity is a goal for which the Church must constantly pray and toward which it must work. The Holy Spirit continues to help the Church achieve this goal of oneness by bringing together all the faithful. In the gathering of people of all backgrounds and ways of life, the Church works to create one People of God.

❓ In what ways do you show unity as a member of the Church at home and in school?

© Harcourt Religion

Words of Faith

People of God means the Church, called by Christ to share in his mission.

The **Body of Christ** is the Church. Jesus is the head, and his followers are the members.

There are four **marks of the Church**. The Church is one, holy, catholic, and apostolic. These marks, or characteristics, are signs to the world that God's reign is already present, though incomplete.

Activity — Connect Your Faith

Praise God for Unity   Working in small groups, write a slogan in praise of the Church's unity. As a group, be ready to recite your slogan for the other groups.

Our group slogan is _____

_____

_____

Oración de petición

 Oremos

Reúnanse y comiencen con la señal de la cruz.

Líder: Cada vez que se reunían los miembros del Concilio Vaticano II, comenzaban con una oración al Espíritu Santo. Hoy, también le pediremos al Espíritu Santo que nos ayude a ser testigos fieles a Cristo y su Iglesia.

Lector 1: Estamos aquí ante ti, oh Espíritu Santo, conscientes de nuestros pecados, pero unidos especialmente en tu santo nombre.

Todos: **Ven y permanece con nosotros. Entra en nuestro corazón.**

Lector 2: Sé el guía de nuestras acciones, indícanos el camino que debemos tomar y muéstranos lo que debemos hacer para que con tu ayuda todo nuestro trabajo sea agradable para ti.

Todos: **Amén.**

Lector 3: Oh Espíritu Santo, tú que eres infinita justicia, nunca permitas que perturbemos la justicia. Une nuestro corazón a ti fuertemente, para que seamos uno en ti y no nos alejemos de ninguna manera de la verdad.

Todos: **Amén.**

Adaptado de "Oración de los Padres del Concilio"

Líder: La Iglesia es el edificio de Dios que siempre se renueva y en él mora el Espíritu Santo. Para celebrar nuestra vida como Iglesia, cantaremos juntos ahora.

Canten juntos.

Envía fuego de justicia, Envía tu lluvia de amor.

"Send Down the Fire", Marty Haugen, © 1989, GIA Publications, Inc.

Prayer of Petition

 Let Us Pray

Gather and begin with the Sign of the Cross.

Leader: Every time the members of the Second Vatican Council gathered, they began with a prayer to the Holy Spirit. Today, we too will ask the Holy Spirit to help us be faithful witnesses to Christ and his Church.

Reader 1: We are here before you, O Holy Spirit, conscious of our sins, but united in a special way in your holy name.

All: **Come, and remain with us. Enter our hearts.**

Reader 2: Be the guide of our actions, indicate the path we should take, and show us what we must do so that with your help, our work may be in all things pleasing to you.

All: **Amen.**

Reader 3: O Holy Spirit, you who are infinite justice, never permit us to be disturbers of justice. Unite our hearts to you alone, and do it strongly, so that we may be one in you and not depart in any way from the truth.

All: **Amen.**

Adapted from "Prayer of the Council Fathers"

Leader: The Church is God's building, always being renewed. In it the Holy Spirit dwells. To celebrate our life as the Church, we will sing together now.

Sing together.

Send down the fire of your justice, Send down the rains of your love.

"Send Down the Fire", Marty Haugen, © 1989, GIA Publications, Inc.

Repasar y aplicar

A **Trabaja con palabras** Encierra en un círculo la opción que mejor complete cada oración.

1. El Papa Juan XXIII llamó a los obispos del mundo para que se reunieran en (el Concilio Vaticano I, el Concilio Vaticano II, la Escuela Secundaria Pío X).

2. La Iglesia ayuda a las personas de todo el mundo a ver y a entrar en (el Reino de Dios, el "Mensaje a la humanidad", el sacramento del Orden Sagrado).

3. Los tres lazos de unidad de la Iglesia son (divisiones históricas, culto, sacramentos, fe, autoridad de los Apóstoles).

4. (El Espíritu Santo, El Papa Juan XXIII, Las denominaciones protestantes) reúne a las personas de distintos orígenes y modos de vida para formar una Iglesia.

5. La iglesia debe trabajar constantemente para lograr (más divisiones, la perfecta unidad, otro Concilio Vaticano).

B **Comprueba lo que aprendiste** ¿Qué significa ser un miembro del Cuerpo de Cristo?

_____

_____

_____

_____

_____

Actividad Vive tu fe

Escribe un informe Escribe un informe sobre los resultados de una entrevista y preséntalo en la próxima clase. Planea la entrevista con un miembro de tu parroquia que tenga alguna posición de liderazgo. Pregúntale sobre la unidad de la Iglesia y cómo esta persona contribuye a esa unidad.

Review and Apply

A **Work with Words** Circle the choice(s) that best completes each sentence.

1. Pope John XXIII called the bishops of the world together at (the First Vatican Council, the Second Vatican Council, Pius X High School).

2. The Church helps people everywhere see and enter into (the reign of God, the "Message to Humanity," the Sacrament of Holy Orders).

3. Three bonds of unity in the Church are (historical divisions, worship, sacraments, faith, authority of the Apostles).

4. People of all backgrounds and ways of life are brought together by (the Holy Spirit, Pope John XXIII, Protestant denominations) to form one Church.

5. The Church must work constantly toward achieving (more divisions, perfect unity, another Vatican Council).

B **Check Understanding** What does it mean to be a member of the Body of Chist?

_____

_____

_____

_____

_____

Activity Live Your Faith

Report Write a short report on the results of an interview, and present it during the next class. Plan the interview with a member of your parish who has a position of leadership. Ask questions about the unity of the Church and how this person contributes to that unity.

La fe en familia

Lo que creemos

- Como miembros de la Iglesia, todos estamos unidos para divulgar la misión de Cristo.

- La unidad de la Iglesia se expresa en las imágenes del Cuerpo de Cristo y del Pueblo de Dios.

✝ LA SAGRADA ESCRITURA

Lee *Efesios 6, 1–4* para obtener más información sobre cómo las familias pueden respetar a todos sus miembros por igual.

Visita **www.harcourtreligion.com** para encontrar recursos basados en el año litúrgico y lecturas semanales de la Sagrada Escritura.

Actividad

Vive tu fe

Apoya a tu familia   A la familia se denomina Iglesia doméstica. La Iglesia es llamada a reflejar la unidad del mundo al igual que las familias. Comenta acerca de las oportunidades que tendrán esta semana para apoyarse mutuamente. Podría ser: asistir con tus familiares a la actuación de alguien en una obra de la escuela, ir juntos a Misa o ayudar a mantener la casa tranquila porque alguien tiene que realizar un proyecto. Elige qué harás y comprométete a cumplirlo.

Siervos de la fe

▲ San Roberto Belarmino 1542–1621

Roberto Belarmino, un sacerdote italiano, vivió en una época de controversia entre los católicos y los protestantes. Defendió la enseñanza católica a tal punto que las personas pensaron que un grupo debía ayudarlo. También, ayudó a escribir un importante catecismo. Este santo, que dedicó gran parte de su vida a proteger las verdades de la fe católica, fue amable y cortés. Rezaba todos los días por sus enemigos. El día de San Roberto se celebra el 17 de septiembre.

Una oración en familia

San Roberto Belarmino, ruega por nosotros mientras trabajamos para ser signos del reinado de Dios en el mundo. Pide a Dios que nos enseñe la sabiduría como te la enseñó a ti y que nos dé la misma gracia de mansedumbre y tolerancia que te dio a ti. Amén.

En la Unidad 4 su hijo está aprendiendo sobre la IGLESIA. Consulte el Catecismo de la Iglesia Católica, números 738, 775, 776, 813–816 y 820 para obtener más información sobre el contenido del capítulo.

Family Faith

Catholics Believe

- As members of the Church, we are all united in living out the mission of Christ.

- The Church's unity is expressed in the images of the Body of Christ and the People of God.

✝ SCRIPTURE

Read *Ephesians 6:1–4* to learn more about how families can give all members equal respect.

GO ONLINE www.harcourtreligion.com
For weekly Scripture readings and seasonal resources

Activity

Live Your Faith

Support Your Family The family is called a domestic Church. If the Church is called to reflect unity in the world, then families are, too. Discuss opportunities you have this week to support one another. It might be by attending someone's school performance as a family, by going to Mass together, or by helping keep the house quiet when someone has a project to complete. Choose what you will do, and agree to it.

People of Faith

▲ Saint Robert Bellarmine 1542–1621

Robert Bellarmine, an Italian priest, lived in an age of controversy between Catholics and Protestants. He defended Catholic teaching at such length that people thought that a team of people must have helped him. He also contributed to an important catechism. This holy man, who devoted much of his life to protecting the truths of the Catholic faith, was gentle and gracious. He prayed daily for his enemies. Saint Robert's feast day is September 17.

Family Prayer

Saint Robert Bellarmine, pray for us as we work to be signs of God's reign in the world. Ask God to teach us wisdom as he taught you and to give us the same grace of gentleness and tolerance that was yours. Amen.

CCC *In Unit 4 your child is learning about the CHURCH. See Catechism of the Catholic Church 738, 775, 776, 813–816, 820 for further reading on chapter content.*

253

Capítulo 11 La Iglesia enseña

Oremos

Líder: Dios, Padre, haz que obedezcamos tu voluntad.

"Dame inteligencia para guardar tu Ley,
y que la observe de todo corazón".

Salmo 119, 34

Todos: Dios, Padre, haz que obedezcamos tu voluntad. Amén.

Actividad Comencemos

Enfrentar un obstáculo La bailarina Allegra Kent tuvo una experiencia especial en quinto grado. Con ayuda de la maestra, planeó su primer gran salto. Se concentró en el lugar desde donde iba a saltar. Comprendió que necesitaba control total desde el principio hasta el final. Cuando realizó su salto con éxito, Allegra se sintió emocionada y orgullosa. Sabía que ese logro había cambiado su vida de alguna manera.

• Piensa en alguna ocasión en que por primera vez aprendiste una técnica o comprendiste una idea en particular. ¿Qué sentiste por tu maestra y por ti?

Chapter 11 The Teaching Church

Let Us Pray

Leader: God our Father, make us obedient to your will.

"Give me insight to observe your teaching,
to keep it with all my heart."

Psalm 119:34

All: God our Father, make us obedient to your will. Amen.

Activity Let's Begin

Face a Hurdle Ballerina Allegra Kent had a special moment in fifth grade. With her teacher's help, she planned her first high jump. She concentrated on the spot from which she would jump. She understood that complete control was needed from start to finish. When she successfully completed the jump, Allegra felt excited and proud. She knew that this accomplishment had somehow changed her life.

• Think of a time when you first learned a skill or understood a particular idea. How did you feel about your teacher and about yourself?

La necesidad de aprender

 **Análisis** ¿Quién te enseña a ser un seguidor de Jesús?

Todos los seres humanos tienen la necesidad de aprender y mejorarse a sí mismos. Allegra Kent tuvo la suerte de tener una maestra que pudo ayudarla a aprender y a triunfar. El siguiente relato es acerca de un niño que anhelaba aprender, aun cuando nadie le enseñaba.

UNA BIOGRAFÍA

Frederick aprende

Como esclavo, el joven Frederick Douglass no tuvo la oportunidad de aprender a leer. Él iba a ser peón y trabajaría muy duro y todo el día al sol. Sin embargo, cuando tenía 8 años su amo lo envió a Baltimore a trabajar para otra familia. Le encantaba escuchar a su ama cuando leía la Biblia.

—Enséñeme a leer —le dijo Frederick. Con ayuda de la mujer, Frederick pronto aprendió a leer palabras cortas.

Un día, el esposo de la mujer descubrió esto y se enojó mucho. —Los esclavos no deben aprender a leer. Los hará infelices y desobedientes—dijo él. Las lecciones de Frederick cesaron.

Sin embargo, Frederick estaba convencido de que aprender era el camino a la libertad. Cuando salía a hacer los mandados, les hacía preguntas a niños que asistían a la escuela y así pudo aprender por su cuenta.

Frederick dio buen uso a este aprendizaje. En secreto, enseñó a otros esclavos a leer y a escribir. Finalmente, Frederick Douglass logró su libertad y se convirtió en un poderoso líder que ayudó a abolir la esclavitud en los Estados Unidos.

❓ **Menciona algunas de las mejores ideas o habilidades que has aprendido.**

❓ **¿Cómo pueden ayudarte a aprender más?**

The Need to Learn

All humans have a need to learn and improve themselves. Allegra Kent was fortunate enough to have a teacher who could help her learn and succeed. The following story is about a boy who wanted very much to learn, even when no one would teach him.

BIOGRAPHY

Frederick Learns

As a slave, young Frederick Douglass had no chance to learn to read. He was going to be a field hand and work hard in the sun all day. Then, when Frederick was eight, his owner sent him to Baltimore to work for another family. He loved hearing his mistress read the Bible. "Teach me to read," Frederick asked her. With the woman's help, Frederick was soon reading short words.

One day the woman's husband discovered this, and he became angry. "Slaves must not learn to read," he said. "It will make them unhappy and disobedient." Frederick's lessons stopped.

But Frederick was convinced that learning was the road to freedom. Whenever he went on errands, he asked questions of children who attended school so that he could learn on his own.

Frederick put his learning to good use. Secretly he taught other slaves to read and write. Eventually Frederick Douglass won his freedom and became a powerful leader who helped end slavery in the United States.

? What are some of the best ideas or skills you have learned?

? How might they help you learn more?

© Harcourt Religion

Fiel a la verdad

El logro de Frederick Douglass muestra que uno de los dones más importantes de Dios para la humanidad es la capacidad de aprender. Enseñar y aprender son capacidades maravillosas cuando las usas en armonía con el plan de Dios y a la luz de la verdad de Dios. Los miembros de tu familia y de la comunidad parroquial te ayudan a conocer a Dios y a confiar en su amor y guía.

Como tu maestra, la Iglesia transmite fielmente lo que Dios ha revelado a través de su Hijo, Jesús. La Iglesia enseña por medio del ejemplo y transmitiendo sus creencias y costumbres a sus miembros.

✝ LA SAGRADA ESCRITURA   Mateo 28, 19–20

Enseñar a todos los pueblos

Para proclamar la fe y establecer el Reino de Dios, Jesús envió a sus Apóstoles y sus sucesores.

"Vayan, pues, y hagan que todos los pueblos sean mis discípulos. Bautícenlos en el Nombre del Padre y del Hijo y del Espíritu Santo, y enséñenles a cumplir todo lo que yo les he encomendado a ustedes. Yo estoy con ustedes todos los días hasta el fin de la historia".

Mateo 28, 19–20

Actividad   comparte tu fe

Reflexiona: Piensa en las personas que te han enseñado acerca de la fe católica y sobre lo que has aprendido de ellos.

Comunica: Con un compañero, comenta algunas de las cosas que has aprendido de los maestros.

Actúa: Escribe algo acerca de la fe católica que te gustaría enseñar a otra persona.

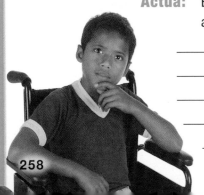

_____

_____

_____

_____

_____

Faithful to the Truth

The achievement of Frederick Douglass shows that one of God's greatest gifts to humans is the ability to learn. Teaching and learning are wonderful abilities when you use them in harmony with God's plan and in the light of God's truth. Members of your family and of your parish community help you come to know about God and trust in his love and guidance.

As your teacher, the Church faithfully passes on what God has revealed through his Son, Jesus. The Church teaches by example and by handing on its beliefs and customs to its members.

 S C R I P T U R E   Matthew 28:19–20

Teach all Nations

To proclaim the faith and establish God's kingdom, Jesus sent out his Apostles and their successors:

"Go, therefore, and make disciples of all nations, baptizing them in the name of the Father, and of the Son, and of the holy Spirit, teaching them to observe all that I have commanded you. And behold, I am with you always, until the end of the age."

Matthew 28:19–20

 **Activity**   Share Your Faith

Reflect: Think about those who have taught you about the Catholic faith and what you have learned from them.

Share: With a partner, discuss some of the things you have learned from teachers.

Act: Write one thing about the Catholic faith that you would like to teach to someone else.

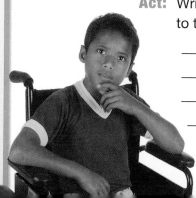

_____

_____

_____

_____

_____

La Iglesia terrenal

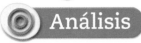 **Análisis** ¿Quiénes son los maestros de la Iglesia Católica?

Jesús confió su ministerio a los Apóstoles. De todos los Apóstoles, Jesús eligió a Pedro para que fuera el líder.

✝ **LA SAGRADA ESCRITURA**   Mateo 16, 15–19

Sobre esta piedra

Jesús les preguntó a los Apóstoles: "Y ustedes, ¿quién dicen que soy yo?".

Pedro contestó: "Tú eres el Mesías, el Hijo del Dios vivo". Jesús sabía que sólo Dios podía haber mostrado a Pedro esta verdad.

Él dijo a Pedro: "Y ahora yo te digo: Tú eres Pedro (o sea *Piedra*) y sobre esta piedra edificaré mi Iglesia". También, Jesús le prometió a Pedro las llaves del Reino de los Cielos.   Basado en *Mateo 16, 15–19*

Cuando Jesús envió a los Apóstoles a difundir la Buena Nueva del Reino de su Padre, también estableció la misión y autoridad de los sucesores de los Apóstoles. De esta manera se transmite la autoridad de enseñar de los Apóstoles.

Los sucesores de los Apóstoles son todos los obispos en unión con el papa. Continúan la misión de los Apóstoles, con la ayuda de los sacerdotes, de proclamar la Buena Nueva y de enseñar en nombre de Jesús. La Iglesia es apostólica ya que está edificada sobre el fundamento duradero de los Apóstoles.

❓ **Cuál es tu respuesta a la pregunta de Jesús: "Y ustedes, ¿quién dicen que soy yo?"**

The Church on Earth

 **Focus** Who are the teachers in the Catholic Church?

Jesus entrusted his ministry to the Apostles. From among the Apostles, Jesus chose Peter to be the leader.

✝ S C R I P T U R E   **Matthew 16:15–19**

Upon This Rock

Jesus asked the Apostles this question: "Who do you say that I am?"

Peter replied, "You are the Messiah, the Son of the living God." Jesus knew that only God could have shown Peter this truth.

He said to Peter, "I say to you, you are Peter, and upon this rock I will build my church." Jesus also promised Peter the keys to the kingdom of heaven.   *Based on Matthew 16:15–19*

When Jesus sent the Apostles out to spread the good news of his Father's kingdom, he also established the mission and authority of the Apostles' successors. In this way, the teaching authority of the Apostles is passed on.

The successors of the Apostles are all of the bishops, in union with the pope. They carry on the Apostles' mission, with the assistance of priests, to proclaim the good news and teach in the name of Jesus. Because the Church is built on the lasting foundation of the Apostles, the Church is apostolic.

❓ **What is your answer to Jesus' question, "Who do you say that I am?"**

© Harcourt Religion

El oficio de enseñar

Conjuntamente, el papa y los obispos constituyen el **magisterio**, o "cuerpo de maestros". El papa es el sucesor de Pedro, el obispo de Roma y la cabeza de la Iglesia. Cada obispo es también el líder de una diócesis en particular. Los obispos han recibido en su totalidad el sacramento del Orden Sagrado.

Con la guía del Espíritu Santo, el magisterio protege y explica la Palabra de Dios. Dado que el Espíritu Santo guía a la Iglesia por el camino correcto en asuntos cruciales, el magisterio declara de manera oficial que sus enseñanzas más importantes están libres de errores. Esto se denomina la doctrina de la **infalibilidad**. Guiados por el Espíritu Santo, los líderes de la Iglesia establecen ciertas cuestiones importantes acerca de la fe y la moral para ayudar a profundizar la comprensión de las enseñanzas de Jesús y de los Apóstoles. Esta comprensión también ayuda al Pueblo de Dios a tomar las decisiones correctas para llevar una vida moral buena.

La infalibilidad se relaciona con otra importante realidad acerca de la Iglesia. El Espíritu Santo guía al Pueblo de Dios hacia la verdad. Cuando el Pueblo de Dios: el papa, los obispos y todos los fieles, llegan a una comprensión común acerca de una verdad importante o central, pueden estar seguros de que están en lo correcto. Esto se denomina "sentido de los fieles". El Espíritu Santo trabaja a través de la comunidad de los fieles, otorgando a la comunidad misma una comprensión natural de la verdad. Por esto, puedes decir que la Iglesia es humana y divina.

Palabras† de fe

El **magisterio** es el oficio de enseñar de la Iglesia.

La **infalibilidad** es un don del Espíritu Santo a la Iglesia por el cual el papa y los obispos conjuntamente declaran de manera definitiva que un asunto de fe o de moral está libre de errores y debe ser aceptado por los fieles.

© Harcourt Religion

Actividad — Practica tu fe

Llena tu caja de herramientas   Con un compañero, haz una lista de las "herramientas" que necesitarás para cimentar tu camino de fe a lo largo de tu vida. ¿Cómo puede ayudarte la Iglesia a usar estas herramientas de manera más efectiva?

_____   _____

_____   _____

_____   _____

_____   _____

The Teaching Office

Together, the pope and the bishops make up the **magisterium**, or "body of teachers." The pope is the successor of Peter, the bishop of Rome and head of the Church. Each bishop is also the leader of a particular diocese. Bishops have received the fullness of the Sacrament of Holy Orders.

With the guidance of the Holy Spirit, the magisterium protects and explains the word of God. Because the Holy Spirit guides the Church in the right direction in crucial matters, the magisterium officially declares that its most important teachings are free from error. This is called the doctrine of **infallibility**. Guided by the Holy Spirit, the Church's leaders settle certain important questions of faith and morals in order to help deepen understanding of the teachings of Jesus and the Apostles. This understanding also helps the People of God make right choices in living good moral lives.

Infallibility is connected to another important fact about the Church. The Holy Spirit guides the People of God to the truth. When the People of God—the pope, the bishops, and all the faithful—come to a common understanding about an important or central truth, they can be sure that they are correct. This is called the "sense of the faithful." The Holy Spirit works through the community of the faithful, giving the community itself a faith-filled understanding of the truth. Because of this, you can say that the Church is both human and divine.

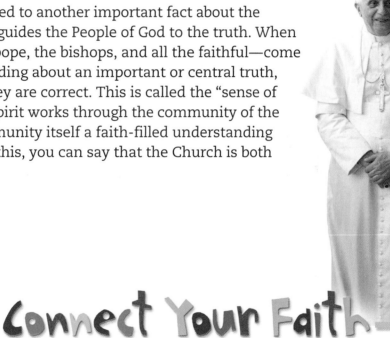

Words of Faith

The **magisterium** is the teaching office the Church.

Infallibility is a gift of the Holy Spirit to the Church by which the pope and the bishops together declare definitively that a matter of faith or morals is free from error and must be accepted by the faithful.

Activity Connect Your Faith

Fill Your Toolbox   With a partner, make a list of the "tools" you will need to build your lifelong journey of faith. How can the Church help you use these tools more effectively?

_____   _____

_____   _____

_____   _____

_____   _____

Celebración de la Palabra

 Oremos

Reúnanse y comiencen con la señal de la cruz.

Líder: Bendito sea el nombre
del Señor.

Todos: **Ahora y siempre.**

Lector: Jesús es nuestro maestro.
Conoce nuestras necesidades
y responde a nuestro anhelo
de sabiduría y verdad. Escucha
la enseñanza de Jesús del
Sermón de la Montaña.
Lean Mateo 5, 17–20.

Palabra de Dios.

Todos: **Te alabamos, Señor.**

Líder: En agradecimiento por las
enseñanzas de Jesús, nos
dirigimos a Dios en oración.

Lean o reciten sus propias intercesiones. Después de cada intercesión, canten juntos.

Dios siempre fiel,
misericordioso,
Dios de tu pueblo, escucha mi oración

"69, General Intercessions", Michael Joncas, © 1990, GIA Publications, Inc.

Líder: Para finalizar nuestras oraciones de intercesión, levanten
las manos y recen la oración que Jesús nos enseñó.

Recen la Oración del Señor en voz alta.

Líder: Vayamos en paz.

Todos: **Te alabamos, Señor.**

Celebration of the Word

Gather and begin with the Sign of the Cross.

Leader: Blessed be the name of the Lord.

All: **Now and forever.**

Reader: Jesus is our teacher. He knows our needs and answers our longing for wisdom and truth. Listen to Jesus' teaching from the Sermon on the Mont.

Read Matthew 5:17–20.

The word of the Lord.

All: **Thanks be to God.**

Leader: Grateful for the teachings of Jesus, we turn to God in prayer.

The Sermon on the Mount, Fra Angelico

 Read or recite the intercessions you seek. After each intercession, sing together.

God ever-faithful, God ever-merciful, God of your people, hear our prayer.

"69, General Intercessions", Michael Joncas, © 1990, GIA Publications, Inc.

Leader: To conclude our prayers of intercession, lift your hands and pray the prayer that Jesus taught us.

Pray the Lord's Prayer aloud.

Leader: Go in peace.

All: **Thanks be to God.**

Repasar y aplicar

A **Trabaja con palabras**   Relaciona la descripción de la Columna 1 con el término correcto de la Columna 2.

Columna 1

_____ **1.** aprender a ser como Jesús

_____ **2.** sucesores de los Apóstoles

_____ **3.** dones humanos poderosos

_____ **4.** el oficio de enseñar de la Iglesia

_____ **5.** la cualidad de estar libre de errores en asuntos de fe y moral

Columna 2

a. enseñar y aprender

b. magisterio

c. el papa y los obispos

d. infalibilidad

e. tu tarea a lo largo de la vida

B **Relaciona**   Nombra una enseñanza de la Iglesia que hayas llegado a entender mejor este año. Cuenta lo que has aprendido.

_____

_____

_____

_____

_____

_____

Actividad Vive tu fe

Escribe y dibuja   Utilizando revistas, copias de los periódicos diocesanos y recursos de la biblioteca, busca ejemplos de cómo la Iglesia enseña con la palabra y el ejemplo en diversos lugares. Elige uno de estos ejemplos y escribe un breve informe para compartir. Ilustra tu informe.

NOTIC

Review and Apply

A **Check Understanding** Match each description in Column 1 with the correct term in Column 2.

Column 1

_____ **1.** learning to be like Jesus

_____ **2.** successors to the Apostles

_____ **3.** powerful human gifts

_____ **4.** the Church's teaching office

_____ **5.** the quality of being error-free in matters of faith and morals

Column 2

a. teaching and learning

b. magisterium

c. pope and bishops

d. infallibility

e. your lifelong task

B **Make Connections** Name a teaching of the Church that you have come to understand better this year. Tell what you have learned.

_____

_____

_____

_____

_____

_____

_____

Activity Live Your Faith

Write and Draw Use magazines, copies of the diocesan newspaper, and library resources to find examples of how the Church teaches by word and example in a variety of places. Choose one of these examples, and write a brief report for sharing. Illustrate your report.

La fe en familia

Lo que creemos

- Los Apóstoles proclamaron la Buena Nueva de Dios y dedicaron su vida a vivir y anunciar el reinado de Dios.

- Bajo la guía del Espíritu Santo, el papa y los obispos continúan la misión de enseñar de los Apóstoles.

✝ LA SAGRADA ESCRITURA

Lee *Hechos 3, 1–26* para aprender más acerca de cómo los Apóstoles sirvieron a Dios.

Visita **www.harcourtreligion.com** para encontrar recursos basados en el año litúrgico y lecturas semanales de la Sagrada Escritura.

Actividad

Vive tu fe

Investigación Cada cristiano tiene la obligación de profundizar la comprensión de su fe. Elige trabajar con tus familiares esta semana para aprender más acerca de las enseñanzas de la Iglesia. Comenta lo que encontraste en tu investigación y cómo afecta tu fe. Podrías usar tu periódico diocesano o uno de los sitios Web oficiales de la Iglesia. Puedes encontrar la dirección del sitio Web usando el motor de búsqueda de tu proveedor de Internet.

Siervos de la fe

▲ Santo Tomás de Aquino
c. 1225–1274

Cuando **Tomás de Aquino** era un joven fraile dominico que estudiaba en la Universidad de París, en Francia, los otros estudiantes lo llamaban el "buey tonto" porque era grande, pesado, silencioso y tierno. Pero su maestro, Alberto el Grande, predijo que la suave voz de esta gran alma algún día sería escuchada por todo el mundo. Alberto estaba en lo cierto. Tomás se convirtió en uno de los mejores maestros y teólogos de la historia del cristianismo. Escribió un estudio de tres partes acerca de la fe católica que se llamó *Summa Theologiea*. El día de Santo Tomás se celebra el 28 de enero. Él es el patrón de los estudiantes.

Una oración en familia

Santo Tomás, ruega por nosotros para que podamos compartir tu amor por la verdad cristiana. Que siempre nos regocijemos en el amor de Dios por nosotros y que encontremos consuelo en ese amor cuando el juicio de los demás sea severo y cruel. Amén.

© Harcourt Religion

En la Unidad 4 su hijo está aprendiendo sobre la IGLESIA. Consulte el Catecismo de la Iglesia Católica, números 84–86, 88, 424, 551–553, 857–863 para obtener más información sobre el contenido del capítulo.

Family Faith

Live Your Faith

Research Every Christian has an obligation to grow in understanding of his or her faith. Make a choice to work as a family this week to learn more about the Church's teachings. Discuss what you find in your research and how it affects your faith. You might want to use your diocesan newspaper or one of the Church's official Web sites. You can find the Web addresses by using your Internet provider's search engine.

Catholics Believe

■ The Apostles proclaimed God's good news and brought the reign of God toward its fullness.

■ Under the guidance of the Holy Spirit, the pope and the bishops continue the Apostles' mission to teach.

✝ SCRIPTURE

Read *Acts 3:1–26* to learn more about how the Apostles served God.

www.harcourtreligion.com
For weekly Scripture readings and seasonal resources

People of Faith

When **Thomas Aquinas** was a young Dominican friar studying at the University of Paris in France, the other students called him the "dumb ox" because he was big, heavy, silent, and gentle. But their teacher, Albert the Great, predicted that the quiet voice of this great soul would someday be heard around the world. Albert was right. Thomas became one of the greatest teachers and theologians in the history of Christianity. He wrote a three-part study of the Catholic faith called the *Summa Theologiea*. Saint Thomas's feast day is January 28. He is the patron of students.

▲ **Saint Thomas Aquinas**
c. 1225–1274

Family Prayer

Saint Thomas, pray for us that we may share your love of Christian truth. May we always rejoice in God's love for us and take comfort in that love when the judgement of others is harsh and unkind. Amen.

CCC *In Unit 4 your child is learning about the CHURCH. See Catechism of the Catholic Church 84–86, 88, 424, 551–553, 857–863 for further reading on chapter content.*

12 Llamado a la Santidad

Oremos

Líder: Dios santo, que te alabemos siempre.

"Que sus fieles canten al Señor,
y den gracias a su Nombre santo".

Salmo 30, 5

Todos: Dios santo, que te alabemos siempre. Amén.

Actividad Comencemos

Ser campeón

Un campeón es un ganador,
Un héroe...
Alguien que nunca se rinde
Aun cuando las cosas sean duras.
Un campeón es un miembro de
Un equipo ganador...
Alguien que se sobrepone a los retos
Aun cuando éstos requieran
    soluciones creativas.
Un campeón es un optimista,
Un espíritu jubiloso...
Alguien que juega el juego,
Aun cuando el juego se llame vida.
Especialmente cuando el juego se llama vida.
Puede haber un campeón en cada uno
    de nosotros,
Si vivimos como un ganador,
Si vivimos como un miembro del equipo,
Si vivimos con un espíritu jubiloso,
Por la vida.

Mattie Stepanek

• ¿Qué campeones conoces que se ajusten
  a esta descripción?

Called to Holiness

Leader: Holy God, may we praise you always.

"Sing praise to the Lᴏʀᴅ, you faithful;
give thanks to God's holy name."

Psalm 30:5

All: Holy God, may we praise you always. Amen.

Activity **Let's Begin**

On Being a Champion

A champion is a winner,
A hero . . .
Someone who never gives up
Even when the going gets rough,
A champion is a member of
A winning team . . .
Someone who overcomes challenges
Even when it requires creative solutions.
A champion is an optimist,
A hopeful spirit . . .
Someone who plays the game,
Even when the game is called life . . .
Especially when the game is called life.
There can be a champion in each of us,
If we live as a winner,
If we live as a member of the team,
If we live with a hopeful spirit,
For life.

Mattie Stepanek

• Who are some champions you know who
match this description?

Harcourt Religion

Los santos como ejemplos

 **Análisis** ¿Por qué es importante conocer acerca de los santos?

Los santos son campeones. No se rinden nunca. Para nosotros, son signos de esperanza. Los santos no son tan perfectos que no se puedan imitar. La mayoría son personas comunes, que recibieron el don de la gracia de Dios en el Bautismo, al igual que todos los fieles. Lo que los hace santos es la manera en que llevan su vida. Los santos dejan traslucir la gracia de Dios y se vuelven signos vivientes del amor de Dios.

Ser santo

"Santo es quien hace atractiva la bondad".
Laurence Houseman

"El gran pintor se jacta de mezclar todos los colores con inteligencia y del gran santo se puede decir que mezcla todos sus pensamientos con gratitud".
G. K. Chesterton

"La conocía [a Francisca Cabrini] y no sabía que era una santa. Ella tampoco lo sabía".
Adela Rogers St. Johns

"Los santos son personas que hacen que para los demás sea fácil creer en Dios".
Nathan Söderblom

"De devociones absurdas y santos amargados, líbranos, oh Señor".
Santa Teresa de Ávila

❓ **Elige uno de estos enunciados. ¿Qué quiso esta persona que comprendieras acerca de los santos?**

Santa Teresa de Ávila

San Pablo Miki

Santa Francisca Cabrini

San Juan Diego

© Harcourt Religion

Saints as Examples

 Why is it important to know about the saints?

Saints are champions. They never give up. They are signs of hope for us. Saints are not too perfect to imitate. Most saints are ordinary people, gifted with God's grace at Baptism, as all of the faithful are. What makes them saints is how they live their lives. Saints let the grace of God shine through, and they become living signs of God's love.

On Being a Saint

"A saint is one who makes goodness attractive."

Laurence Houseman

"The great painter boasted that he mixed all his colors with brains, and the great saint may be said to mix all his thoughts with thanks."

G. K. Chesterton

"I knew [Frances Cabrini] and didn't know she was a saint. She didn't know, either."

Adela Rogers St. Johns

"Saints are persons who make it easier for others to believe in God."

Nathan Söderblom

"From somber, serious, sullen saints, deliver us, O Lord."

Saint Teresa of Ávila

❓ **Choose one of these statements. What did this person want you to understand about saints?**

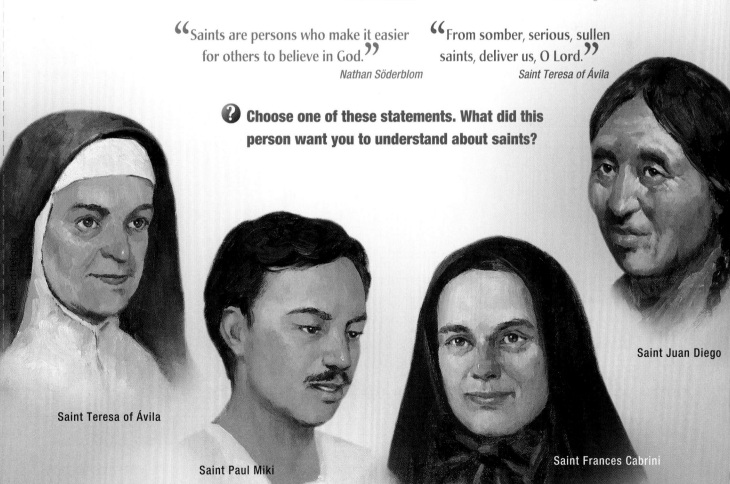

Saint Teresa of Ávila

Saint Paul Miki

Saint Frances Cabrini

Saint Juan Diego

273

El don de la salvación

La salvación no se puede comprar ni ganar. La salvación es un don de Dios que es tuya gracias al sacrificio de Jesús. Tus buenas obras demuestran que aceptas la generosidad de Dios y le das gracias por ella. Son además un medio por el cual, a través de la gracia de Dios y del mérito de Cristo, creces en santidad. Las buenas obras son una respuesta al estímulo del Espíritu Santo que te llama a la bondad.

Los santos son modelos para ti porque ellos han escuchado el llamado del Espíritu Santo y han respondido a él. Con su ejemplo de vida devota, los santos te recuerdan que Dios es la fuente de toda la vida y de toda santidad.

Una de las marcas de la Iglesia es que es santa. Los santos muestran a Jesús, que se sacrificó para que la Iglesia fuera santa. El Espíritu Santo, el **Santificador**, habita en la Iglesia y la hace santa. Como miembros de la Iglesia, todos los católicos son llamados a la **santidad** personal.

Palabras† de fe

El Espíritu Santo, el **Santificador**, hace santa, o santifica, a la Iglesia.

La **santidad** es la cualidad de ser sagrado o pertenecer a Dios.

Santo Padre Pío

Beata Teresa Gerhardinger

Beata Kateri Tekakwitha

Actividad — Comparte tu fe

Reflexiona: Observa las imágenes de algunos de los santos de estas páginas.

Comunica: Elige una de las imágenes y cuéntale a un compañero qué cualidades del santo puedes ver en la pintura.

Actúa: En los renglones de abajo, escribe una pregunta que te gustaría hacerle a este santo.

_____

_____

_____

© Harcourt Religion

The Gift of Salvation

You cannot buy or earn salvation. Salvation is a gift from God that is yours because of the sacrifice of Jesus. Your good works show that you accept and thank God for his generosity. They are also a means by which, through God's grace and Christ's merit, you grow in holiness. Good works are a response to the prompting of the Holy Spirit's calling you to goodness.

Saints are models for you because they have listened and responded to the Holy Spirit's call. By their example of faithful living, the saints remind you that God is the source of all life and holiness.

One of the marks of the Church is that it is holy. The saints point to Jesus, who sacrificed himself to make the Church holy. The Holy Spirit, the **Sanctifier**, dwells within the Church and makes it holy. As members of the Church, all Catholics are called to personal **holiness**.

Words of Faith

The Holy Spirit, the **Sanctifier**, makes holy, or sanctifies, the Church.

Holiness is the quality of being sacred, or belonging to God.

Saint Padre Pio

Blessed Teresa Gerhardinger

Blessed Kateri Tekakwitha

Activity Share Your Faith

Reflect: Look at the images of some of the saints on these pages.

Share: Choose one of the images, and tell a partner what qualities of the saint you can see from the painting.

Act: On the lines below, write a question that you would like to ask this saint.

_____

_____

_____

© Harcourt Religion

275

Vidas de santidad

Análisis ¿Cómo puedes llegar a ser un santo?

La Iglesia honra a los santos debido a la vida de santidad que llevan. Muchos santos tienen un día en que se los recuerda. A menudo, las parroquias y las personas tienen nombres de santos. A los santos los eligen para que sean patronos de personas, países y organizaciones.

Los santos te ayudan con sus oraciones y con su ejemplo. Estos modelos de santidad cristiana muestran la obediencia de fe que María, Reina de los santos, mostró a Dios al decirle "sí".

✝ LA SAGRADA ESCRITURA — Lucas 1, 30–31, 38

La servidora del Señor

Pero el ángel le dijo: "No temas, María, porque has encontrado el favor de Dios. Concebirás en tu seno y darás a luz un hijo, al que pondrás el nombre de Jesús" … Dijo María: "Yo soy la servidora del Señor, hágase en mí tal como has dicho". Después la dejó el ángel.

Lucas 1, 30–31, 38

Desde el comienzo de su existencia, María estuvo libre de pecado. Esta doctrina se llama la Inmaculada Concepción. A partir del momento en que nació, Jesús, el Hijo de Dios hecho hombre, fue el centro de la vida de María. Los católicos creen en la Asunción de María, que después de su vida terrenal fue llevada al cielo, en cuerpo y alma, para que estuviera con Jesús. Al honrar a María, los católicos muestran su fe de que todo el fiel pueblo de Dios participará, en cuerpo y alma, en la gloria de la Resurrección de Cristo.

❓ ¿De qué manera dices "sí" a Dios en tu vida diaria?

Lives of Holiness

 **Focus** How can you become a saint?

The Church honors saints because of their lives of holiness. Many saints have feast days. Parishes and people are often named for saints. Saints are chosen to be patrons of persons, countries, and organizations.

Saints help you by their prayers and example. These models of Christian holiness show the obedience of faith that Mary, Queen of Saints, showed by saying "yes" to God.

SCRIPTURE   Luke 1:30–31, 38

The Handmaid of the Lord

Then the angel said to her, "Do not be afraid, Mary, for you have found favor with God. Behold, you will conceive in your womb and bear a son, and you shall name him Jesus." . . . Mary said, "Behold, I am the handmaid of the Lord. May it be done to me according to your word." Then the angel departed from her.

Luke 1:30–31, 38

From the beginning of her existence, Mary was without sin. This doctrine is called the Immaculate Conception. From the time that he was born, Jesus, the Son of God made man, was the center of Mary's life. Catholics believe in Mary's Assumption—that after her earthly life she was taken into heaven, body and soul, to be with Jesus. By honoring Mary, Catholics show their belief that all of God's faithful people will share, body and soul, in the glory of Christ's Resurrection.

? **How do you say "yes" to God in your daily life?**

© Harcourt Religion

Honrar a los santos

El Nuevo Testamento se refiere a todos los miembros de la Iglesia como santos, porque se han bautizado por el poder del Espíritu Santo en el Misterio Pascual. Hoy la Iglesia también puede **canonizar**, o reconocer públicamente como santos, a ciertas personas de fe que han fallecido. Se alienta a la comunidad a que pida a estos santos en sus oraciones y a que los tome como ejemplos. La adoración está reservada solamente para Dios. Pero, cuando se honra a los santos y se reza para pedir su intercesión, la Iglesia honra también a Dios.

Año litúrgico

El **año litúrgico** celebra lo que Dios ha hecho en Cristo por todas las personas. En determinados días, la Iglesia honra también a María y a los santos por la función que cumplen en el plan de Dios para la salvación. La Iglesia honra oficialmente a un santo en particular casi todos los días del año. Esto se llama ciclo santoral del año eclesiástico. A continuación se encuentran algunos de los días más importantes en los que se honra a María.

1.º de enero	María, Madre de Dios
25 de marzo	la Anunciación
15 de agosto	la Asunción
22 de agosto	María Reina
8 de diciembre	la Inmaculada Concepción
12 de diciembre	Nuestra Señora de Guadalupe

❓ **¿De qué manera honras a los santos?**

Palabras† de fe

El papa puede **canonizar** a una persona mediante una declaración solemne de que esa persona está gozando de la eternidad con Dios y de que su vida es un modelo para todos los cristianos.

El **año litúrgico** es la celebración pública por parte de la Iglesia de todo el misterio de Cristo en la liturgia durante los días festivos y los tiempos del calendario de la Iglesia.

Actividad — Practica tu fe

Honra a María María mostró que confiaba completamente en Dios dedicando su vida entera a Dios y a Jesús, su hijo. Haz un cartel para María. Crea un mensaje con palabras y símbolos que usarás para honrarla. Bosqueja aquí tus ideas.

Honor the Saints

The New Testament refers to all members of the Church as saints because they have been baptized by the power of the Holy Spirit into the Paschal mystery. The Church today can also **canonize**, or publicly recognize as saints, certain people of faith who have died. The community is encouraged to ask these saints for prayer and look to them as examples. Worship is reserved for God alone. But by honoring the saints and praying for their intercession, the Church also honors God.

Liturgical Year

The **liturgical year** celebrates what God has done for all people in Christ. On certain days, the Church also honors Mary and the saints for the role they play in God's plan of salvation. The Church officially honors a particular saint almost every day of the year. This is called the sanctoral cycle of the Church year. Here are some major feast days honoring Mary.

January 1	Mary, Mother of God
March 25	the Annunciation
August 15	the Assumption
August 22	the Queenship of Mary
December 8	the Immaculate Conception
December 12	Our Lady of Guadalupe

Words of Faith

The pope can **canonize** a person by making a solemn declaration that he or she is enjoying eternity with God and that his or her life can be a model for all Christians.

The **liturgical year** is the Church's public celebration of the whole mystery of Christ in the liturgy through the feasts and seasons of the Church calendar.

? **In what ways do you honor the saints?**

Activity — Connect Your Faith

Honor Mary Mary showed her complete trust in God by devoting her entire life to God and to her son, Jesus. Make a banner for Mary. Create a message in words and symbols that you will use to honor her. Sketch your ideas here.

© Harcourt Religion

279

Letanía a María

 Oremos

Reúnanse y comiencen con la señal de la cruz.

Líder: Amado Dios, te damos gracias por el don de todos tus santos. Pedimos a María, la madre de Jesús, que ruegue por nosotros para que seamos fieles como ella lo fue.

Todos responden "Ruega por nosotros" después de cada título de María.

Santa María,	Causa de nuestra alegría,
Madre de Cristo,	Auxilio de los cristianos,
Virgen fiel,	Reina de los ángeles,
Espejo de justicia,	Reina de todos los santos,
Trono de sabiduría,	Reina de la paz,

Líder: Ruega por nosotros, oh santa Madre de Dios,

Todos: **Para que seamos merecedores de las promesas de Cristo.**

Líder: Oremos.

Inclinen la cabeza mientras el líder reza.

Todos: **Amén.**

Canten juntos.

¡Tu nombre santo es
    por toda la eternidad!
También tu misericordia
    con el pueblo que elegiste.
    Tu nombre santo es.

"Holy Is Your Name", David Haas, © 1989, GIA Publications, Inc.

Litany to Mary

Let Us Pray

Gather and begin with the Sign of the Cross.

Leader: Loving God, we thank you for the gift of your saints. We ask Mary, the mother of Jesus, to pray for us so that we may be faithful, as she was.

All respond "Pray for us" after each title of Mary.

Holy Mary,	Cause of our joy,
Mother of Christ,	Help of Christians,
Virgin most faithful,	Queen of angels,
Mirror of justice,	Queen of all saints,
Seat of wisdom,	Queen of peace,

Leader: Pray for us, O holy Mother of God,

All: **That we may be worthy of the promises of Christ.**

Leader: Let us pray.

Bow your heads as the leader prays.

All: **Amen.**

Sing together.

And holy is your name through all
    generations!
Everlasting is your mercy to the
    people you have chosen,
    and holy is your name.

"Holy Is Your Name", David Haas,
© 1989, GIA Publications, Inc.

Repasar y aplicar

A **Comprueba lo que aprendiste** Encierra en un círculo la opción que mejor completa cada oración.

1. Los santos pueden ayudarte con (sus oraciones y su ejemplo, su divinidad y su poder, su ejemplo y su divinidad).

2. María demostró obediencia de fe cuando dijo ("SOY", "sí", "me arrepiento") a Dios.

3. La Iglesia es santa debido a la presencia en ella de (las velas, el Espíritu Santo, el calendario litúrgico).

4. Los que siguen a Jesús se llaman (discípulos, santificadores, servidores).

5. Durante el año litúrgico, la Iglesia honra (solamente a María y a Jesús, solamente a San Antonio y a María, a Jesús y a todos los santos).

B **Relaciona** ¿Cómo aprender acerca de un santo te puede ayudar a crecer como cristiano?

_____

_____

_____

_____

Actividad Vive tu fe

Escribe una oración a un santo

Tu oración podría incluir un agradecimiento al santo por su ejemplo de santidad. Dile de qué manera ese ejemplo te mostró cómo es Cristo. Presenta un problema o comparte un asunto que sea importante para ti, o pide al santo que rece por ti o por los demás.

_____

_____

_____

_____

_____

Review and Apply

A **Check Understanding** Circle the choice that best completes each sentence.

1. Saints can help you by their (prayer and example, divinity and power, example and divinity).

2. Mary showed the obedience of faith by saying ("I AM," "yes," "I am afraid") to God.

3. The Church is holy because of the presence of the (candles, Holy Spirit, liturgical calendar) within the Church.

4. Those who follow Jesus are called (disciples, sanctifiers, handmaids).

5. During the liturgical year, the Church honors (only Mary and Jesus, only Saint Anthony and Mary, Jesus and the saints).

B **Make Connections** How can learning about a saint help you grow as a Christian?

_____

_____

_____

_____

Activity Live Your Faith

Write a Prayer to a Saint

Your prayer might include thanking the saint for his or her example of holiness. Tell how that example has shown you what Christ is like. Present a problem or share a concern that is important to you, or ask for the saint's prayers—for yourself or for others.

_____

_____

_____

_____

_____

La fe en familia

Lo que creemos

- María y los santos ofrecen a la Iglesia modelos de santidad.

- La canonización declara que un cristiano modelo está gozando de la eternidad con Dios.

✝ LA SAGRADA ESCRITURA

Lee *Lucas 1, 46–55* para escuchar la oración de alabanza de María.

Visita **www.harcourtreligion.com** para encontrar recursos basados en el año litúrgico y lecturas semanales de la Sagrada Escritura.

Actividad

Vive tu fe

Reza el Rosario El Rosario es una oración repetitiva y meditativa que refleja el misterio de Cristo visto a través de la vida de María. Esta semana, reza el Rosario (o una decena del Rosario) con tu familia. Si no sabes rezar el Rosario, puedes hallar información en la biblioteca de tu parroquia, en una librería católica o en Internet.

Siervos de la fe

Tradicionalmente, la Iglesia ha honrado a María, la madre de Jesús, como la Reina del cielo y de la tierra. Este título sugiere que permanece siempre cerca de su hijo en el cielo como lo hizo cuando él vivía en la tierra. Aunque todos los santos disfrutan de la presencia de Dios, María goza de un lugar especial entre ellos. La coronación de María en el cielo por parte de su hijo es uno de los temas preferidos del arte católico. El último de los Misterios Gloriosos del Rosario celebra la coronación de María como Reina del cielo y de la tierra. La Iglesia celebra el día de María Reina el 22 de agosto.

▲ **María Reina**

Una oración en familia

María, Reina del cielo y de la tierra, ruega a Cristo por nosotros, para que podamos seguir tu ejemplo de santidad. Pídele que nos proteja del pecado, mientras nosotros veneramos tu reinado con todos los ángeles y los santos del cielo. Amén.

© Harcourt Religion

En la Unidad 4 su hijo está aprendiendo sobre la IGLESIA. Consulte el Catecismo de la Iglesia Católica, números 828, 829, 1173, 2013 y 2030 para obtener más información sobre el contenido del capítulo.

Family Faith

Catholics Believe

- Mary and the saints provide the Church with models of holiness.
- Canonization declares that a model Christian is enjoying eternity with God.

✝ SCRIPTURE

Read *Luke 1:46–55* to listen to Mary's prayer of praise.

GO ONLINE
www.harcourtreligion.com
For weekly Scripture readings and seasonal resources

Activity

Live Your Faith

Pray the Rosary The Rosary is a repetitive and meditative prayer that reflects on the mystery of Christ as seen through the life of Mary. This week, pray the Rosary (or a decade of the Rosary) as a family. If you do not know how to pray the Rosary, you can find information about it in your parish library, at a Catholic bookstore, or on the Internet.

People of Faith

▲ Queenship of Mary

The Church has traditionally honored Mary, the mother of Jesus, as Queen of Heaven and Earth. This title suggests that she remains ever close to her son in heaven as she did when he lived on earth. Although all of the saints rejoice in God's presence, Mary enjoys a special place among them. The crowning of Mary by her son in heaven is a favorite subject of Catholic art. The last of the Glorious Mysteries of the Rosary celebrates Mary's coronation as Queen of Heaven and Earth. The Church celebrates the Queenship of Mary on August 22.

Family Prayer

Mary, Queen of Heaven and Earth, pray to Christ for us that we may follow your example of holiness. Seek for us his protection from sin as we venerate your queenship with all of the angels and saints of heaven. Amen.

CCC *In Unit 4 your child is learning about the CHURCH. See Catechism of the Catholic Church 828, 829, 1173, 2013, 2030 for further reading on chapter content.*

A **Trabaja con palabras** Busca en la sopa de letras diez términos importantes de esta unidad y escríbelos en los renglones que están junto a las pistas.

```
E  Q  W  T  C  O  N  I  C  I  U  Y  X  L  I
R  R  Z  K  M  C  B  N  U  B  O  W  I  Q  N
A  A  M  I  Y  I  O  F  E  P  O  F  B  T  F
L  N  N  S  A  G  D  A  R  K  U  R  L  V  A
U  D  U  A  L  R  Y  L  P  R  Z  L  I  Y  L
G  S  A  N  U  F  B  O  T  A  O  A  O  I
N  Y  R  T  C  T  O  I  D  V  L  F  E  R  B
A  I  T  I  J  I  C  L  E  H  Y  D  I  A  I
A  B  P  F  U  L  A  S  C  O  A  M  R  Z  L
R  Q  H  I  L  O  R  C  R  D  X  A  R  I  I
D  Y  U  C  P  Ñ  S  I  I  T  M  N  N  D
E  R  E  A  D  A  I  T  S  O  I  C  I  O  A
I  A  I  D  E  L  N  Y  T  G  N  O  S  N  D
P  P  R  O  Y  A  E  I  O  I  T  N  C  A  S
C  F  S  R  S  K  F  R  E  D  E  R  I  C  K
```

1. 25 de marzo _____

2. Jesús es la cabeza _____

3. Poner como modelo para los cristianos _____

4. Sabía que aprender era el camino a la libertad _____

5. Todos los católicos están llamados a ella _____

6. El don del Espíritu Santo a la Iglesia _____

7. Prometidas a Pedro _____

8. Celebración del misterio de Cristo _____

9. Jesús _____

10. El Espíritu Santo _____

UNIT 4 REVIEW

A **Work with Words** Find ten important terms from this unit in the word search below, and write them on the lines next to the clues.

```
E  Q  W  T  C  P  N  I  N  I  U  Y  X  L  F
N  R  Z  K  M  T  B  N  L  B  O  W  I  Q  K
O  A  M  I  Y  B  O  F  J  P  O  T  B  F  S
T  R  N  Q  A  C  D  A  L  K  U  R  P  V  U
S  D  U  N  L  Q  Y  L  C  R  Z  C  I  Y  T
R  S  A  Y  U  M  O  L  G  T  P  O  A  O  G
E  Y  R  K  R  N  F  I  G  K  L  F  E  D  P
N  I  T  C  J  Y  C  B  C  H  Y  N  I  E  X
R  B  P  O  U  A  H  I  O  O  W  M  R  Z  D
O  Q  H  L  L  Q  R  L  A  J  X  A  R  I  G
C  Y  U  Y  P  E  I  I  C  T  T  M  N  N  H
L  R  E  H  D  N  S  T  S  A  I  C  I  O  V
F  A  I  E  E  L  T  Y  O  G  F  O  S  N  P
R  P  R  S  Y  R  E  I  F  I  T  C  N  A  S
C  F  S  V  E  K  Q  B  F  K  A  C  W  C  G
```

1. March 25 _____

2. Jesus is the head _____

3. Make a model for Christians _____

4. Knew that learning was the road to freedom _____

5. All Catholicse called to it _____

6. Holy Spirit's gift to the Church _____

7. Promised to Peter _____

8. Celebration of the mistery of Christ _____

9. Jesus _____

10. The Holy Spirit _____

UNIDAD 5

La vida en la gracia

Capítulo 13

El misterio del mal

¿Por qué existe el mal?

Capítulo 14

Renacer en Cristo

¿Cómo llegas a ser miembro de la Iglesia Católica?

Capítulo 15

El perdón y la curación

¿Cómo celebra la Iglesia el perdón y la curación de Dios?

? ¿Qué crees que aprenderás en esta unidad acerca de la vida en la gracia?

UNIT 5

The Life of Grace

What do you think you will learn in this unit about the life of grace?

© Harcourt Religion

Capítulo 13

El misterio del mal

Oremos

Líder: Dios misericordioso, líbranos del mal.

"Apártate del mal y haz el bien,
y tendrás una casa para siempre".

Salmo 37, 27

Todos: Dios misericordioso, líbranos del mal. Amén.

Actividad Comencemos

Un camino de destrucción Aunque el único tornado que hayas visto es el que arrastra a Dorothy y Toto en El mago de Oz, sabes que un tornado es uno de los fenómenos meteorológicos más destructivos de todos. ¡Puede dejar un camino de destrucción de hasta una milla de ancho y cuatrocientas millas de largo! Si vives en una zona de muchos tornados, los canales de radio y televisión te darán regularmente las últimas informaciones para que puedas ponerte a salvo en la época de mal tiempo.

• ¿Por qué existe en el mundo de bondad creado por Dios una fuerza destructiva como la de un tornado?

The Mystery of Evil

Let Us Pray

Leader: God of mercy, deliver us from evil.

"Turn from evil and do good,
that you may inhabit the land forever."

Psalm 37:27

All: God of mercy, deliver us from evil. Amen.

Activity Let's Begin

A Path of Destruction Even if the only tornado you've ever seen is the one that sweeps Dorothy and Toto away in *The Wizard of Oz,* you know that a tornado is one of the most destructive of all weather-related events. A tornado can cut a path of destruction up to one mile wide and 400 miles long! If you live in an area that experiences many tornadoes, radio and television channels will give you regular updates to help you be safe during dangerous weather.

- Why does a destructive force such as a tornado exist in the world of goodness that God created?

La fuente del dolor

 **Análisis** ¿Cómo llega el mal al mundo?

Algunas cosas malas que suceden, como los tornados, están más allá del control humano. Pero otras son el resultado de decisiones y acciones pecaminosas. Mientras recuerdas este cuento familiar, piensa por qué los personajes hacen sus elecciones.

UN CUENTO

Hansel y Gretel

Dos niños vivían con su padre, que era un leñador pobre, y con su madrastra. Un día la mujer dijo algo terrible a su esposo. "No tenemos suficiente comida y pronto moriremos de hambre. Lleva al bosque a Hansel y a Gretel, y abandónalos allí, así nosotros dos podremos comer". El hombre al principio se negó, pero después estuvo de acuerdo con el plan.

Los niños vagaron hambrientos durante varios días. Al final, entre todas las cosas, encontraron una casa hecha de dulces. Estaban comiendo trozos del techo cuando una anciana se asomó por la puerta y los invitó a entrar. Una vez dentro quedaron atrapados. La anciana era una bruja y estaba dispuesta a matarlos y a comérselos.

❓ **¿Qué personajes de este cuento hacen cosas malas?**

❓ **¿Por qué crees que quieren hacer esas cosas malas?**

The Source of Sorrow

 **Focus** How did evil enter the world?

Some bad things that happen, like tornadoes, are beyond human control. But others are the result of sinful decisions and actions. As you recall this familiar story, think about why the characters make their choices.

A TALE

Hansel and Gretel

Two children lived with their father, who was a poor woodcutter, and their stepmother. One day the woman said a terrible thing to her husband. "We do not have enough food, and soon we will starve. Take Hansel and Gretel out in the woods and leave them—then the two of us will be able to eat." The man objected at first but later agreed to the plan.

The starving children wandered for days. At last they came upon—of all things—a house made of sweets. They were eating pieces of the roof when an old woman came to the door and invited them in. Once inside, they were trapped. The old woman was a witch, and she meant to kill and eat them.

❓ **Which characters do the evil things in this story?**

❓ **What do you think makes them want to do such bad things?**

El pecado llega al mundo

Hansel y Gretel no perdieron nunca la esperanza. Usaron su inteligencia y su imaginación para liberarse de la malvada bruja. Al final, regresaron a su casa con alimentos y joyas que habían encontrado y la familia no volvió a pasar hambre nunca más.

Dios es bueno y desea sólo el bien para las personas. Sin embargo, en la vida humana existe el pecado y el mal. El libro del Génesis enseña que la primera elección de los seres humanos de desobedecer a Dios destruyó la justicia y la santidad que Dios había creado originalmente. La desobediencia de los primeros seres humanos y sus efectos sobre toda la humanidad se conoce con el nombre de **pecado original**. Con el pecado original se destruyó la armonía entre los seres humanos y Dios, entre los seres humanos y la naturaleza, y entre todas las personas. En el mundo se instaló la muerte y las personas quedaron sujetas a la inclinación al pecado. Toda la humanidad ha quedado afectada por la decisión de los primeros seres humanos. Todos participan de la condición humana del pecado original.

Dios no abandonó a los seres humanos al poder del pecado y el mal. Envió a su Hijo para que fuera su Redentor. Y, según San Pablo, el don es mucho mayor que el pecado.

© Harcourt Religion

Palabras de fe

El **pecado original** es el pecado que cometieron los primeros seres humanos, que condujo a la condición pecadora de la humanidad desde el principio.

✝ LA SAGRADA ESCRITURA · Romanos 5, 19

La nueva vida en Cristo

Y así como la desobediencia de uno solo hizo pecadores a muchos, así también por la obediencia de uno solo una multitud es constituida "justa".

Romanos 5, 19

Actividad · comparte tu fe

Reflexiona: Lee el relato de La tentación y la caída en *Génesis 3, 1–6*.

Comunica: Escribe algo que hayas aprendido sobre el pecado y algo que hayas aprendido sobre Dios en la lectura. Comparte tu respuesta con un compañero.

Sobre el pecado	Sobre Dios
_____	_____
_____	_____

Actúa: Con un compañero, representa el relato de La tentación y la caída.

Sin Enters the World

Hansel and Gretel never gave up hope. They used their cleverness and imagination to free themselves from the evil witch. Eventually, they returned home with food and jewels that they found, and their family was never hungry again.

God is good and desires only good for people. Yet sin and evil are found in human life. The Book of Genesis teaches that the first humans' choice to disobey God ended the original justice and holiness that God created. The disobedience of the first humans, and its effects on all humans, is known as **original sin**. With original sin, the harmony between humans and God, between humans and nature, and among all people was destroyed. Death entered the world, and people became subject to the inclination to sin. All humans have been affected by the first humans' decision. All share in the human condition of original sin.

God did not abandon humans to the power of sin and evil. He sent his Son to be their Redeemer. And, says Saint Paul, the gift is much greater than the sin.

Words of Faith

Original sin is the sin of the first humans, which led to the sinful condition of the human race from its beginning.

✝ SCRIPTURE   Romans 5:19

New Life in Christ

For just as through the disobedience of one person the many were made sinners, so through the obedience of one the many will be made righteous.

Romans 5:19

Activity — Share Your Faith

Reflect: Read the story of the Fall as told in *Genesis 3:1–6.*

Share: Write one thing you have learned about sin and one thing you have learned about God from the reading. Share your response with a partner.

About Sin	About God
_____	_____
_____	_____

Act: With your partner, act out the story of the Fall.

Pecado personal

La presencia del mal y del sufrimiento inocente en el mundo son dos de las cosas más duras que los seres humanos enfrentan. La pregunta más difícil para responder es por qué existe el mal. Sólo la fe puede proporcionar una explicación adecuada.

Los cristianos saben que se puede vencer el mal y que el Reino de Dios triunfará. Basan su esperanza en Jesucristo. Con su muerte en la cruz, Jesús salvó a todas las personas del poder del pecado y de la muerte eterna.

Pecado mortal

El **pecado personal** es una elección deliberada de pensar, decir o hacer algo que atenta contra tu relación con Dios o que contradice la ley de Dios. El pecado daña o destruye tu relación con Dios, con los demás y hasta contigo mismo.

El **pecado mortal** es la forma de pecado personal más grave. Quien comete un pecado mortal se aparta completamente de Dios. El pecado mortal implica total egoísmo. Para que un pecado sea mortal, debe tratarse de una acción grave, realizada por una persona con pleno conocimiento y consentimiento. Ejemplos de acciones tan graves son el asesinato y las formas extremas de agravio y discriminación a los demás. Aun en estos casos, para que se trate de un pecado mortal se requieren las otras dos condiciones: pleno conocimiento y pleno consentimiento. No es fácil que una persona que ha tratado de vivir en amistad con Dios elija pecar tan gravemente.

Para restaurar la amistad con Dios después de cometer un pecado mortal, el pecador debe arrepentirse y pedir perdón. Para hacerlo, recibe la ayuda de la gracia de Dios.

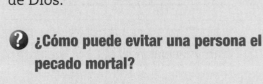 **¿Cómo puede evitar una persona el pecado mortal?**

Personal Sin

The presence of evil and of innocent suffering in the world are two of the hardest things for humans to face. Why evil exists is the hardest question to answer. Only faith can provide an adequate explanation.

Christians know that evil can be overcome and that God's kingdom will triumph. They base their hope on Jesus Christ. By his death on the cross, Jesus saved all people from the power of sin and everlasting death.

Mortal Sin

Personal sin is a deliberate choice to think, say, or do something that goes against your relationship with God or contradicts God's law. Sin harms or destroys your relationship with God, with others, and even with yourself.

Mortal sin is the most serious form of personal sin. Someone who commits mortal sin turns completely away from God. Mortal sin involves complete selfishness. For a sin to be mortal, it must be a serious matter, done with a person's full knowledge and complete consent. Examples of such serious matters are murder and extreme forms of injury and discrimination against others. Even in these cases, the other two conditions of full knowledge and consent must be met before a sin is mortal. A person who has tried to live in friendship with God does not easily choose to sin so seriously.

To restore friendship with God after committing mortal sin, the sinner must repent and seek forgiveness. God's grace helps the sinner do this.

❓ **How can a person avoid mortal sin?**

297

ecado venial

El **pecado venial** debilita la relación de una persona con Dios. Un pecado es venial cuando se desobedece la ley de Dios sin llegar a la gravedad del pecado mortal. Por ejemplo, cuando alguien se ríe de otra persona por el género, las habilidades físicas o mentales, o la apariencia, daña su dignidad y su valor. Esta falta de respeto por el otro puede ser un pecado venial.

El pecado venial, a veces, puede conducir al pecado mortal. Una persona que miente o roba pequeñas cosas puede estar estableciendo un patrón de conducta que la lleve a pecados más graves. Los actos de discriminación pequeños pueden provocar formas extremas de pecado mortal si una persona elige, finalmente, mostrar sólo odio en lugar de amor. El pecado mortal se produce cuando el egoísmo vence por completo.

El perdón de los pecados

Aun en casos de pecados graves, Dios perdona siempre a los pecadores cuando están verdaderamente arrepentidos y desean volver su corazón a Él. Las personas pueden obtener el perdón de sus pecados y reconstruir una relación de amor con Dios mediante la gracia del sacramento de la Reconciliación.

Palabras[†] de fe

El **pecado personal** es la elección deliberada de pensar, decir o hacer algo que atenta contra tu relación con Dios o que contradice la Ley de Dios.

El **pecado mortal** es la forma de pecado personal más grave, a través de la cual una persona se aparta completamente de Dios.

El **pecado venial** es un pecado personal menos grave, que debilita, pero no destruye, la relación de una persona con Dios.

Actividad — Practica tu fe

Reflexiona sobre tus decisiones Imagina que te han encargado producir un programa de televisión sobre una elección que hayas hecho entre el bien y el mal. ¿Qué enfoque le darías? ¿Sería un programa realista, de juegos o una obra dramática? Describe tu plan para el programa.

_____

_____

_____

_____

Venial Sin

Venial sin weakens a person's relationship with God. A sin is venial when it involves disobeying God's law in a less serious matter than one associated with mortal sin. For example, someone who makes fun of another because of gender, physical or mental abilities, or appearance causes harm to that person's dignity and worth. This lack of respect for another can be a venial sin.

Venial sin may sometimes lead to mortal sin. A person who lies about or steals small things may be establishing a pattern of behavior that can lead to more serious sins. Small acts of discrimination can lead to extreme forms that could be mortally sinful if a person eventually chooses to show only hate rather than love. Mortal sin occurs when selfishness wins out completely.

The Forgiveness of Sins

Even in cases of serious sin, God always forgives sinners when they are truly sorry and wish to turn their hearts to him again. Through the grace of the Sacrament of Reconciliation, people can have their sins forgiven and rebuild a loving relationship with God.

Word of ʄate

Personal sin is the deliberate choice to think, say, or do something that goes against your relationship with God or goes against God' law.

Mortal sin is the most serious form of personal sin, through which a person turns completely away from God.

Venial sin is a less serious personal sin that weakens, but does not destroy, a person's relationship with God.

Activity

Connect Your Faith

Reflect on Choices   Imagine that you have been recruited to produce a television program based on a choice you have made between good and evil. What approach would you take? Would it be a factual program, a game show, or a drama? Describe your plan for the show.

_____

_____

_____

_____

Letanía de arrepentimiento

 **Oremos**

Reúnanse y comiencen con la señal de la cruz.

Líder: Dios, Padre amoroso, que estás siempre dispuesto a perdonarnos. Haz que reflexionemos sobre nuestros pecados.

Después de cada verso de la oración, canten juntos el estribillo.

Ten misericordia de nosotros. Ten misericordia de nosotros.

Tú que compartiste la mesa del pecador...

Tú que purificaste la piel del leproso...

Tú que compartiste nuestra vida y trabajo...

Tú que elegiste caminar por nuestro camino...

Tú que cargas con nosotros nuestra cruz...

Versión de "Hold Us in Your Mercy: Penitential Litany"
Rory Cooney, © 1993, GIA Publications, Inc.

Líder: *Recen todos juntos la Oración del penitente que se encuentra en la sección Recursos católicos.*
Oremos.

Inclinen la cabeza mientras el líder reza.

Todos: **Amén.**

Litany of Repentance

 Let Us Pray

Gather and begin with the Sign of the Cross.

Leader: God our loving Father, you are always ready to forgive us. Let us reflect on how we have sinned.

After each prayer verse, sing together the refrain.

Hold us in your mercy. Hold us in your mercy.

You who shared the sinner's table . . .

You who cleansed the leper's flesh . . .

You who shared our life and labor . . .

You who silenced raging demons . . .

You who chose to walk our roads . . .

You who bear our cross with us . . .

"Hold Us in Your Mercy: Penitential Litany"
Rory Cooney, © 1993, GIA Publications, Inc.

Leader: *All pray the Act of Contrition together. It is found in the Catholic Source Book.*

Let us pray.

Bow your heads as the leader prays.

All: **Amen.**

Repasar y aplicar

Ⓐ Trabaja con palabras Une cada descripción de la Columna 1 con el término correcto de la Columna 2.

Columna 1

_____ **1.** el pecado de los primeros seres humanos y la condición humana pecadora

_____ **2.** desobediencia de la ley de Dios en una cuestión grave, realizada con pleno conocimiento y pleno consentimiento

_____ **3.** cualquier pecado cometido deliberadamente por un individuo

_____ **4.** hicieron una elección que destruyó la justicia original creada por Dios

_____ **5.** desobediencia de la ley de Dios en una cuestión que no sea demasiado grave

Columna 2

a. pecado mortal

b. los primeros seres humanos

c. pecado venial

d. pecado personal

e. pecado original

Ⓑ Relaciona ¿Cómo te afecta el pecado de los primeros seres humanos?

_____

_____

_____

Actividad Vive tu fe

Investiga relatos Busca en periódicos y revistas relatos de personas que parezcan sabias. Pregúntate qué hace que cada una de estas personas sea sabia. ¿Cómo crees que esta persona explicaría el misterio del mal? Escribe un resumen de tus conclusiones y lleva los resultados a la clase para compartirlos.

Review and Apply

A **Check Understanding**   Match each description in Column 1 with the correct term in Column 2.

Column 1

_____ **1.** the sin of the first humans and the sinful human condition

_____ **2.** disobedience to God's law in a serious matter with full knowledge and complete consent

_____ **3.** any sin deliberately chosen by an individual

_____ **4.** made a choice that ended the original justice God created

_____ **5.** disobedience to God's law in a matter that is not deeply serious

Column 2

a. mortal sin

b. the first humans

c. venial sin

d. personal sin

e. original sin

B **Make Connections**   How does the sin of the first humans afect you?

_____

_____

_____

_____

Activity   Live Your Faith

Research Stories   Look through newspapers and magazines for stories of people who seem wise. Ask yourself what makes each of these people wise. How do you think he or she would explain the mystery of evil? Write a summary of your conclusions, and bring your results to class to share them.

La fe en familia

Lo que creemos

- El mal es el resultado de apartarse de la bondad de Dios.

- Dios envió a su Hijo para redimir a las personas del poder del pecado y del mal.

✝ LA SAGRADA ESCRITURA

Lee *Mateo 18, 21–35* para hallar una parábola acerca del perdón.

Visita **www.harcourtreligion.com** para encontrar recursos basados en el año litúrgico y lecturas semanales de la Sagrada Escritura.

Actividad

Vive tu fe

Disculparse y perdonar Como el pecado es una elección deliberada, es importante aprender a decir "Estoy arrepentido" y pedir el perdón de Dios y de los demás. Dedica un tiempo para una oración en la cual los miembros de la familia pidan perdón, perdonen y reciban el perdón por la manera en que puedan haberse lastimado mutuamente durante la semana. Termina con la señal de la paz.

Siervos de la fe

De acuerdo con la Sagrada Escritura, los arcángeles son el segundo de nueve coros de ángeles. El libro de Daniel describe a Miguel como príncipe y ángel guardián del pueblo judío. El escritor del libro del Apocalipsis comenta una visión en la que Miguel aparece como líder militar de los ángeles del bien. Miguel y su ejército de ángeles derrotan a Satanás y a los otros ángeles del mal y los echan del cielo. En el arte cristiano, se ha representado a Miguel con armadura y espada. La Iglesia celebra el día del arcángel Miguel el 29 de septiembre.

▲ El arcángel Miguel

Una oración en familia

Arcángel Miguel, ora por nosotros para que tengamos la valentía de enfrentar el mal y, con la ayuda de Dios, vencerlo. Sé nuestro defensor y nuestro escudo contra el poder de la oscuridad mientras nos esforzamos por seguir la luz. Amén.

En la Unidad 5 su hijo está aprendiendo sobre la MORAL. Consulte el Catecismo de la Iglesia Católica, números 309, 311, 312, 397 y 1855 para obtener más información sobre el contenido del capítulo.

Family Faith

Catholics Believe

- Evil is the result of humans' turning away from God's goodness.

- God sent his Son to redeem people from the power of sin and evil.

✝ SCRIPTURE

Read *Matthew 18:21–35* to find a parable about forgiveness.

GO ONLINE www.harcourtreligion.com
For weekly Scripture readings and seasonal resources

Activity
Live Your Faith

Apologize and Forgive   Because sin is a deliberate choice, it is important to learn to say "I'm sorry" and to ask forgiveness of God and of one another. Set aside a time for prayer in which family members can ask for, give, and receive forgiveness for the ways in which they may have hurt one another during the week. Conclude with a sign of peace.

People of Faith

▲ Michael the Archangel

According to Scripture, archangels are the second of nine choirs of angels. The Book of Daniel describes **Michael** as a prince and as a guardian angel for the Jewish people. The writer of the Book of Revelation discusses a vision in which Michael appears as the military Leader of the good angels. Michael and his army of angels defeat Satan and the other evil angels and drive them out of heaven. In Christian art Michael has been pictured wearing armor and carrying a sword. The Church remembers Michael the Archangel on September 29.

🙌 Family Prayer

Michael the Archangel, pray for us that we may have courage in the face of evil and, with God's help, may overcome it. Be our defender and our shield against the power of darkness as we seek to follow the light. Amen.

Renacer en Cristo

Oremos

Líder: Padre amoroso, escucha nuestra oración.

"¡Haz, Señor, que veamos tu bondad
y danos tu salvación!"

Salmo 85, 8

Todos: Padre amoroso, escucha nuestra oración. Amén.

Actividad **Comencemos**

Bienvenida Cuando la familia adoptó a Justin, Derek estaba sorprendido de cuánto podía enseñarle acerca de la familia. Derek conocía las reglas y las tradiciones familiares. Sabía cuáles eran los juegos preferidos de cada uno y dónde iban a desayunar después de la Misa de los domingos. Sabía quién llevaría la ensalada los días de fiesta y quién llevaría el postre.

- ¿Qué le dirías a un nuevo miembro de la familia para ayudarlo a sentirse en casa?

306

Chapter 14 Reborn in Christ

Let Us Pray

Leader: Loving Father, hear our prayer.
"Show us, LORD, your love;
grant us your salvation."

Psalm 85:8

All: Loving Father, hear our prayer. Amen.

Activity — Let's Begin

Welcome When his family adopted Justin, Derek was surprised at how much he could teach Justin about the family. Derek knew the family rules and traditions. He knew everyone's favorite games and where the family went for breakfast after Sunday Mass. He knew who would bring the salad on holidays and who would bring the dessert.

• What could you tell a new family member to help him or her feel at home?

© Harcourt Religion

Un paso a la vez

 **Análisis** ¿Cómo se celebra el sacramento de la Iniciación para adultos?

Así como lleva tiempo integrarse a una familia, también lleva tiempo prepararse para el Bautismo y la iniciación en la Iglesia. La Iglesia da la bienvenida a los nuevos miembros adultos mediante un proceso paulatino llamado **Rito de la Iniciación Cristiana de Adultos**, u Orden de la Iniciación Cristiana.

UN RELATO

Unida a Cristo y a la Iglesia

Aunque Jenny tenía veintitrés años, sentía mariposas en el estómago cuando tocó el timbre de la parroquia San Benedicto. Apenas el Padre Paul se sentó con ella, Jenny se apresuró a decir: "Me gustaría ser católica. ¿Qué exámenes tengo que tomar?". El sacerdote sonrió con calidez y contestó: "Demos un paso a la vez. El proceso de convertirse en miembro de la Iglesia, que llamamos *iniciación*, lleva tiempo". Invitó a Jenny a una reunión en la que se encontraría con personas que estaban en un camino de fe similar.

Después de pocos meses, Jenny decidió que quería prepararse para el Bautismo y se incorporó como **catecúmena**. Durante ese tiempo, la vida de los que estaban comprometidos con la fe era un ejemplo para ella. También tenía el apoyo de su **madrina**, Ellen. Ellen iba a las reuniones de la iglesia con Jenny. Rezaba con ella y le decía qué significaba ser católica. Jenny llegó a conocer y a amar la forma de vida cristiana y la Iglesia Católica.

Muchos meses después, el primer domingo de Cuaresma, Jenny se convirtió en una de las elegidas. Esto significaba que celebraría los sacramentos de la Iniciación en la Vigilia Pascual el Sábado Santo.

One Step at a Time

 How are the Sacraments of Initiation celebrated for adults?

Just as it takes time to become part of a family, so it takes time to prepare to be baptized and to be initiated into the Church. The Church welcomes new adult members through a step-by-step process called the **Rite of Christian Initiation of Adults**, or the Order of Christian Initiation.

A STORY

United to Christ and to the Church

Although Jenny was twenty-three years old, she could feel butterflies in her stomach when she rang the doorbell of Saint Benedict's. As soon as Father Paul sat down with her, Jenny blurted out, "I'd like to become a Catholic. What tests do I have to take?" The priest smiled warmly and said, "Let's take this one step at a time. The process of becoming a member of the Church, which we call *initiation*, takes time." He invited Jenny to a gathering where she would meet people who were on a similar faith journey.

After a few months, Jenny decided that she wanted to prepare for Baptism, and she became a **catechumen**. During this time, the lives of those committed to the faith were an example to her. Jenny also had support from her **sponsor**, Ellen. Ellen came to sharing sessions at the church with Jenny. She prayed with Jenny and told her what being Catholic was like. Jenny came to know and love the Christian way of life and the Catholic Church.

Many months later, on the First Sunday of Lent, Jenny became one of the elect. This meant that she would celebrate the Sacraments of Initiation at the Easter Vigil on Holy Saturday.

© Harcourt Religion

Una noche para recordar

Por fin llegó el Sábado Santo. En la pila bautismal, el Padre Paul pidió a Jenny que declarara su fe en Dios Padre, Hijo y Espíritu Santo. Mientras el Padre Paul la sumergía tres veces en el agua, decía: "Yo te bautizo, en el nombre del Padre, y del Hijo, y del Espíritu Santo". A Jenny se le dio una nueva vida en Cristo.

Después de una oración al Espíritu Santo, el Padre Paul puso sus manos sobre la cabeza de Jenny y la confirmó con el óleo del crisma, mientras decía: "Recibe por esta señal el Don del Espíritu Santo".

Por último, llegó el momento de recibir la Eucaristía. Jenny se paró delante del Padre Paul para recibir la Sagrada Comunión por primera vez. Después de recibirla, mientras regresaba a su lugar, en su mente y en su corazón resonaban las palabras "El Cuerpo de Cristo, la Sangre de Cristo". Entonces, Jenny se sintió verdaderamente unida a Cristo y a la Iglesia.

? **¿Alguna vez has querido unirte a un grupo? ¿Por qué?**

? **¿Cómo hiciste para unirte?**

Palabras†de fe

El **Rito de la Iniciación Cristiana de Adultos**, o RICA, es el proceso por el cual los adultos y algunos niños se convierten en miembros de la Iglesia Católica a través de los sacramentos de Iniciación.

Un **catecúmeno**, o "aprendiz", es una persona que se está preparando para celebrar los sacramentos de Iniciación.

Un **padrino** es un representante de la comunidad cristiana que es testigo del compromiso de un niño mayor o de un adulto que celebra los sacramentos de Iniciación.

Actividad comparte tu fe

Reflexiona: Piensa en los pasos que Jenny siguió en el proceso de iniciación.

Comunica: Con un compañero, crea una línea cronológica del camino de fe de Jenny. Usa estas palabras en tu línea: *sumergida, catecúmena, averiguación, crisma, elegida.*

Actúa: Escribe una manera en que puedes apoyar a alguien que atraviesa el proceso del Rito de iniciación cristiana de adultos en tu parroquia.

_____

_____

A Night to Remember

Finally, Holy Saturday arrived. At the baptismal pool, Father Paul asked Jenny to declare her faith in God the Father, Son, and Holy Spirit. As Father Paul immersed her in the water three times, he said, "I baptize you in the name of the Father, and of the Son, and of the Holy Spirit." Jenny was given new life in Christ.

After a prayer to the Holy Spirit, Father Paul placed his hands on Jenny's head and confirmed her with the oil of chrism, saying, "Jenny, be sealed with the Gift of the Holy Spirit."

At last the moment came to receive the Eucharist. Jenny stood before Father Paul to receive Communion. "The Body of Christ, the Blood of Christ" echoed in her mind and heart as she returned to her place after receiving Holy Communion for the first time. Now, Jenny felt truly united to Christ and to the Church.

? **Have you ever wanted to join a group? Why?**

? **How did you go about joining?**

The **Rite of Christian Initiation of Adults**, or RCIA, is the process by which adults and some children become members of the Catholic Church through the Sacraments of Initiation.

A **catechumen**, or "learner," is a person preparing to celebrate the Sacraments of Initiation.

A **sponsor** is a representative of the Christian community who supports an older child or adult celebrating the Sacraments of Initiation.

Activity
Share Your Faith

Reflect: Think about the steps Jenny took in the process of initiation.

Share: With a partner, create a time line of Jenny's faith journey. Use these words in your outline: *immersed, catechumen, inquiry, chrism, elect.*

Act: Write one way in which you can support someone going through the process of the Rite of Christian Initiation of Adults in your parish.

_____

_____

Los sacramentos de Iniciación

 **Análisis** ¿Cuál es la nueva vida que se da en el Bautismo?

En el Bautismo primero recibes la gracia y empiezas un modo de vida nuevo. Los sacramentos de la Confirmación y la Eucaristía completan tu iniciación como miembro de la Iglesia Católica, pero no marcan el final de tu camino de fe. Son el principio de este camino. Con estos tres sacramentos, inicias una relación con Cristo y con su Iglesia. A través de ellos, Jesús comparte contigo su ministerio de sacerdote, profeta y rey.

Sacerdote
- alaba a Dios
- ofrece su vida a Dios
- reza con los demás y por ellos

Profeta
- conoce las enseñanzas de la Iglesia con respecto a la moral y la justicia
- defiende lo que es correcto
- transmite la Palabra de Dios

Rey
- es responsable
- es el líder
- actúa con justicia, misericordia y amor

Pablo compara la nueva vida del Bautismo con la Resurrección de Jesús. Cuando una persona se bautiza, se dice que ha "muerto" al pecado. Pablo señala que la persona bautizada "resucita" entonces a una nueva vida en Cristo en la comunidad de la Iglesia.

✝ LA SAGRADA ESCRITURA   Romanos 6, 10–11

Vivir para Dios

Así, pues, si hay una muerte para el pecado que es para siempre, también hay un vivir que es vivir para Dios. Así también ustedes deben considerarse a sí mismos muertos para el pecado y vivos para Dios en Cristo Jesús.

Romanos 6, 10–11

❓ ¿Qué crees que significa vivir para Dios?

Sacraments of Initiation

Focus What new life is given in Baptism?

At Baptism you first received grace and began a new way of life. The Sacraments of Confirmation and Eucharist complete your initiation as a member of the Catholic Church, but they do not mark the end of your journey of faith. They are the beginning of this journey. With these three sacraments, you are initiated into a relationship with Christ and his Church. Through the sacraments, Jesus shares with you his ministry as priest, prophet, and king.

Priest
- praise God
- offer your life to God
- pray with and for others

Prophet
- know the Church's teachings on morality and justice
- stand up for what is right
- speak God's word

King
- be responsible
- be a leader
- act with justice, mercy, and love

Paul compares the new life of Baptism with the Resurrection of Jesus. When a person is baptized, he or she is said to have "died" to sin. Paul points out that the baptized person then "rises" to new life in Christ in the community of the Church.

✝ **SCRIPTURE** **Romans 6:10–11**

Living for God

As to his death, [Jesus] died to sin once and for all; as to his life, he lives for God. Consequently, you too must think of yourselves as [being] dead to sin and living for God in Christ Jesus.

Romas 6:10–11

❓ What do you think it means to live for God?

© Harcourt Religion

La nueva vida en la gracia

Jenny era adulta cuando eligió bautizarse como católica. La mayoría de los cristianos son bautizados cuando son bebés, lo que es una práctica habitual de la Iglesia Católica. En el Bautismo, una persona renace en Cristo y se libera del pecado original y del pecado personal. A través de la Iglesia, se da la gracia de los sacramentos para fortalecer esta nueva vida.

? **¿Cómo te ayuda la Iglesia Católica a estar más cerca de Cristo?**

Gracia y conversión

Mediante los sacramentos de la Iglesia, Dios comparte contigo su vida divina. La gracia que se da en los sacramentos no se gana, es un regalo de Dios. Tú respondes al regalo de la gracia de Dios apartándote del pecado y viviendo de acuerdo con la ley del amor que Jesús enseñó. La acción de apartarse del pecado y de penetrar en el misterio del amor de Dios se llama *conversión*. Empieza con el llamado de Dios y se fortalece a lo largo de la vida con tu cooperación con la gracia de Dios.

Actividad Practica tu fe

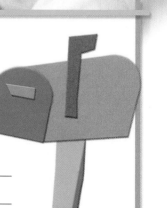

Continúa el camino   Escribe una nota de agradecimiento a tus padrinos o a alguien de la comunidad de tu parroquia que te haya ayudado en tu camino de fe. Asegúrate de decir cómo te ayudaron esas personas.

_____

_____

_____

_____

_____

The New Life of Grace

Jenny was an adult when she chose to be baptized as a Catholic. Most Christians are baptized as infants, which is the customary practice of the Catholic Church. At Baptism, a person is reborn in Christ and freed from both original sin and personal sin. Through the Church, the grace of the sacraments is given to sustain this new life.

❓ **How does the Catholic Church help you become closer to Christ?**

Grace and Conversion

Through the sacraments of the Church, God shares his divine life with you. The grace given in the sacraments is not earned—it is a gift from God. You respond to God's gift of grace by turning away from sin and living according to the law of love that Jesus taught. The movement away from sin and into the mystery of God's love is called *conversion*. It begins with God's call and is sustained through life by your cooperation with God's grace.

Activity Connect Your Faith

Continue the Journey Write a thank-you note to your godparents or to someone in your parish community who has helped you on your journey of faith. Be sure to say how the person or persons have helped you.

_____

_____

_____

_____

_____

_____

Celebración de la Palabra

 Oremos

Reúnanse y comiencen con la señal de la cruz.

Líder: Oremos. Dios amoroso, elevamos un canto de alabanza a ti porque nos has dado una nueva vida a través de la gracia del Bautismo. Envuélvenos en tu Iglesia, a través de Cristo, nuestro Señor.

Todos: **Amén.**

Lector: Lectura del Evangelio según San Juan.

Lean Juan 3, 1–21.

Palabra del Señor.

Todos: **Gloria a ti, Señor Jesús.**

Líder: Renovemos las promesas de nuestro Bautismo.

Líder: ¿Renuncian a Satanás y a todas sus obras y promesas vacías?

Todos: **Sí, renuncio.**

Líder: ¿Creen en Dios, Padre todopoderoso?

Todos: **Sí, creo.**

Líder: ¿Creen en Jesucristo, su único Hijo, nuestro Señor?

Todos: **Sí, creo.**

Líder: ¿Creen en el Espíritu Santo, la santa Iglesia Católica, la comunión de los santos, el perdón de los pecados y la vida eterna?

Todos: **Sí, creo.**

Líder: Oremos.

Inclinen la cabeza mientras el líder reza.

Todos: **Amén.**

Todos se bendicen con agua bendita.

Canten juntos el estribillo.

Aleluya, aleluya, aleluya.

"Aleluya", *Leccionario para la Misa,* © 1969, 1981, and 1997, ICEL.

Celebration of the Word

 **Let Us Pray**

Gather and begin with the Sign of the Cross.

Leader: Let us pray. Loving God, we sing your praise, for you have given us new life through the grace of Baptism. Enfold us within your Church, through Christ our Lord.

All: **Amen.**

Reader: A reading from the Gospel according to John.

Read John 3:1–21.

The Gospel of the Lord.

All: **Praise to you, Lord Jesus Christ.**

Leader: Let us renew the promises of our Baptism.

Leader: Do you reject Satan, all his works, and all his empty promises?

All: **I do.**

Leader: Do you believe in God, the Father almighty?

All: **I do.**

Leader: Do you believe in Jesus Christ, his only Son?

All: **I do.**

Leader: Do you believe in the Holy Spirit, the holy catholic Church, the communion of saints, the forgiveness of sins, and life everlasting?

All: **I do.**

Leader: Let us pray.

Bow your heads as the leader prays.

All: **Amen.**

All bless themselves with holy water.

Sing together the refrain.

Alleluia, alleluia.

"Alleluia" *Lectionary for Mass,*
© 1969, 1981, and 1997, ICEL.

Repasar y aplicar

A **Comprueba lo que aprendiste**   Encierra en un círculo Verdadero o Falso según corresponda para cada enunciado. Corrige todos los enunciados falsos.

1. Un catecúmeno es una persona que actúa como padrino de alguien que quiere convertirse en católico.

   Verdadero   Falso   _____

2. Los sacramentos de Iniciación son el Bautismo, la Conversión y la Eucaristía.

   Verdadero   Falso   _____

3. El Bautismo libera a la persona del pecado original y del pecado personal.

   Verdadero   Falso   _____

4. La gracia de los sacramentos debe ganarse.

   Verdadero   Falso   _____

5. Los sacramentos llaman a una respuesta.

   Verdadero   Falso   _____

B **Relaciona**   Describe la experiencia de los sacramentos de Iniciación que hayas celebrado.

_____

_____

Actividad Vive tu fe

Ponte de pie y hazte oír   Haz un cartel pequeño que resuma las maneras en que has tratado de vivir como seguidor de Jesús en tu parroquia, tu escuela o tu vecindario. Puedes expresarte con palabras o con imágenes de cualquier tipo.

Review and Apply

A **Check Understanding** Circle True if a statement is true, and circle False if a statement is false. Correct any false statements.

1. A catechumen is a person who acts as a sponsor for someone who wishes to become a Catholic.

   True   False _____

2. The Sacraments of Initiation are Baptism, Conversion, and Eucharist.

   True   False _____

3. Baptism frees a person from original sin and personal sin.

   True   False _____

4. The grace of the sacraments must be earned.

   True   False _____

5. The sacraments call for a response.

   True   False _____

B **Make Connections** Describe your experience of those Sacraments of Initiation that you have celebrated.

_____

_____

Activity — Live Your Faith

Stand Up and Be Counted Make a small poster that summarizes some ways in which you have tried to live as a follower of Jesus in your parish, school, or neighborhood. You can express yourself with words or images in any form.

La fe en familia

Lo que creemos

- El proceso de convertirse en católico se llama Rito de Iniciación Cristiana de Adultos.
- Los sacramentos de Iniciación son el Bautismo, la Confirmación y la Eucaristía.

✝ LA SAGRADA ESCRITURA

Lee *Mateo 3, 13–17* para aprender acerca del Bautismo de Jesús.

Visita **www.harcourtreligion.com** para encontrar recursos basados en el año litúrgico y lecturas semanales de la Sagrada Escritura.

Actividad
Vive tu fe

Comparte recuerdos El Bautismo es un don invaluable que la familia comparte con sus hijos. Investiga la fecha en que cada miembro de tu familia celebró este sacramento y toma nota de ella. Repasa la celebración bautismal de varios familiares por medio de fotografías, relatos y objetos de recuerdo. Si es posible, invita a los padrinos a unirse y compartir lo que recuerdan de esa celebración. Enciende una vela y reza para que Dios continúe bendiciendo el camino de fe de tu familia.

Siervos de la fe

▲ San Cirilo de Jerusalén 315–386

Cirilo fue un gran maestro de la Iglesia primitiva. El obispo de Jerusalén le pidió que preparara a los catecúmenos para el Bautismo. Cirilo le explicó la fe de la Iglesia a los catecúmenos. Sus conferencias son los mejores testimonios de la instrucción que los catecúmenos recibieron en la época de la Iglesia primitiva. Más tarde, como obispo de Jerusalén, continuó dando conferencias porque consideraba que era una tarea muy importante. San Cirilo fue nombrado Doctor de la Iglesia en 1882. Su día se celebra el 18 de marzo.

Una oración en familia

San Cirilo, ruega por nosotros para que podamos valorar el don del Bautismo. Intercede por todos los que se están preparando para la iniciación en la Iglesia, para que reciban la plenitud del Espíritu Santo. Amén.

En la Unidad 5 su hijo está aprendiendo sobre la MORAL. Consulte el Catecismo de la Iglesia Católica, números 1212, 1213, 1229–1233, 1316 y 1391 para obtener más información sobre el contenido del capítulo.

320 CIC

Family Faith

Catholics Believe

- The process of becoming a Catholic is called the Rite of Christian Initiation of Adults.

- The Sacraments of Initiation are Baptism, Confirmation, and Eucharist.

✝ SCRIPTURE

Read *Matthew 3:13–17* to learn about Jesus' baptism.

GO ONLINE
www.harcourtreligion.com
For weekly Scripture readings and seasonal resources

Activity

Live Your Faith

Share Memories   Baptism is a priceless gift that families share with their children. Research the dates of each family member's celebration of this sacrament, and make note of these dates. Revisit baptismal celebrations of various members of your family, using photographs, stories, and mementos. If possible, invite godparents to join you and share memories of the celebration of Baptism. Light a candle and pray that God will continue to bless your family's journey of faith.

People of Faith

Cyril was a great teacher of the early Church. The bishop of Jerusalem asked him to prepare catechumens for Baptism. Cyril explained the beliefs of the Church to the catechumens. His lectures are the best records of the instruction that catechumens received in the early Church. Later, as bishop of Jerusalem himself, Cyril continued to give these lectures because he considered the work so important. Saint Cyril was named a Doctor of the Church in 1882. His feast day is March 18.

▲ Saint Cyril of Jerusalem
315–386

© Harcourt Religion

Family Prayer

Saint Cyril, pray for us that we may cherish the gift of Baptism. Intercede for all those who are preparing for initiation into the Church, that they may receive the fullness of the Holy Spirit. Amen.

Capítulo 15

El perdón y la curación

Oremos

Líder: Te damos gracias por tu misericordia, oh Señor.
"¡Que Dios tenga piedad y nos bendiga,
nos ponga bajo la luz de su rostro!"

Salmo 67, 2

Todos: Te damos gracias por tu misericordia, oh Señor. Amén.

Actividad Comencemos

Un árbol envenenado

Estaba furioso con mi amigo:
se lo hice saber, mi furia desapareció.
Estaba furioso con mi enemigo:
no se lo hice saber, mi furia creció.

Fragmento de un poema de William Blake

• ¿Cómo reaccionas cuando estás enojado o
cuando lastiman tus sentimientos?

322

Forgiveness and Healing

Let Us Pray

Leader: We praise you for your mercy, O Lord.
"May God be gracious to us and bless us;
may God's face shine upon us."

Psalm 67:2

All: We praise you for your mercy, O Lord. Amen.

Activity Let's Begin

A Poison Tree

I was angry with my friend:
I told my wrath, my wrath did end.
I was angry with my foe:
I told it not, my wrath did grow.

A selection from the poem by William Blake

• How do you react when you are angry or
when your feelings are hurt?

La reconciliación y el perdón

 **Análisis** ¿Cómo puedes introducir el perdón y la reconciliación en tus relaciones?

Jesús comprendió que la ira puede tener un efecto negativo incluso en relaciones cercanas. En este relato acerca del perdón y la reconciliación, Jesús enseñó a sus seguidores una lección que Él también vivió.

✝ LA SAGRADA ESCRITURA — Lucas 15, 11–32

Los dos hijos

Jesús contó una historia sobre un hombre que tenía dos hijos. El menor dijo a su padre: "Dame la parte de la hacienda que me corresponde". Y el padre repartió sus bienes entre los dos y el hijo se fue a un país lejano. Malgastó su dinero y pronto comenzó a pasar necesidad. Desesperado, decidió regresar a la casa de su padre. Llegó al hogar donde su compasivo padre lo recibió con alegría y amor. El padre dijo a sus servidores que prepararan una fiesta para celebrar el regreso de su hijo. Cuando el hijo mayor se enteró de esto, se enojó y se quejó con su padre. Pero el padre, que amaba a sus dos hijos por igual, le dijo: "Hijo, tú estás siempre conmigo y todo lo mío es tuyo. Pero había que hacer fiesta y alegrarse, puesto que tu hermano estaba muerto y ha vuelto a la vida, estaba perdido y ha sido encontrado".

Basado en *Lucas 15, 11–32*

❓ ¿Por qué se enojó tanto el hijo mayor?

❓ ¿Qué aprende al expresar la ira hacia su padre?

© Harcourt Religion

Reconciliation and Forgiveness

 **Focus** How can you bring forgiveness and reconciliation into your relationships?

Jesus understood that anger can have a negative effect on even close relationships. In this story of forgiveness and reconciliation, Jesus taught his followers a lesson that he also lived.

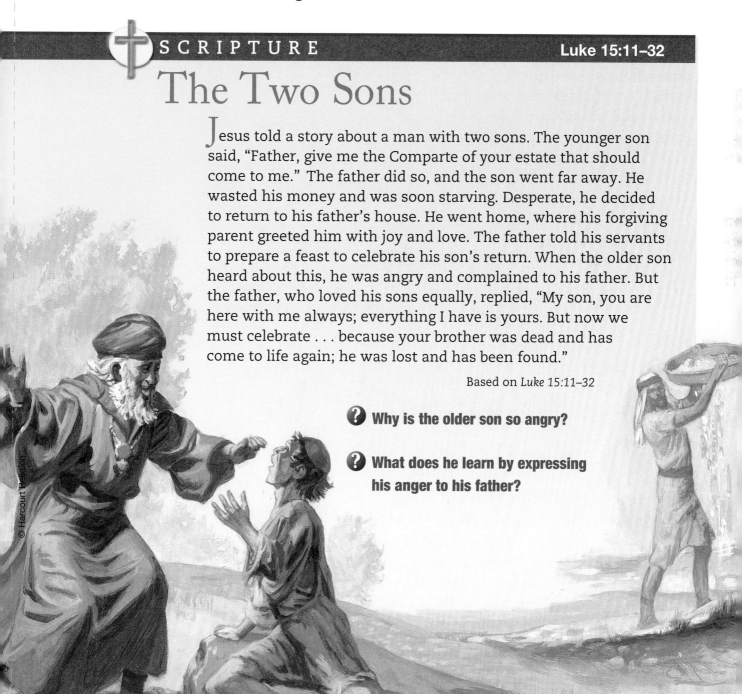

SCRIPTURE
Luke 15:11–32

The Two Sons

Jesus told a story about a man with two sons. The younger son said, "Father, give me the Comparte of your estate that should come to me." The father did so, and the son went far away. He wasted his money and was soon starving. Desperate, he decided to return to his father's house. He went home, where his forgiving parent greeted him with joy and love. The father told his servants to prepare a feast to celebrate his son's return. When the older son heard about this, he was angry and complained to his father. But the father, who loved his sons equally, replied, "My son, you are here with me always; everything I have is yours. But now we must celebrate . . . because your brother was dead and has come to life again; he was lost and has been found."

Based on *Luke 15:11–32*

❓ **Why is the older son so angry?**

❓ **What does he learn by expressing his anger to his father?**

Un padre generoso

Como el padre del relato que contó Jesús, Dios siempre quiere que vuelvas al hogar, a su amor. Nadie nunca se encuentra lejos de la misericordia de Dios. Cristo continúa compartiendo el amor compasivo de Dios a través de la Iglesia en el sacramento de la Reconciliación.

Los católicos que cometen un pecado grave deben celebrar el sacramento de la Reconciliación, pero la Iglesia nos anima a todos a celebrarlo. El pecado perjudica o destruye las relaciones con Dios, con la Iglesia y con los demás. La Reconciliación cura estas relaciones. Después de que confiesas tus pecados al sacerdote, él te da una penitencia, que no sólo te recuerda que te arrepientes, sino que te ayuda a que te alejes del pecado en el futuro.

Después de confesar tus pecados, el sacerdote te pedirá que reces la oración del penitente. Esta oración te ayuda a expresar **contrición**, o arrepentimiento de tus pecados y tu intención de mejorar. Lo más importante es que te recuerda que el Dios que siempre escucha tus oraciones es compasivo, justo y misericordioso. La confesión de tus pecados y la **absolución**, o perdón, que te da el sacerdote, te otorga la gracia y la paz de Dios.

Palabras[†] de fe

La **contrición** es el arrepentimiento sincero de haber pecado.

La **absolución** es el perdón de los pecados en el nombre de Dios a través del sacramento de la Reconciliación.

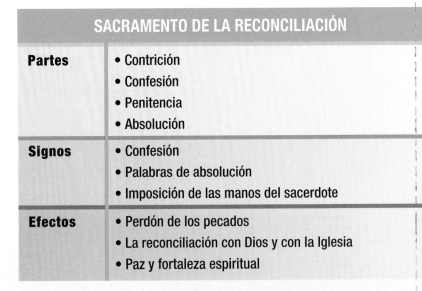

SACRAMENTO DE LA RECONCILIACIÓN	
Partes	• Contrición • Confesión • Penitencia • Absolución
Signos	• Confesión • Palabras de absolución • Imposición de las manos del sacerdote
Efectos	• Perdón de los pecados • La reconciliación con Dios y con la Iglesia • Paz y fortaleza espiritual

Actividad Comparte tu fe

Reflexiona: Piensa en una idea para una parábola de hoy en día acerca del perdón. Comienza pensando en situaciones actuales donde a la gente le resulte difícil perdonar.

Comunica: Con un compañero, decide si contarás tu relato en forma de obra, de poema o de cuento corto.

Actúa: Escribe la forma que usarás y de tres a cinco oraciones que cuenten cómo será la situación o cuál será tu parábola.

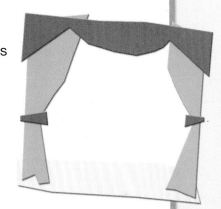

© Harcourt Religion

_____

_____

A Generous Father

Like the father in the story that Jesus told, God always wants you to come home to his love. No one is ever far from God's mercy. Christ continues to share God's forgiving love through the Church in the Sacrament of Reconciliation.

Catholics who commit serious sin are required to celebrate the Sacrament of Reconciliation, but the Church encourages all to celebrate it. Sin wounds or destroys relationships with God, the Church, and others. Reconciliation heals these relationships. After you confess your sins to the priest, he gives you a penance, which not only reminds you to be sorry for your sins but also helps you turn away from sin in the future.

After you have confessed your sins, the priest will ask you to pray the Act of Contrition. This prayer helps you express **contrition**, or sorrow, for your sins and your intention to do better. More importantly, it reminds you that the God who always hears your prayers is forgiving, just, and merciful. Your confession of sins and the **absolution**, or pardon, given by the priest bring you God's peace and grace.

Words of Faith

Contrition is sincere sorrow for having sinned.

Absolution is the forgiveness of sins in God's name through the Sacrament of Reconciliation.

SACRAMENT OF RECONCILIATION	
Parts	• Contrition • Confession • Penance • Absolution
Signs	• Confession • Words of absolution • Extension of priest's hand
Effects	• Forgiveness of sins • Reconciliation with God and the Church • Peace and spiritual strength

Activity — Share Your Faith

Reflect: Think of an idea for a modern-day parable of forgiveness. Begin by thinking of current situations in which people find it hard to forgive.

Share: With a partner, decide whether you would tell your story as a play, a poem, or a short story.

Act: Write the form you would use and three to five sentences telling what the situation would be or what your parable would be.

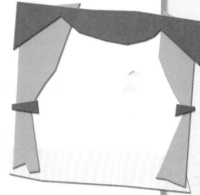

_____

_____

_____

El sacramento que cura

Análisis ¿Por qué se llama a la Unción de los enfermos un sacramento de Curación?

En las Islas Hawái a finales del 1800, no existía una cura para los afectados con la enfermedad de Hansen, o lepra. Todas las víctimas fueron exiliadas a Molokai, una de las Islas Hawái.

El símbolo para el sacramento de la Unción de los enfermos es una rama de olivo.

UNA BIOGRAFÍA

EL PADRE DAMIÁN Y LOS LEPROSOS

El sacerdote misionero belga, Damián de Veuster, fue voluntario para servir en Molokai. Cuando llegó, las condiciones en que se encontraba el poblado eran horribles. Había desorden y desesperación por todas partes.

El Padre Damián se interesaba por los exiliados y les enseñaba a ayudarse entre sí. Construyó hogares para los huérfanos. Bautizó a personas y las inició en otros sacramentos. Su gran fe lo inspiró a amar a estas personas tan enfermas y a quedarse con ellos hasta el final. Finalmente, este sacerdote compasivo contrajo lepra y por consiguiente se llamaba a sí mismo y a su rebaño "nosotros, los leprosos".

❓ ¿Qué crees que significó para las otras personas que el Padre Damián dijera "nosotros, los leprosos"?

The Sacrament That Heals

 **Focus** Why is the Anointing of the Sick called a Sacrament of Healing?

Faith Fact

The symbol for the Sacrament of the Anointing of the Sick is an olive branch.

In the Hawaiian Islands of the late 1800s, no healing was available for those stricken with Hansen's disease, or leprosy. All victims were exiled to Molokai, one of the Hawaiian Islands.

BIOGRAPHY

FATHER DAMIEN AND THE LEPERS

Belgian missionary priest Damien de Veuster volunteered to serve on Molokai. When he arrived, conditions in the settlement were horrible. Disorder and despair were everywhere.

Father Damien cared for the outcasts and taught them to help one another. He built homes for orphans. He baptized people and brought them the other sacraments. Because of his great faith, he was inspired to love these very sick people and to stay with them to the end. This compassionate priest eventually contracted leprosy himself and thereafter referred to himself and his flock as "we lepers."

? **What do you think it meant to the people that Father Damien said "we lepers"?**

329

COMPASIÓN POR LOS ENFERMOS

El Padre Damián no pudo curar la enfermedad, pero sí pudo aliviar la pena, ayudar a recuperar la dignidad y llevar esperanza a quienes sirvió. A través de los sacramentos, el Padre Damián llevó a la gente la curación y el perdón de Dios. Aunque los exiliados de Molokai habían sido separados de sus familias y amigos, aprendieron de este buen sacerdote la verdad de que nunca podrían ser separados del amor de Dios en Jesucristo.

Durante su vida en la Tierra, Jesús mostró compasión por aquellos que estaban enfermos y muchas veces los curó. A través del sacramento de la Unción de los enfermos, la Iglesia continúa en el nombre de Cristo tocando y curando a los que sufren enfermedades. Cualquiera que esté gravemente enfermo, en una edad avanzada o enfrentando una cirugía puede recibir este sacramento. Se debe celebrar también cuando se considere que alguien está cerca de la muerte.

SACRAMENTO DE LA UNCIÓN DE LOS ENFERMOS	
Signos	Imposición de las manos, oración, unción de la frente y las manos
Efectos	Unión con el sufrimiento de Cristo, paz, valor, fotaleza para soportar la enfermedad, el perdón de los pecados, preparación para la vida eterna, y a veces, curación física

Actividad — Practica tu fe

Comparte el amor sanador   Comparte el amor sanador de Cristo con los demás. Diseña en el espacio en blanco una tarjeta o escribe una nota de buenos deseos para alguien que esté enfermo. Si es posible, reproduce la tarjeta o nota en un papel y envíala a la persona.

QUE TE RECUPERES PRONTO

COMPASSION FOR THOSE WHO ARE SICK

Father Damien could not cure illness, but he could ease pain, help restore dignity, and bring hope to those he served. Through the sacraments, Father Damien brought people God's healing and forgiveness. Although Molokai's exiles had been separated from family and friends, they learned from this good priest the truth that they could never be separated from the love of God in Jesus Christ.

During his life on earth, Jesus showed compassion for those who were sick and often healed them. Through the Sacrament of the Anointing of the Sick, the Church continues in the name of Christ to touch and heal those who suffer illness. Anyone who is seriously ill, at an advanced age, or facing surgery can receive this sacrament. It should also be celebrated when someone is thought to be near death.

SACRAMENT OF THE ANOINTING OF THE SICK	
Signs	Laying on of hands, prayer, anointing of the forehead and hands
Effects	Union with the sufferings of Christ, peace, courage, the strength to bear illness, the forgiveness of sins, preparation for eternal life, and sometimes physical healing

Activity Connect Your Faith

Share Healing Love Share the healing love of Christ with others. In the space below, design a card or write a get-well note to someone who is sick. If possible, re-create the card or note on stationery and deliver it to the person.

Oración de paz

  Oremos

Reúnanse y comiencen con la señal de la cruz.

Canten juntos.

1. Paz ante mí y paz por detrás, paz sea a mis pies.
   Paz sobre mí y paz en mí, paz sea a mi alrededor.

2. Amor ante mí y amor por detrás, amor sea a mis pies.
   Amor sobre mí y amor en mí, amor sea a mi alrededor.

3. Luz ante mí y luz por detrás, luz sea a mis pies.
   Luz sobre mí y luz en mí, luz sea a mi alrededor.

Líder: Lectura del Evangelio según San Juan.

Lean Juan 14, 27.

Palabra del Señor.

Todos: **Gloria a ti, Señor Jesús.**

4. Cristo ante mí y Cristo por detrás, Cristo sea a mis pies.
   Cristo sobre mí y Cristo en mí, Cristo sea a mi alrededor.

5. Aleluya, aleluya, aleluya, aleluya, aleluya, aleluya.

6. Paz ante mí y paz por detrás, paz sea a mis pies.
   Paz sobre mí y paz en mí, paz sea a mi alrededor.

"Oración de la Paz", David Haas © 1987, GIA Publications, Inc.

Todos intercambien una señal de paz al final del himno.

Prayer of Peace

Gather and begin with the Sign of the Cross.

Sing together.

1. Peace before us, peace behind us, peace under our feet.
   Peace within us, peace over us, let all around us be peace.

2. Love before us, love behind us, love under our feet.
   Love within us, love over us, let all around us be love.

3. Light before us, light behind us, light under our feet.
   Light within us, light over us, let all around us be light.

Leader: A reading from the Gospel of John.

Read John 14:27.

The Gospel of the Lord.

All: **Praise to you, Lord Jesus Christ.**

4. Christ before us, Christ behind us, Christ under our feet.
   Christ within us, Christ over us, let all around us be Christ.

5. Alleluia, alleluia, alleluia, alleluia, alleluia, alleluia.

6. Peace before us, peace behind us, peace under our feet.
   Peace within us, peace over us, let all around us be peace.

"Prayer of Peace", David Haas © 1987, GIA Publications, Inc.

All exchange a sign of peace at the conclusion of the hymn.

Repasar y aplicar

A **Comprueba lo que aprendiste**   Tacha las respuestas incorrectas que encuentres en los siguientes puntos.

1. Los signos del sacramento de la Unción de los enfermos son: (imposición de las manos, unción con óleo, hacer la penitencia).

2. Los elementos básicos del sacramento de la Reconciliación son: (confesión, contrición, penitencia, Comunión, absolución).

3. Tanto la Unción de los Enfermos como la Reconciliación son: (sacramentos, parábolas, signos de compasión).

4. La contrición por los pecados (es innecesaria, debe ser sincera, ayuda a recomponer las relaciones con Dios y con la Iglesia que han sido dañadas).

5. El Padre Damián es un ejemplo heroico de reconciliación y curación porque él (encontró una cura para la lepra; dedicó su vida al cuidado de los exiliados en Molokai; dio consuelo, dignidad y esperanza a quienes cuidó).

B **Relaciona**   ¿Cuál es la relación entre el sacramento de la Unción de los enfermos y el sacramento de la Reconciliación?

_____

_____

Actividad   Vive tu fe

¡Estás invitado!

Anuncia el amor de Dios
Haz un cartel que invite a las personas a una celebración parroquial del sacramento de la Reconciliación o de la Unción de los enfermos. Enumera las mejores razones para celebrar el sacramento que elegiste. Ofrece tu cartel al personal de la parroquia para que lo exhiban cuando se celebre ese sacramento.

Review and Apply

A **Check Understanding**   Cross out any incorrect answers you find in the items below.

1. The signs of the Sacrament of the Anointing of the Sick are (laying on of hands, anointing with oil, doing penance).

2. The basic elements of the Sacrament of Reconciliation are (confession, contrition, penance, Communion, absolution).

3. Both the Anointing of the Sick and Reconciliation are (sacraments, parables, signs of compassion).

4. Contrition for sins (is unnecessary, must be sincere, helps restore damaged relationships with God and the Church).

5. Father Damien is a heroic example of reconciliation and healing because he (found a cure for Hansen's disease; devoted himself to the care of those exiled on Molokai; brought comfort, dignity, and hope to those in his care).

B **Make Connections**   What is the connection between the Sacrament of the Anointing of the Sick and the Sacrament of Reconciliation?

_____

_____

Activity Live Your Faith—

You're Invited!

Advertise God's Love
Make a poster that invites people to a parish celebration of the Sacrament of Reconciliation or of the Anointing of the Sick. Give the best reasons for celebrating the sacrament you choose. Offer your posters to the parish staff for display when these sacraments are celebrated.

La fe en familia

Lo que creemos

- La Iglesia recibe el perdón de Dios a través de los sacramentos de Curación.

- El sacramento de la Reconciliación incluye contrición, confesión, penitencia y absolución.

✝ LA SAGRADA ESCRITURA

Lee *2 Reyes 20, 1–21* para aprender más acerca del perdón de Dios y la curación de los fieles.

 Visita **www.harcourtreligion.com** para encontrar recursos basados en el año litúrgico y lecturas semanales de la Sagrada Escritura.

Actividad

Vive tu fe

Imagina tu reacción El perdón y la curación son llamados de toda la vida. Aunque los relatos de Jesús se cuenten muchas veces, siempre pueden presentar una nueva respuesta. Lee el relato del Hijo pródigo. (*Lucas 15, 11–32.*) Pide a cada miembro de la familia que comparta qué habría pensado o sentido si hubiera sido uno de los personajes de la parábola.

Siervos de la fe

Juan Vianney encontraba el trabajo escolar difícil, en especial, aprender latín. Por ese motivo, sus superiores se negaban a ordenarlo. Le permitieron ordenarse sólo porque era un ejemplo de bondad. En 1818, fue nombrado pastor de la única iglesia en una aldea llamada Ars. Para 1830, miles de personas viajaban hasta allí cada año para escuchar sus poderosos sermones y para confesarle sus pecados. Con frecuencia, Juan Vianney pasaba dieciséis horas escuchando confesiones y aconsejándoles a las personas cómo acercarse a Dios. Su día se celebra el 4 de agosto.

▲ **San Juan Vianney 1786–1859**

Una oración en familia

San Juan Vianney, ruega por nosotros para que siempre busquemos el perdón y la curación que vienen de Dios. Que enfrentemos desafíos y dificultades con la misma humildad y aceptación que tú demostraste durante tu vida en la Tierra. Amén.

© Harcourt Religion

En la Unidad 5 su hijo está aprendiendo sobre la MORAL. Consulte el Catecismo de la Iglesia Católica, números 1421, 1491, 1527 y 1531 para obtener más información sobre el contenido del capítulo.

Family Faith

Catholics Believe

- The Church receives God's forgiveness through the Sacraments of Healing.

- The Sacrament of Reconciliation includes contrition, confession, penance, and absolution.

✝ SCRIPTURE

Read *2 Kings 20:1–21* to learn more about God's forgiveness and healing of the faithful.

GO ONLINE
www.harcourtreligion.com
For weekly Scripture readings and seasonal resources

Activity

Live Your Faith

Imagine Your Reaction   Forgiveness and healing are a lifelong calling. However many times the stories of Jesus are told, they can always spark a new response. Read the story of the Lost Son. (See *Luke 15:11–32*.) Ask each family member to share what he or she, as one of the characters in the parable, would have thought or felt.

People of Faith

▲ **Saint John Vianney**
1786–1859

John Vianney found schoolwork, especially Latin, difficult. For this reason his superiors were reluctant to see him ordained. They allowed him to be ordained because he was a model of goodness. In 1818 he was appointed pastor of the only church in a village called Ars. By the 1830s, thousands of people were traveling there every year to hear his powerful sermons and to confess their sins to him. John Vianney often spent sixteen hours a day hearing confessions and counseling people on how to be closer to God. His feast day is August 4.

Family Prayer

Saint John Vianney, pray for us that we may always seek God's forgiveness and healing. May we face challenging and difficult tasks with the same humility and acceptance you showed during your life on earth. Amen.

REPASO DE LA UNIDAD 5

A **Trabaja con palabras** Completa cada oración con los términos correctos del vocabulario.

1. Un _____ o "aprendiz" es una persona que se prepara para celebrar los sacramentos de la Iniciación.

2. Para que un pecado sea mortal, debe ser una acción grave, hecha con total conciencia y completo _____.

3. El pecado _____ es el pecado cometido por los primeros seres humanos, que provocó la condición pecadora de la humanidad desde su comienzo.

4. La _____ es el arrepentimiento sincero de haber pecado.

5. La _____ es el perdón de los pecados en el nombre de Dios a través del sacramento de la Reconciliación.

VOCABULARIO

catecúmeno
contrición
consentimiento
original
absolución
testigo

B **Comprueba lo que aprendiste** Encierra en un círculo la letra de la opción que mejor complete cada oración.

6. Siempre debemos permanecer seguros y esperanzados, aunque el pecado y el mal existan en el mundo, por _____.

   a. el Bautismo
   b. la razón de que todos los cristianos van al Cielo
   c. a, d y e
   d. la Reconciliación
   e. el poder de Dios sobre el mal

7. El Bautismo es como la Resurrección porque _____.

   a. Jesús tuvo ambos
   b. ambos son sacramentos
   c. comienza una nueva vida
   d. ambos usan agua
   e. ambos curan

8. Tanto el sacramento de la Reconciliación como el de la Unción de los enfermos muestran _____ de la gracia de Dios.

   a. óleo del crisma
   b. el arrepentimiento
   c. signos
   d. un paño mortuorio
   e. a y d

9. La Iglesia celebra los sacramentos del Bautismo, Confirmación y Eucaristía juntos _____.

   a. en Pentecostés
   b. nunca
   c. todos los domingos
   d. sólo en Constantinopla
   e. durante la Vigilia Pascual

10. El pecado venial _____ pero no _____ la relación de una persona con Dios.

   a. debilita / destruye
   b. mejora / niega
   c. cambia / debilita
   d. revierte / cambia
   e. fortalece / comienza

UNIT 5 REVIEW

A **Work with Words**   Complete each sentence with the correct term(s) from the Word Bank.

1. A _____, or "learner," is a person preparing to celebrate the Sacraments of Initiation.

2. For a sin to be mortal, it must be a serious matter, done with full knowledge and complete _____.

3. _____ sin is the sin of the first humans, which led to the sinful condition of the human race from its beginnin

4. _____ is sincere sorrow for having sinned.

5. _____ is the forgiveness of sins in God's name through the Sacrament of Reconciliation.

B **Check Understanding**   Circle the letter of the choice that best completes each sentence.

6. We should always remain confident and hopeful, even though sin and evil are in the world, because _____.

   a. of Baptism   **b.** all Christians go to heaven   **c.** a, d, and e

   d. of Reconciliation   **e.** of God's power over sin

7. Baptism is like the Resurrection because _____.

   a. Jesus had both   **b.** both are sacraments   **c.** new life begins

   d. both need water   **e.** both heal

8. The Sacraments of Reconciliation and the Anointing of the Sick bothe use _____ to show God's grace.

   a. oil of chrism   **b.** repentance   **c.** signs

   d. a pall   **e.** a and d

9. The Church celebrates the Sacraments of Baptism, Confirmation, and Eucharist all together _____.

   a. on Pentecost   **b.** never   **c.** every Sunday

   d. only in Constantinople   **e.** during the Easter Vigil

10. Venian sin _____ but does not _____ a person's relationship with God.

   a. weakens / destroy   **b.** improves / deny   **c.** changes / weaken

   d. reverses / change   **e.** strengthens / start

UNIDAD 6

El sacramento principal

Capítulo 16

Reunidos para la Misa

¿Por qué la Eucaristía es fundamental para tu vida como católico?

Capítulo 17

La Liturgia de la Palabra

¿Cómo honra la Iglesia la Palabra de Dios?

Capítulo 18

La Liturgia Eucarística

¿Cómo se convierten el pan y el vino en el Cuerpo y la Sangre de Jesús?

 ¿Qué te parece que aprenderás en esta unidad sobre la Eucaristía como el principal sacramento?

UNIT 6
The Central Sacrament

Chapter 16
Gathered for Mass

What makes the Eucharist central to your life as a Catholic?

Chapter 17
Liturgy of the Word

How does the Church honor God's word?

Chapter 18
Liturgy of the Eucharist

How does the bread and wine become the Body and Blood of Jesus?

? What do you think you will learn in this unit about the Eucharist as the central sacrament?

Capítulo
16

Reunidos para la Misa

Oremos

Líder: Dios amoroso, reúnenos como comunidad.

"Es un desahogo para mi alma, acordarme de aquel tiempo, en que iba con los nobles hasta la casa de Dios, entre vivas y cantos de la turba feliz".

Salmo 42, 5

Todos: Dios amoroso, reúnenos como comunidad. Amén.

Actividad **Comencemos**

Cumple con tu parte Un elefante se encontró con un colibrí que estaba acostado con las patitas hacia arriba. El elefante preguntó: "¿Qué estás haciendo?". El colibrí respondió: "Oí que el cielo se va a caer y estoy tratando de sostenerlo". El sorprendido elefante preguntó: "¿Cómo puede un colibrí impedir que el cielo se caiga?". El colibrí contestó: "Todos debemos cumplir con la parte que nos toca".

• ¿Qué parte cumples en tu familia? ¿En tu grupo de amigos? ¿Y en la Iglesia?

Chapter 16 Gathered for Mass

 Let Us Pray

Leader: Loving God, bring us together as a community.

"When I went in procession with the crowd,
I went with them to the house of God."

Psalm 42:5

All: Loving God, bring us together as a community. Amen.

Activity — Let's Begin

Do Your Part An elephant met a hummingbird lying on its back with its feet straight up in the air. "What are you doing?" the elephant asked. The hummingbird replied, "I have heard that the sky is going to fall and I am trying to hold it up." The amazed elephant said, "How can one hummingbird keep the sky from falling?" The hummingbird answered, "We all must do our part."

• What part do you play in your family? In your group of friends? In the Church?

Unidos en el Cuerpo de Cristo

Análisis ¿Qué es la asamblea litúrgica?

En la Misa del domingo, Sally ve a Billy Yuan con su padre, el señor Jones, que está en su silla de ruedas. Allá está el Padre Burke hablando con el Diácono Tom y la Hermana Teresita está con la familia Dixon. Sally dice "hola" a DJ y saluda con la mano a Zoe, que siempre viene temprano a rezar el Rosario. Triste o contenta, la gente viene. Todos son bienvenidos.

La asamblea de los creyentes

Los fieles que concurren a la iglesia de Sally han venido de diferentes lugares para reunirse como una comunidad de fe. Cuando empieza el himno de apertura y todos elevan la voz en canto y oración, se transforman en algo más que un simple grupo de individuos diversos. Se transforman en una **asamblea litúrgica**, que hace lo más importante que pueden hacer los católicos: celebrar la Eucaristía.

Cuando la comunidad de una parroquia se reúne para celebrar la Eucaristía, puedes ver que toda clase de personas componen el Cuerpo de Cristo. Ricos y pobres, ancianos y jóvenes, sanos y frágiles, personas de todas las naciones y de todas las culturas se reúnen para participar en la Misa, la celebración de su salvación a través de Cristo. Juntos se transforman en una asamblea del Pueblo de Dios. Entre esas personas reunidas, Cristo está verdaderamente presente.

❓ ¿A quiénes ves en la Misa los domingos?

❓ ¿Qué te hace sentir bienvenido?

United in Christ's Body

 **Focus** What is the liturgical assembly?

At Sunday Mass, Sally sees Billy Yuan with his grandfather, Mr. Jones, who is in his wheelchair. There's Father Burke, talking with Deacon Tom; and Sister Teresita is with the Dixon family. Sally says hello to DJ and waves to Zoe, who always comes early to pray the Rosary. Happy or sad, people come. All are welcome.

The Assembly of Believers

The worshipers at Sally's church have come from different places to assemble as one community of faith. When the opening hymn begins and all raise their voices in song and prayer, they become something more than just a group of assorted individuals. They become a **liturgical assembly**, doing the most important thing that Catholics can do—celebrating the Eucharist.

When a parish community comes together to celebrate the Eucharist, you can see that all kinds of people make up the Body of Christ. Rich and poor, old and young, hearty and frail, people come together from all nations and cultures to share in the Mass, the celebration of their salvation through Christ. Together they become an assembly of the People of God. Christ is truly present in the people assembled.

❓ **Who are the people you see at Mass on Sunday?**

❓ **What sights and sounds make you feel welcome?**

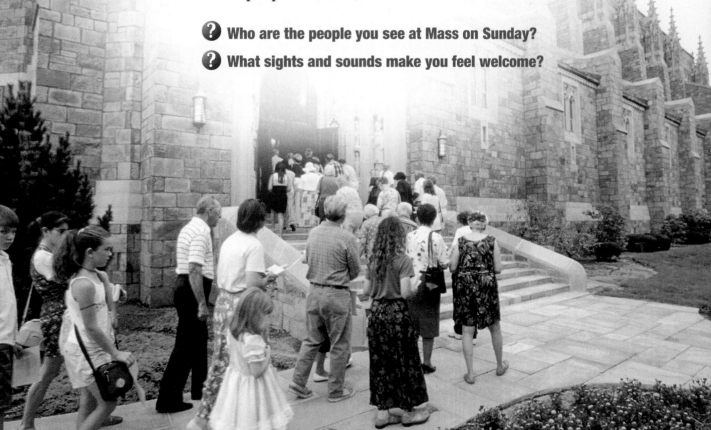

La presencia real

La Eucaristía es fundamental para la vida católica, porque acerca más a los seguidores de Cristo a Él y entre ellos. En la liturgia, los católicos celebran la presencia especial de Cristo. Durante la Eucaristía, Cristo está presente en la asamblea, en el sacerdote, en la Palabra de Dios y en la Eucaristía. Y más importante aún, Cristo está presente en el pan y el vino consagrados, que verdaderamente se convierten en su Cuerpo y su Sangre. Esta presencia de Cristo única y verdadera en la Eucaristía bajo las especies del pan y el vino se llama **presencia real.**

En la liturgia, las personas recuerdan con acción de gracias el Misterio Pascual del Señor a través de la oración, el canto, el sacramento, escuchando, la participación activa y la recepción de la Sagrada Comunión. Todos juntos están unidos al sacrificio de Cristo a través del cual llega la nueva vida.

Palabras† de fe

La **asamblea litúrgica** es la comunidad de los creyentes que se reúnen para el culto público, especialmente en la Eucaristía.

La **presencia real** es la presencia verdadera de Cristo en la Eucaristía bajo las especies del pan y el vino.

Actividad comparte tu fe

Reflexiona: Piensa en todas las personas que se encuentran en la asamblea del domingo.

Comunica: Con un compañero, comenten acerca de cada persona o de cada grupo que se menciona en la red que aparece abajo.

Actúa: Debajo de la referencia de cada grupo o persona, escribe una oración sobre cómo cada uno demuestra la creencia de que Jesús está presente.

Familias

Sacerdote

Diácono

Ujieres

MISA

Ministros extraordinarios de la Sagrada Comunión

Monaguillos

Coro

Lectores

The Real Presence

The Eucharist is central to Catholic life because it unites Christ's followers more closely to him and to one another. In the liturgy, Catholics celebrate the special presence of Christ. During the Eucharist, Christ is present in the assembly, in the priest, in the word of God, and in the Eucharist. Most important, Christ is present in the sacred Bread and Wine, which truly become his Body and Blood. This unique, true presence of Christ in the Eucharist under the appearance of bread and wine is called the **Real Presence**.

In the liturgy the people remember with thanksgiving the Paschal mystery of the Lord through prayer, song, sacrament, listening, active participation, and reception of Holy Communion. All gathered are united to the sacrifice of Christ through which new life comes.

Words of Faith

The **liturgical assembly** is the community of believers who come together for public worship, especially in the Eucharist.

The **Real Presence** is the true presence of Christ in the Eucharist under the appearance of bread and wine.

Activity — Share Your Faith

Reflect: Think about all of the people who are included in the Sunday assembly.

Share: With a partner, discuss each person or group mentioned in the web below.

Act: Beneath the reference to each group or person, write a sentence stating how each one shows the belief that Jesus is present.

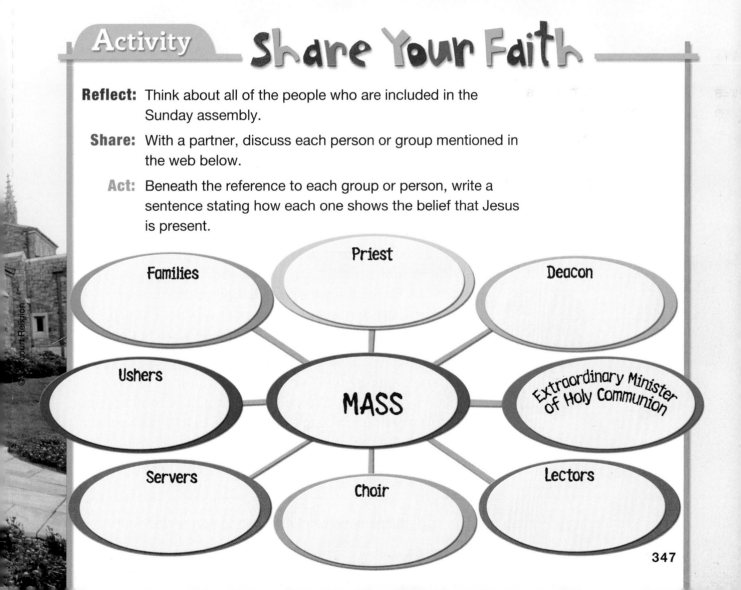

Families   Priest   Deacon
Ushers   MASS   Extraordinary Minister of Holy Communion
Servers   Choir   Lectors

Participación en la comunidad

 **Análisis** ¿Por qué los cristianos celebran el día del Señor?

Cuando Sally se une a la comunidad de la parroquia para la Misa dominical, posiblemente no sabe que está participando en una tradición viva de muchos siglos de antigüedad. En la época de los primeros cristianos, el domingo era el día del Señor, el día en que la comunidad celebraba la Resurrección de Jesús. Hoy en día, la Iglesia continúa con esa práctica.

La Eucaristía es el punto culminante de la vida de fe que comparte una comunidad. La comunidad cristiana debe construirse día a día, como aconsejó San Pablo a la incipiente comunidad de la Iglesia.

✝ **LA SAGRADA ESCRITURA**

"Les rogamos también, hermanos, que reprendan a los indisciplinados, animen a los indecisos, sostengan a los débiles y tengan paciencia con todos. Cuiden que nadie devuelva a otro mal por mal, sino constantemente procuren el bien entre ustedes y con los demás. Estén siempre alegres, oren sin cesar y den gracias a Dios en toda ocasión; ésta es, por voluntad de Dios, su vocación de cristianos".

1 Tesalonicenses 5, 14–18

Observancia del domingo

Según la costumbre judía, el Sabbat empezaba la noche del viernes. Los primeros cristianos judíos adoptaron esta costumbre. En forma semejante la Iglesia empieza su observancia del domingo la noche del sábado. Por eso, la Misa del sábado en la noche se considera parte de la observancia del domingo.

La participación en la Eucaristía del domingo es un privilegio y un deber. Ofrece la oportunidad de encontrarse con Dios en un diálogo a través de Cristo y del Espíritu Santo. No participar en la Misa dominical regularmente y en forma deliberada sin una buena razón es una cuestión grave.

❓ **¿Cómo observa el domingo tu parroquia?**

Participation in the Community

Focus Why do Christians celebrate the Lord's day?

When Sally joins the parish community for Mass on Sunday, she may not be aware that she is stepping into a living tradition many centuries old. In the time of the early Christians, Sunday was the Lord's day, the day on which the community shared the Resurrection of Jesus. The Church continues this practice today.

The Eucharist is the high point of a life of faith shared by a community. The Christian community must be built day by day, as Saint Paul advised an early Church community.

SCRIPTURE

"We urge you, brothers, admonish the idle, cheer the fainthearted, support the weak, be patient with all. See that no one returns evil for evil; rather, always seek what is good [both] for each other and for all. Rejoice always. Pray without ceasing. In all circumstances give thanks, for this is the will of God for you in Christ Jesus."

1 Thessalonians 5:14–18

Sunday Observance

According to Jewish custom, the Sabbath began on Friday evening. The early Jewish Christians adopted this custom. Similarly, the Church begins its observance of Sunday on Saturday evening. Because of this, Saturday evening Mass is considered part of the Sunday observance.

Participation in the Sunday Eucharist is a privilege and a duty. It offers the opportunity to meet God in a dialogue through Christ and the Holy Spirit. To deliberately stay away from Mass on Sunday regularly without a very good reason is a serious matter.

? How does your parish observe Sunday?

Ministerios litúrgicos

Dentro de la comunidad, ciertos miembros de la Iglesia son llamados a prestar un servicio especial como ministros ordenados de la Sagrada Comunión: obispos, sacerdotes y diáconos. Por el poder del Espíritu Santo, los obispos y los sacerdotes *presiden*, o dirigen, la asamblea extraordinaria. Los diáconos los asisten.

Otros miembros que la comunidad llama también tienen funciones diferenciadas en la liturgia. Son los ministros de hospitalidad, los miembros del coro, los cantores, los músicos, los lectores, los monaguillos y los ministros extraordinarios de la sagrada comunión. Todas estas personas contribuyen a que la asamblea practique el culto como comunidad.

❓ **Si pudieras optar por servir en cualquiera de estas funciones litúrgicas, ¿cuál elegirías? Explica tu elección.**

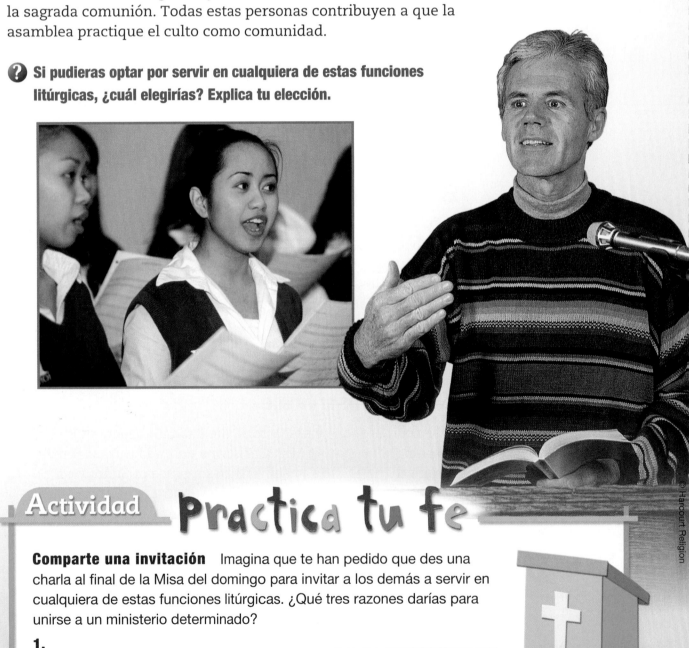

Actividad Practica tu fe

Comparte una invitación Imagina que te han pedido que des una charla al final de la Misa del domingo para invitar a los demás a servir en cualquiera de estas funciones litúrgicas. ¿Qué tres razones darías para unirse a un ministerio determinado?

1. _____

2. _____

3. _____

Liturgical Ministries

Within the community, certain members of the Church are called to special service as ordained ministers of Holy Communion—bishops, priests, and deacons. By the power of the Holy Spirit, bishops and priests *preside*, or act as Leaders of the extraordinary assembly. Deacons assist them.

Other members called by the community also have distinct roles in the liturgy. They are greeters, choir members, cantors, musicians, readers, altar servers, and Extraordinary ministers of Holy Communion. All of these people help the assembly worship as one community.

? **If you could choose to serve in any of these liturgical roles, which would you choose? Explain your choice.**

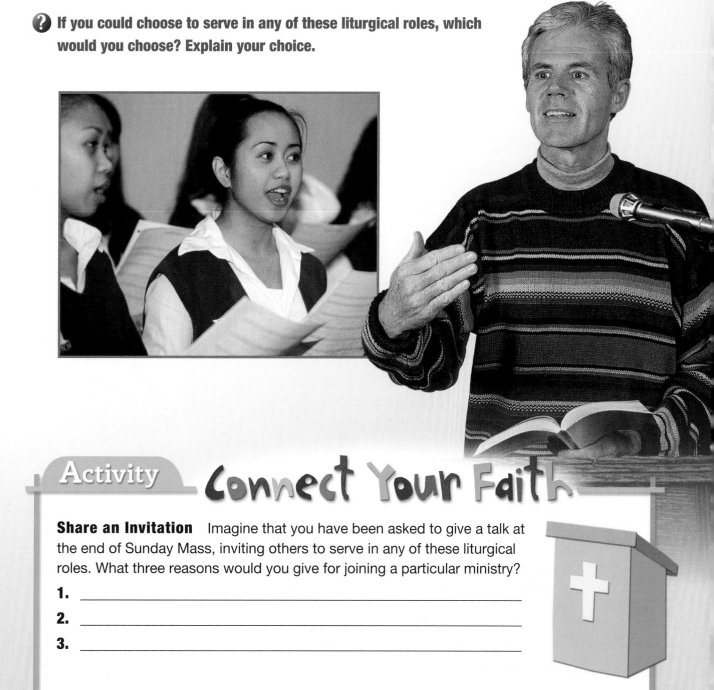

Activity Connect Your Faith

Share an Invitation   Imagine that you have been asked to give a talk at the end of Sunday Mass, inviting others to serve in any of these liturgical roles. What three reasons would you give for joining a particular ministry?

1. _____

2. _____

3. _____

Celebración de la Palabra

 Oremos

Reúnanse y comiencen con la señal de la cruz.

Líder: Dios nos ha reunido como una comunidad de fe. Traemos nuestras alegrías y nuestras penas, nuestra fe y nuestro amor por los demás.

Lector: Lectura del Evangelio según San Mateo.

Lean Mateo 5, 23–24.

Palabra del Señor.

Todos: **Gloria a ti, Señor Jesús.**

Reflexionen en silencio sobre la lectura.

Líder: Enseñados por mandato de nuestro Salvador y formados por la Palabra de Dios, nos atrevemos a decir:
Todos rezan la Oración del Señor.

Líder: Oremos.

Inclinen la cabeza mientras el líder reza.

Todos: **Amén.**

Líder: La paz del Señor esté siempre con ustedes.

Todos: **Y con tu espíritu.**

Líder: Compartamos unos con otros la señal de la paz de Cristo.

Compartan la señal de la paz.

 Canten juntos.

Reúnenos a los perdidos y abandonados,

Reúnenos a los ciegos y cojos;

Llámanos ahora y despertaremos,

Nos levantaremos al escuchar nuestro nombre.

Versión de "Gather Us In", Marty Haugen, © 1982, GIA Publications, Inc.

Celebration of the Word

 **Let Us Pray**

Gather and begin with the Sign of the Cross.

Leader: God has gathered us as a community of faith. We bring our joys and sorrows, our faith, and our love for one another.

Reader: A reading from the Gospel according to Matthew.

Read Matthew 5:23–24.

The Gospel of the Lord.

All: **Praise to you, Lord Jesus Christ.**

Reflect quietly on the reading.

Leader: Taught by our Savior's command, and formed by the word of God, we dare to say:

All pray the Lord's Prayer.

Leader: Let us pray.

Bow your heads as the leader prays.

All: **Amen.**

Leader: The peace of the Lord be always with you.

All: **And also with you.**

Leader: Let us share with one another a sign of Christ's peace.

Share a sign of peace.

 Sing together.

Gather us in—the lost and forsaken,
Gather us in—the blind and the lame;
Call to us now, and we shall awaken,
We shall arise at the sound of our name.

"Gather Us In", Marty Haugen,
© 1982, GIA Publications, Inc.

Repasar y aplicar

A **Trabaja con palabras**   Une cada descripción de la Columna 1 con el término correcto de la Columna 2.

Columna 1

_____ **1.** ministros ordenados que asisten a los obispos y a los sacerdotes

_____ **2.** reunidos por Dios para celebrar la liturgia

_____ **3.** preside la Eucaristía

_____ **4.** comunidad formada por vivir con devoción cotidianamente

_____ **5.** tiene una función en la celebración eucarística

Column 2

a. obispo o sacerdote

b. asamblea litúrgica

c. Cuerpo de Cristo

d. cada individuo

e. diáconos

B **Comprueba lo que aprendiste**   ¿Por qué se dice que celebrar juntos la Eucaristía el domingo es tanto un privilegio como también un deber?

_____

_____

_____

_____

Actividad   Vive tu fe

Escribe un artículo   Imagina que un periódico local publica un artículo sobre tu familia. El artículo describe cómo tu familia hace del domingo una celebración del día del Señor. Escribe lo que te gustaría que dijera el artículo. Si lo deseas puedes ilustrarlo.

_____

_____

_____

_____

_____

Review and Apply

A **Work with Words**   Match the description in Column 1 with the correct term in Column 2.

Column 1

_____ **1.** ordained ministers who assist bishop and priests

_____ **2.** called together by God to celebrate the liturgy

_____ **3.** presides at the Eucharist

_____ **4.** community built up by daily faitfhful living

_____ **5.** has a role in the Eucharistic celebration

Column 2

a. bishop or priest

b. liturgical assembly

c. Body of Christ

d. each individual

e. deacons

B **Check Understanding**   Why is the celebration of the Eucharist together on Sunday called both a privilege and a duty?

_____

_____

_____

_____

Activity **Live Your Faith**

Write an Article   Imagine that a local newspaper includes a feature article about your family. The article describes how your family makes Sunday a celebration of the Lord's day. Write what you would like the article to say. Illustrate the article if you wish.

_____

_____

_____

_____

La fe en familia

Lo que creemos

- El pan de trigo y el vino de uvas se convierten en el Cuerpo y la Sangre de Jesús en el sacramento de la Eucaristía.

- En la asamblea litúrgica, la gracia de fe del Espíritu Santo fortalece a la comunidad.

LA SAGRADA ESCRITURA

Lee *1 Pedro 3, 8–12* para aprender más acerca de cómo los miembros de una comunidad de fe deben comportarse unos con otros.

Visita **www.harcourtreligion.com** para encontrar recursos basados en el año litúrgico y lecturas semanales de la Sagrada Escritura.

Actividad

Vive tu fe

Preséntense Parte de pertenecer a la asamblea litúrgica es llegar a conocer a los demás. Esta semana:

- planeen asistir a Misa como familia;
- lleguen temprano a Misa o quédense después de que termine;
- preséntense a varios feligreses y a los ministros litúrgicos;
- escriban los nombres para que los puedan recordar;
- reflexionen sobre la experiencia. ¿Qué aprendieron haciendo esto?

Siervos de la fe

▲ Santa Catalina de Siena 1347–1380

El padre de Catalina era dueño de una pequeña tintorería en la república italiana de Siena, pero su familia no era influyente. Desde muy pequeña, Catalina se sintió atraída hacia una vida de oración y de abnegación. Por su relación con Dios, adquirió una personalidad tan fuerte que se transformó en una importante consejera espiritual para muchas personas. Antes de cumplir los treinta años de edad, ya era una valiosa consejera de dos papas. El día de Santa Catalina se celebra el 29 de Abril. En 1977 la declararon doctora de la Iglesia.

 ## Una oración en familia

Santa Catalina, reza por nosotros, para que podamos compartir tu conocimiento y tu gran amor por Dios. Que nos esforcemos por ser una fuerza para la curación y la sabiduría en el mundo como lo fuiste tú. Amén.

© Harcourt Religion

En la Unidad 6 su hijo está aprendiendo sobre los SACRAMENTOS. Consulte el Catecismo de la Iglesia Católica, números 1141, 1373–1381 para obtener más información sobre el contenido del capítulo.

Family Faith

Catholics Believe

- The wheat bread and grape wine become the Body and Blood of Jesus in the Sacrament of the Eucharist.

- In the liturgical assembly, the Holy Spirit's grace of faith strengthens the community.

✝ SCRIPTURE

Read *1 Peter 3:8–12* to learn more about how members of a faith community are to behave toward one another.

GO ONLINE www.harcourtreligion.com
For weekly Scripture readings and seasonal resources

Activity

Live Your Faith

Introduce Yourself Part of belonging to the liturgical assembly is getting to know others. This week:

- plan to attend Mass as a family.
- arrive early for Mass or stay after Mass.
- introduce yourself to several parishioners and liturgical ministers.
- write down names so that you will remember them.
- reflect on the experience. What did you learn by doing this?

People of Faith

▲ **Saint Catherine of Siena 1347–1380**

Catherine's father owned a small cloth-dyeing business in the Italian republic of Siena, but her family was not influential. From her earliest years, Catherine was drawn to a life of prayer and self-denial. Through her relationship with God, she acquired such force of personality that she became an important spiritual counselor to many people. Before reaching the age of thirty, she was a valued adviser to two popes. Saint Catherine's feast day is April 29. She was declared a Doctor of the Church in 1977.

Family Prayer

Saint Catherine, pray for us that we may share your learning and your great love for God. May we strive to be a force for healing and wisdom in the world, as you were. Amen.

Capítulo 17

La Liturgia de la Palabra

Oremos

Líder: Dios misericordioso, ayúdanos a confiar en ti
para todas las cosas.

"Pues recta es la palabra del Señor,
y verdad toda obra de sus manos".

Salmo 33, 4

Todos: Dios misericordioso, ayúdanos a confiar en ti para
todas las cosas. Amén.

Actividad  Comencemos

Relato familiar La familia se reunió
alrededor de la pantalla de la computadora.
Jaime exclamó, "¡Mira, allí está el barco! ¡Y
está el nombre de la bisabuela Julia en la lista
de pasajeros!". Estaban visitando el sitio de
Internet de la isla Ellis para buscar registros de la
inmigración de la familia a los Estados Unidos.
La fotografía borrosa y la letra anticuada revelaron
un momento de la historia que había influenciado
muchas de las circunstancias de su vida.

• Recuerda tu historia personal. Describe
algunos de los sucesos importantes y felices
en la vida de tu familia. ¿Cómo afectaron
estos acontecimientos a tu familia?

Chapter 17 Liturgy of the Word

Let Us Pray

Leader: Gracious God, help us trust you in all things.

"For the LORD's word is true;
all his works are trustworthy."

Psalm 33:4

All: Gracious God, help us trust you in
all things. Amen.

Activity Let's Begin

Family Story   The family huddled around
the computer screen. "Look! There's the ship!"
exclaimed James. "And there's Great-Grandma
Julia's name on the passenger list!" They
were visiting the Ellis Island Web site to find
records of their family's immigration to the
United States. The blurry photograph and
the old-fashioned handwriting revealed a
moment in history that had influenced many
of the circumstances of their lives.

• Look back on your own personal history.
  Describe some important and happy events in
  your family's life. How did these events affect
  your family?

Los manuscritos del Mar Muerto

 **Análisis** ¿Por qué son importantes los manuscritos del Mar Muerto?

Los registros, las fotografías y los libros familiares te ayudan a saber más acerca del pasado de tu familia. De modo parecido, los documentos antiguos ayudan a los estudiantes de la actualidad a entender los tiempos bíblicos. En 1947 se encontraron en cuevas cercanas al Mar Muerto algunos documentos antiguos llamados "manuscritos del Mar Muerto". Éste es el relato de su descubrimiento.

UNA BIOGRAFÍA

VOCES DEL PASADO

Un día de 1947, tres pastores de la tribu Ta'amireh del pueblo beduino estaban arreando sus cabras en una colina rocosa de la orilla noroeste del Mar Muerto de Palestina. Uno de los pastores, Jum'a Muhammed, vio que las cabras subían muy alto y subió a la colina para regresarlas.

El pastor advirtió una cueva, pero la abertura era demasiado pequeña para que él pudiera entrar. ¿Podría haber un tesoro dentro? Llamó a sus primos, Khalil Musa y Muhammed Ahmed el-Hamed. Ellos subieron para ver, pero estaba anocheciendo.

Dos días después, Muhammed Ahmed el-Hamed se levantó al amanecer. Dejó a sus dos primos dormidos y subió a la colina. El esbelto joven se metió en la pequeña abertura y bajó a la cueva. Jarrones estrechos y altos cubrían las paredes.

The Dead Sea Scrolls

Focus Why are the Dead Sea Scrolls important?

Family records, photographs, and books help you learn from the past about your family. Similarly, ancient documents help modern scholars understand biblical times. In 1947 some ancient documents called the Dead Sea Scrolls were found in caves near the Dead Sea. Here is the story of their discovery.

BIOGRAPHY

VOICES FROM THE PAST

One day in 1947, three shepherds of the Ta'amireh tribe of bedouin people were herding their goats on a rocky cliff along the northwest shore of the Dead Sea in Palestine. One shepherd, Jum'a Muhammed, saw the goats climbing too high, and he climbed the cliff to bring them back.

The shepherd noticed a cave—but the opening was too small for him to enter. Could there be a treasure inside? He called his cousins, Khalil Musa and Muhammed Ahmed el-Hamed. They climbed up to see, but it was getting dark.

Two days later, Muhammed Ahmed el-Hamed got up at dawn. He left his two cousins asleep and climbed the cliff. The slender youth squeezed through the narrow opening and lowered himself into the cave. Tall, narrow jars lined the walls.

© Harcourt Religion

Muhammed encuentra un tesoro

Muhammed revisó cada uno de los jarrones. Ocho de ellos estaban vacíos. El noveno estaba lleno de tierra. Exploró más y finalmente sintió tres bultos: dos envueltos en tela y otro en cuero. Muhammed los sacó y fue corriendo hasta donde estaban sus primos ansioso por mostrarles lo que había encontrado.

Los otros estaban decepcionados. ¿Qué clase de tesoro era ése? ¡Una pila de viejos manuscritos! Los pastores no tenían idea de que tenían en sus manos el descubrimiento arqueológico más importante del siglo. Los manuscritos del Mar Muerto, como se los llamó, contienen el texto completo más antiguo del libro de Isaías, como también otros fragmentos de la Sagrada Escritura. Los manuscritos, que han sido preservados cuidadosamente, probablemente datan del siglo I antes de Cristo.

❓ **¿Qué habrías hecho tú si hubieras encontrado esos objetos en una cueva en Palestina? ¿Por qué?**

Actividad — comparte tu fe

Reflexiona: Lee *Isaías 66, 1–2*. Reflexiona en silencio acerca de su significado.

Comunica: Con un compañero, túrnense para comentar qué significa el pasaje para ustedes.

Actúa: Escribe tres oraciones que resuman qué has entendido acerca del pasaje.

_____

_____

_____

Muhammed Finds a Treasure

Muhammed reached into one jar after another. Eight of them were empty. The ninth was filled with dirt. Exploring further, he finally felt three bundles, two wrapped in cloth and one in leather. Muhammed pulled them out and rushed back to his cousins, eager to show them what he had found.

The others were disappointed. What kind of treasure was this? A pile of old scrolls! The shepherds had no idea that they held in their hands the greatest archaeological discovery of the century. The Dead Sea Scrolls, as they became known, contain the earliest complete text of the Book of Isaiah, as well as other fragments of Scripture. The scrolls, which have been carefully preserved, probably date from the first century before Christ.

? **What would you have done if you had found such objects in a cave in Palestine? Why?**

Activity Share Your Faith

Reflect: Read *Isaiah 66:1–2*. Reflect silently on its meaning.

Share: With a partner, take turns telling what the passage means to each of you.

Act: Write three sentences that summarize your understanding of the passage.

_____

_____

_____

Dios nos habla

 **Análisis** ¿Por qué es importante la Liturgia de la Palabra?

Cada vez que abres la Biblia, descubres un tesoro: la Palabra de Dios. Aunque la Biblia se haya escrito hace mucho tiempo, aún en la actualidad revela un mensaje de Dios para ti.

La Palabra de Dios en la **Sagrada Escritura** no es algo que puedas interpretar por tu cuenta. El conocimiento de la Iglesia del mensaje de Cristo llega a ti desde los Apóstoles y desde la vida de la Iglesia y sus maestros. Ese conocimiento, que cada nueva generación de cristianos recibe y comprende más, se llama **Tradición**. La Sagrada Escritura y la Tradición tienen una fuente en común: la Palabra de Dios expresada a través de la Revelación de Dios.

✝ **LA SAGRADA ESCRITURA**

"Que la palabra de Cristo habite y se sienta a gusto en ustedes. Tengan sabiduría para que puedan enseñar y aconsejar unos a otros; canten a Dios de todo corazón y con gratitud salmos, himnos y alabanzas espontáneas".

Colosenses 3, 16

❓ **¿Cómo expresas tu gratitud hacia Dios durante la Liturgia de la Palabra?**

Honrar la Palabra de Dios

Los ritos permiten a la asamblea conocer la importancia de la Palabra de Dios. Las lecturas se proclaman desde el ambón, una estructura con forma de podio ubicada al lado del altar. Por lo general, se coloca una vela encendida cerca del ambón. Después de la primera y la segunda lecturas, el lector hace una pausa y dice: "Palabra de Dios", y tú respondes: "Te alabamos, Señor".

A veces se usa incienso para reverenciar el Evangeliario. Una vez que el sacerdote o diácono termina de leer el Evangelio, levanta el libro y lo besa para honrar y mostrar amor por la Palabra de Dios.

© Harcourt Religion

364

God Speaks to Us

Every time you open the Bible, you discover a treasure—the word of God. Even though the Bible was written long ago, it still reveals a message from God to you today.

God's word in **Scripture** is not something you can interpret on your own. The Church's understanding of the message of Jesus comes to you from the Apostles and from the life of the Church and its teachers. That understanding, handed on to and further understood by each new generation of Christians, is called **Tradition**. Scripture and Tradition have one common source: the Word of God conveyed through God's revelation.

✟ SCRIPTURE

"Let the word of Christ dwell in you richly, as in all wisdom you teach and admonish one another, singing psalms, hymns, and spiritual songs with gratitude in your hearts to God."

Colossians 3:16

? **How do you express your gratitude to God during the Liturgy of the Word?**

Honoring God's Word

Ritual actions let the assembly know the importance of the word of God. The readings are proclaimed from the ambo, the podium-like structure situated to the side of the altar. A lighted candle is usually placed near the ambo. After the first and second readings, the reader pauses and then says, "The word of the Lord," and you reply, "Thanks be to God."

Sometimes, incense is used to reverence the Book of the Gospels. After the priest or deacon reads the Gospel, he raises the book and then kisses it to show honor and love of God's word.

© Harcourt Religion

Proclamación y predicación

La Liturgia de la Palabra es la primera de las dos partes principales de la Misa. En las lecturas del Antiguo y del Nuevo Testamento, Dios habla al corazón de cada persona. Jesús está verdaderamente presente en la Palabra mientras ésta se proclama y se predica en la liturgia del mismo modo que está presente en el pan y el vino consagrados.

La Liturgia de la Palabra

Primera lectura	La primera lectura es del Antiguo Testamento o de los Hechos de los Apóstoles.
Salmo Responsorial	Por lo general, la asamblea canta una respuesta tomada del Salmo y el coro canta los versículos.
Segunda lectura	La segunda lectura es una de las cartas del Nuevo Testamento o del libro del Apocalipsis.
Aclamación	Se canta un aleluya, excepto en la Cuaresma, para expresar la anticipación de la asamblea por el Evangelio.
Evangelio	Cada persona hace la señal de la cruz en la frente, los labios y el corazón antes de que se proclame el Evangelio.
Homilía	El sacerdote o diácono explica la Palabra de Dios.
Credo	Por lo general, se profesa el Credo de Nicea-Constantinopla.
Oración de los fieles	La asamblea reza por las necesidades de los líderes de la Iglesia, de los fieles y del mundo.

Actividad Practica tu fe

Responde a Dios   Escribe un salmo en respuesta al don de la Palabra de Dios en la Sagrada Escritura. Usa este formato:

• Escribe palabras de alabanza y agradecimiento.

_____

• Describe qué te ha dado o enseñado Dios a través de su Palabra.

_____

• Di qué harás tú en respuesta.

_____

Proclaimed and Preached

The Liturgy of the Word is the first of the two main parts of the Mass. In readings from the Old and New Testaments, God speaks to the heart of each person. Jesus is truly present in the word as it is proclaimed and preached in the liturgy, just as he is truly present in the consecrated Bread and Wine.

The Liturgy of the Word

First Reading	The first reading is from the Old Testament or from the acts of the Apostles.
Responsorial Psalm	The assembly usually sings a response taken from the psalm, and the choir sings the verses.
Second Reading	The second reading is from one of the New Testament Letters or from the Book of Revelation.
Acclamation	An alleluia is sung, except during Lent, to express the assembly's anticipation of the Gospel.
Gospel	Each person traces a cross on forehead, lips, and heart before the Gospel is proclaimed.
Homily	The priest or deacon explains God's word.
Creed	Usually, the Nicene Creed is professed.
General Intercessions	The assembly prays for the needs of Church leaders, the faithful, and the world.

Words of Faith

Scripture is the holy writings of the Old and New Testaments, the written word of God.

Tradition is the living process of handing on the message of Jesus through the Church, especially through its teachers.

Activity — Connect Your Faith

Respond to God Write a psalm prayer in response to the gift of God's word in Scripture. Use this form:

- Write words of praise and thanks.

_____

- Describe what God has given or taught you through his word.

_____

- Tell what you will do in response.

_____

© Harcourt Religion

Celebración de la Palabra

 Oremos

Reúnanse y comiencen con la señal de la cruz.

Líder: Dios, Padre, abre nuestro corazón para que podamos ver la sabiduría de tu Palabra.

Todos: **Amén.**

Lector 1: Lectura del libro de Isaías.

Lean Isaías 40, 28–31.

Lector 1: Palabra de Dios.

Todos: **Te alabamos, Señor.**

 Canten juntos.

El Señor es mi pastor,
nada me faltará.

"Salmo 23" © 1963, The Grail,
GIA Publications, Inc., Agent

Lector 2: Lectura de la carta de San Pablo a los Efesios.

Lean Efesios 1, 3–6.

Lector 2: Palabra de Dios.

Todos: **Te alabamos, Señor.**

Lector 3: Canten ¡Aleluya!

Todos: **Aleluya, aleluya, aleluya**

Lector 4: Lectura del Evangelio según San Juan.

Lean Juan 10, 1–11.

Lector 4: Palabra del Señor.

Todos: **Gloria a ti, Señor Jesús.**

Líder: Oremos.

Inclinen la cabeza mientras el líder reza.

Todos: **Amén.**

Celebration of the Word

 Let Us Pray

Gather and begin with the Sign of the Cross.

Leader: God our Father, open our hearts to see the wisdom of your word.

All: **Amen.**

Reader 1: A reading from the Book of Isaiah.

Read Isaiah 40:28–31.

Reader 1: The word of the Lord.

All: **Thanks be to God.**

 Sing together.

My shepherd is the Lord, nothing indeed shall I want.

"Psalm 23" © 1963, The Grail, GIA Publications, Inc., Agent

Reader 2: A reading from the Letter of Saint Paul to the Ephesians.

Read Ephesians 1:3–6.

Reader 2: The word of the Lord.

All: **Thanks be to God.**

Reader 3: Sing Alleluia!

All: **Alleluia, Alleluia, Alleluia**

Reader 4: A reading from the Gospel according to John.

Read John 10:1–11.

Reader 4: The Gospel of the Lord.

All: **Praise to you, Lord Jesus Christ.**

Leader: Let us pray.

Bow your heads as the leader prays.

All: **Amen.**

A **Trabaja con palabras**   Encierra en un círculo la opción que completa mejor cada oración.

1. La Biblia también se llama _____ .

Tradición   homilía   Sagrada Escritura

2. La Liturgia de la Palabra comienza con _____ .

la Misa   el Bautismo   la Sagrada Comunión

3. Los manuscritos del Mar Muerto contienen un texto completo del libro de _____ .

Rut   Éxodo   Isaías

4. El proceso vivo de comprender el mensaje de Jesús que se transmite a cada nueva generación de cristianos proviene de _____ .
la Biblia   la Tradición   el leccionario

5. _____ explica las lecturas en la Liturgia de la Palabra.

La homilía   El leccionario   La Biblia

B **Comprueba lo que aprendiste**   ¿Cuál es la relación entre la Tradición y la Sagrada Escritura?

_____

_____

Actividad   Vive tu fe

Primero, escucha   Con frecuencia, Pablo habló de "correr la carrera de la fe". Esta semana, escucha atentamente las lecturas del domingo. Luego, escribe cómo te ayudará su mensaje esta semana para correr la carrera de la fe.

Review and Apply

A **Work with Words** Circle the choice that best completes each sentence.

1. The Bible also called _____.

   Tradition   homily   Scripture

2. The Liturgy of Word begins _____.

   the Mass   Baptism   with Holy Communion

3. The Dead Sea Scrolls contain a complete text the
   Book of _____.

   Ruth   Exodus   Isaiah

4. The living process of understanding the message of Jesus
   that is handed on to each new generation of Christians comes
   from _____.

   the Bible   Tradition   the leonary

5. The _____ explains the readings in the Liturgy of the Word.

   homily   lectionary   Bible

B **Check Understanding**   What is the connection between Tradition
and Scripture?

_____

_____

Activity   Live Your Faith

First, Listen   Paul often spoke of "running the
race of faith." This week, listen carefully to the
Sunday readings. Then write how their
message will help you run the
race of faith this week.

La fe en familia

Lo que creemos

- La Palabra de Dios se expresa a través de la Sagrada Escritura y la Tradición.

- Jesús está verdaderamente presente en la Palabra mientras ésta se proclama y se predica en la Liturgia.

✝ LA SAGRADA ESCRITURA

Lee *Mateo 26, 1–30* para aprender más acerca de los acontecimientos relacionados con la Última Cena.

Visita **www.harcourtreligion.com** para encontrar recursos basados en el año litúrgico y lecturas semanales de la Sagrada Escritura.

Actividad

vive tu fe

Llevar a casa Te puedes preparar para encontrarte con Cristo en la Palabra leyendo la Sagrada Escritura antes de ir a la Misa del domingo. Halla las lecturas del próximo domingo en el boletín parroquial o misal. Elige una lectura para leer en voz alta en tu casa. Menciona algo que hayas notado en la lectura. Después de la Misa, camino de regreso a tu casa, practica "llevar la palabra a casa". Comenta el mensaje principal que hayas escuchado en las lecturas.

Siervos de la fe

▲ San Jerónimo
c. 341–420

Jerónimo era cristiano, pero amaba la literatura latina escrita antes de que los romanos aceptaran la fe católica. Una noche, en un sueño, Dios acusó a Jerónimo de preferir esta literatura a la Biblia. Jerónimo despertó de ese sueño siendo otra persona. Pasó el resto de su vida estudiando la Biblia. Los conocimientos de hebreo y griego de Jerónimo, le permitieron producir una traducción latina de la Biblia, que se llamó la Vulgata, que la Iglesia usó durante los siguientes 1500 años. El día de San Jerónimo se celebra el 30 de septiembre. Es el santo patrón de los estudiosos de la Biblia.

Una oración en familia

San Jerónimo, ruega por nosotros para que podamos amar la Palabra de Dios como tú lo hiciste. Alabamos a Dios por tu inteligencia y le agradecemos todos los beneficios que han sido fruto de tu trabajo y continúan iluminando nuestra mente y corazón. Amén.

En la Unidad 6 su hijo está aprendiendo sobre los SACRAMENTOS. Consulte el Catecismo de la Iglesia Católica, números 84, 108, 1088 y 1100 para obtener más información sobre el contenido del capítulo.

Family Faith

Catholics Believe

- The Word of God is conveyed through Scripture and Tradition.

- Jesus is truly present in the word as it is proclaimed and preached in the liturgy.

✝ SCRIPTURE

Read *Matthew 26:1–30* to learn more about the events surrounding the Last Supper.

GO ONLINE www.harcourtreligion.com
For weekly Scripture readings and seasonal resources

Activity
Live Your Faith

Drive Home You can prepare to meet Christ in the word by reading the Scripture readings before going to Sunday Mass. Find the readings for the next Sunday in the parish bulletin or worship aid. Choose one reading to read aloud at home. Name something you noticed in the reading. On your way home after Mass, practice "driving the word home." Discuss the main message you heard in the readings.

People of Faith

Jerome was a Christian, but he loved the Latin literature written before the Romans accepted the Christian faith. One night in a dream, God accused Jerome of preferring this literature to the Bible. Jerome awoke from his dream a changed person. He spent the rest of his life studying the Bible. Jerome's knowledge of Hebrew and Greek enabled him to produce a Latin translation of the Bible, called the *Vulgate*, which the Church used for the next 1,500 years. Saint Jerome's feast day is September 30. He is the patron saint of biblical scholars.

▲ **Saint Jerome**
c. 341–420

© Harcourt Religion

🌱 Family Prayer

Saint Jerome, pray for us that we may love the word of God as you did. We praise God for your brilliance and thank him for all the benefits that have flowed from your work and continue to enlighten our minds and hearts. Amen.

La Liturgia Eucarística

Oremos

Líder: Dios, Padre, aliméntanos con comida celestial.

"… para que de la tierra saque el pan y
el vino que alegra el corazón del hombre".

Salmo 104, 14-15

Todos: Dios, Padre, aliméntanos con comida celestial. Amén.

Actividad Comencemos

Cifras del hambre

- 800 millones de personas de todo el mundo pasan hambre cada día.
- 12 millones de niños en los Estados Unidos deben saltear comidas o comer menos de lo que quieren para que su familia pueda llegar a fin de mes.
- 6 millones de niños mueren cada año por causas relacionadas con el hambre.
- Las necesidades médicas básicas de las personas más pobres del mundo podrían satisfacerse con menos dinero del que los amantes de los animales en los Estados Unidos y Europa gastan en alimento para mascotas cada año.

Estadísticas de Bread for the World

Las personas que tienen hambre dependen del sacrificio y de la generosidad de los demás para que les proporcionen comida. ¿Qué estarías dispuesto a sacrificar para que los demás pudieran tener comida? ¿Cómo se acerca tu parroquia a aquellas personas de tu comunidad que tienen hambre?

Chapter 18 Liturgy of the Eucharist

Let Us Pray

Leader: God our Father, feed us with heavenly food.
"You bring bread from the earth,
and wine to gladden our hearts,"

Psalm 104:14–15

All: God our Father, feed us with heavenly food. Amen.

Activity Let's Begin

Food Facts

- 800 million people in the world go hungry every day.

- 12 million children in the United States have to skip meals or eat less than they want so that their families can make ends meet.

- 6 million children die each year from causes related to hunger.

- The basic health needs of the world's poorest people could be met for less money than what animal lovers in the United States and Europe spend on pet food each year.

Statistics from Bread for the World

People who are hungry depend on the sacrifice and generosity of others to provide food for them. What would you be willing to sacrifice so that others could have food? How does your parish reach out to those in your community who are hungry?

© Harcourt Religion

Dar de comer al hambriento

 Análisis ¿Qué hambre satisface la Eucaristía?

Este relato, adaptado de la historia de la vida del escritor ruso Yevgeny Yevtushenko, muestra cómo el sacrificio y la generosidad pueden llevar a una vida y esperanza renovadas.

UNA BIOGRAFÍA

EL RELATO DE YEVGENY

Un día, durante la Segunda Guerra Mundial, yo estaba con mi madre en la Plaza Roja, en el centro de Moscú. Vimos a una gran multitud de mujeres rusas con rostros enojados que miraban con odio al grupo de 20.000 prisioneros de guerra alemanes que entraban marchando a la plaza. Todas las mujeres estaban de luto por los miembros de su familia que los alemanes habían matado. Las mujeres rusas gritaban y amenazaban a los generales alemanes. Pero luego, cuando los soldados alemanes aparecieron, el humor de la multitud cambió. Los soldados estaban delgados, hambrientos, sucios y heridos. La plaza se quedó en silencio. Todo lo que se podía escuchar era el ruido de la marcha lenta y pesada de los soldados.

De pronto, una mujer pobre se abrió camino entre los policías. Caminó hacia un soldado cansado, desenvolvió un pequeño trozo de pan integral y lo colocó en el bolsillo de él. Otras mujeres empezaron a hacer lo mismo. Las mujeres corrían hacia todos los soldados desde todos los ángulos para darles pan.

❓ **¿Qué demuestran las acciones de las mujeres rusas?**

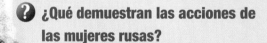

376

© Harcourt Religion

Feed the Hungry

 **Focus** What hunger does the Eucharist satisfy?

This story, adapted from Russian writer Yevgeny Yevtushenko's life story, shows how sacrifice and generosity can lead to renewed hope and life.

BIOGRAPHY

YEVGENY'S STORY

One day during World War II, I was standing with my mother in Red Square in the center of Moscow. We saw a huge crowd of Russian women with angry faces gazing with hatred at the group of 20,000 German prisoners of war being marched into the square. All of the women were mourning family members who had been killed by the Germans. The Russian women shouted at the German generals and threatened them. But then, as the German soldiers came into view, the mood of the crowd changed. The soldiers were thin, hungry, dirty, and wounded. The square became still. All I could hear was the sound of the marchers' plodding feet.

Suddenly a poor old woman pushed her way past the police. She walked up to one tired soldier, unwrapped a small piece of brown bread, and put it in the soldier's pocket. Other women began to do the same. From every side women were running toward the soldiers to give them bread.

? **What did the actions of the Russian women show?**

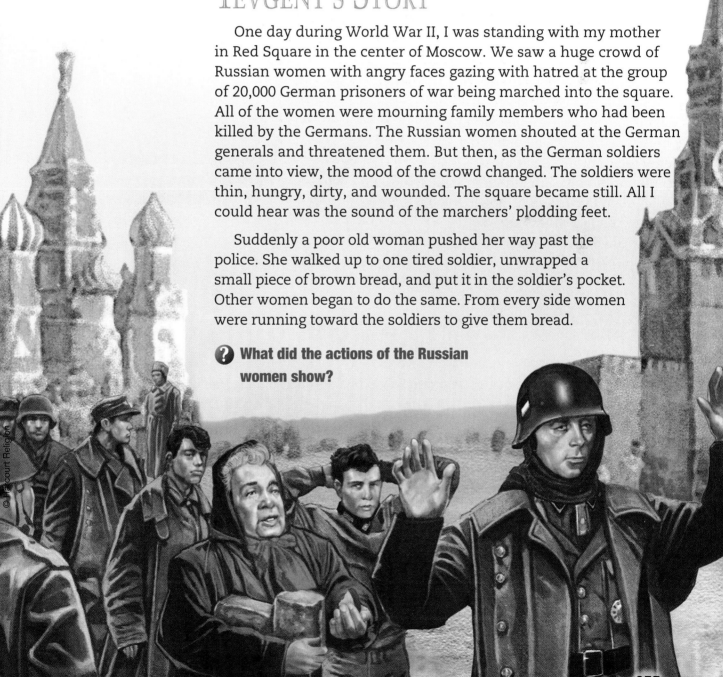

La Eucaristía

El relato que acabas de leer ilustra tanto la necesidad de alimentos como el modo en que la comida y el hambre pueden crear un lazo entre las personas.

Sin importar cual sea la causa, el hambre que las personas sufren es real. Sin embargo, aquellos que tienen hambre de comida, también tienen hambre de alimento espiritual. Esta hambre es tan real como el hambre física. Es el hambre de felicidad y amor. Sólo Dios puede saciar esa hambre, porque sólo Él es la fuente de verdadera felicidad. Dios dio a las personas una porción de esa verdadera felicidad en Jesús, el Salvador.

En el sacramento de la Eucaristía, se comparte el Pan de Vida y el Cáliz de Salvación. Se experimenta una porción de la felicidad que se experimentará completamente con Dios en el cielo. El pan que se come en las comidas y el Pan de Vida en la Eucaristía tienen en común que ambos brindan alimento. Sin embargo, el pan de la Eucaristía brinda alimento espiritual duradero y la promesa de la vida eterna.

Actividad   comparte tu fe

Reflexiona: Imagina que estás produciendo una película llamada *Pan del Mundo*.

Comunica: Con un compañero, comenta las maneras en que la Eucaristía es alimento para los demás.

Actúa: Dibuja una escena para tu película. Describe tu idea a la clase.

Eucharist

The story you have just read illustrates both the necessity of food and the way that food and hunger can create a bond among people.

No matter what the cause, the hunger that people suffer is real. But those who hunger for bread also hunger for spiritual food. This hunger is as real as physical hunger. It is the hunger for happiness and love. Only God can feed this hunger, for God alone is the source of true happiness. God gave people a taste of true happiness in Jesus, the Savior.

In the Sacrament of the Eucharist, you Share the Bread of Life and the Cup of Salvation. You taste the happiness you will one day experience fully with God in heaven. The bread you eat at meals and the Bread of Life in the Eucharist are similar in that both offer nourishment. The Bread of the Eucharist, however, offers lasting spiritual nourishment and the promise of eternal life.

Activity — Share Your Faith

Reflect: Imagine that you are producing a movie called *Bread of the World.*

Share: With a partner, discuss ways in which the Eucharist is food for others.

Act: Draw one scene for your movie. Describe your idea to the class.

El misterio eucarístico

 ¿Por qué la Eucaristía es un sacrificio?

En la Última Cena, las palabras y acciones de Jesús convirtieron a la tradicional Pascua judía en algo nuevo. Pasó a ser un memorial vivo del sacrificio que Jesús iba a hacer con su muerte.

✚ LA SAGRADA ESCRITURA   Mateo 26, 26–28

La Última Cena

Mientras comían, Jesús tomó pan, pronunció la bendición, lo partió y lo dio a sus discípulos, diciendo: "Tomen y coman; esto es mi cuerpo". Después tomó una copa, dio gracias y se la pasó diciendo: "Beban todos de ella: esto es mi sangre, la sangre de la Alianza, que es derramada por muchos, para el perdón de sus pecados".

Mateo 26, 26–28

❓ ¿En qué parte de la Misa escuchas estas palabras del pasaje de la Sagrada Escritura?

Para entregarse a sus seguidores como el Pan de Vida, Jesús murió en la cruz. Su muerte fue un perfecto sacrificio de amor. Trajo salvación y la abundancia de la gracia de Dios para el mundo. En la Eucaristía, Cristo une a sus seguidores a su propio sacrificio para que experimenten la salvación.

The Eucharistic Mystery

 **Focus** Why is the Eucharist a sacrifice?

At the Last Supper, Jesus' words and actions changed the traditional Passover meal into something new. It became a living memorial of the sacrifice that Jesus was about to make by his death.

✝ SCRIPTURE   Matthew 26:26–28

The Last Supper

While they were eating, Jesus took bread, said the blessing, broke it, and giving it to his disciples said, "Take and eat; this is my body." Then he took a cup, gave thanks, and gave it to them, saying, "Drink from it, all of you, for this is my blood of the covenant, which will be shed on behalf of many for the forgiveness of sins."

Matthew 26:26–2

❓ **In what part of the Mass do you hear the words of this Scripture passage?**

In order to give himself to his followers as the Bread of Life, Jesus died on the cross. His death was a perfect sacrifice of love. It brought salvation and the abundance of God's grace to the world. In the Eucharist, Christ unites his followers to his own sacrifice so that they can experience salvation.

© Harcourt Religion

Mediante el Espíritu Santo

Cada vez que tomas parte en la Eucaristía, participas tanto en la comida como en el sacrificio de Jesús. Durante toda la Misa, la asamblea se reúne y el Espíritu de Dios la dirige. En la plegaria eucarística, las personas, dirigidas por el sacerdote, piden al Padre que les envíe el Espíritu. Esta importante plegaria está en el corazón de la segunda mitad de la Misa: la Liturgia Eucarística.

El sacerdote invoca al Espíritu Santo para que santifique la asamblea y los dones del pan y el vino. En la parte de la plegaria llamada la **consagración**, el sacerdote usa las propias palabras de Jesús de la Última Cena para consagrar el pan y el vino. Por las palabras del sacerdote y el poder del Espíritu Santo, el pan de trigo y el vino de uva se transforman en algo sagrado. Se convierten en el Cuerpo y la Sangre de Jesús. La Iglesia se refiere a este misterio como **transubstanciación**. Por la acción del sacerdote, Cristo mismo ofrece el sacrificio. Siguen oraciones para toda la Iglesia. La plegaria eucarística finaliza con una alabanza a la Trinidad, y la asamblea responde con el Gran Amén.

Cuando realmente crees y respondes con fe, el Cuerpo y la Sangre de Jesús pueden transformarte. A través de la Eucaristía, tú vives en Cristo y Cristo vive en ti.

Palabras† de fe

La **consagración** es la parte de la plegaria eucarística en donde se recitan las palabras de Jesús por el pan y el vino, y estos elementos se convierten en el Cuerpo y la Sangre de Cristo.

La **transubstanciación** es el proceso por medio del cual el poder del Espíritu Santo y las palabras del sacerdote transforman el pan y el vino en el Cuerpo y la Sangre de Jesús.

© Harcourt Religion

Actividad Practica tu fe

Comenta sobre los símbolos   ¿Por qué crees que Jesús eligió pan y vino para simbolizar su Cuerpo y su Sangre? En las dos figuras, escribe todas las cosas que hagan que el pan y el vino puedan ser buenos símbolos del sacrificio de Jesús.

Pan

Vino

Through the Holy Spirit

Every time you participate in the Eucharist, you share both in the meal and in the sacrifice of Jesus. Throughout the Mass, the assembly is gathered and led by God's Spirit. In the Eucharistic Prayer, the people, led by the priest, ask the Father to send the Spirit. This great prayer is at the heart of the second half of the Mass—the Liturgy of the Eucharist.

The priest calls on the Holy Spirit to make holy the assembly and the gifts of bread and wine. In the part of the prayer called the **consecration**, the priest uses Jesus' own words from the Last Supper to consecrate the bread and wine. By the words of the priest and the power of the Holy Spirit, the wheat bread and grape wine are transformed into something sacred. They become the Body and Blood of Jesus. The Church refers to this mystery as **transubstantiation**. Through the action of the priest, Christ himself offers the sacrifice. Prayers for the whole Church follow. The Eucharistic Prayer ends with praise for the Trinity, and the assembly responds with the Great Amen.

When you truly believe and respond in faith, you can be transformed by the Body and Blood of Jesus. Through the Eucharist you live in Christ, and Christ lives in you.

© Harcourt Religion

Words of Faith

The **consecration** is that part of the Eucharistic Prayer in which the words of Jesus are prayed over the bread and wine, and these elements become the Body and Blood of Christ.

Transubstantiation is the process by which the power of the Holy Spirit and the words of the priest transform the bread and wine into the Body and Blood of Jesus.

Activity — Connect Your Faith

Talk About Symbols   Why do you think that Jesus chose bread and wine to symbolize his Body and Blood? In the two figures, write all the things that bread and wine can signify that make them good symbols for Jesus' sacrifice.

Bread

Wine

Letanía Eucarística

 Oremos

Reúnanse y comiencen con la señal de la cruz.

Líder: Hermanos y hermanas, en la Eucaristía, Jesús sigue dándonos su vida y su amor. Alabemos y agradezcamos a Dios por su bondad.

Lector 1: Gloria a ti, Señor Jesús, Pan de Vida;

Todos: **Tú compartes tu vida con nosotros en la Eucaristía.**

Lector 2: Gloria a ti, Señor Jesús, Cáliz de Salvación;

Todos: **La vida que tú nos das no tiene fin.**

Lector 3: Gloria a ti, Señor Jesús, Alimento de los Peregrinos;

Todos: **Tú nos fortaleces en el camino de la fe.**

Lector 4: Gloria a ti, Señor Jesús, Vino de Compasión;

Todos: **Tú nos consuelas en tiempos de pena y dolor.**

Lector 5: Gloria a ti, Señor Jesús, Alimento de nuestro Espíritu;

Todos: **Todos los que te acepten serán satisfechos y saciados.**

Lector 6: Gloria a ti, Señor Jesús, Cáliz de Bendición;

Todos: **Que tengamos el gozo de tu presencia por siempre.**

Líder: Oremos.

Inclinen la cabeza mientras el líder reza.

Todos: **Amén.**

Canten juntos el estribillo.

Coman de este pan, beban de este cáliz,

vengan, y no tendrán hambre.

Coman de este pan, beban de este cáliz,

crean, y no tendrán sed.

"Eat This Bread / Coman de este pan" © 1984, Les Presses de Taige, GIA Publications, Inc., agent

Litany of the Eucharist

 Let Us Pray

Gather and begin with the Sign of the Cross.

Leader: Brothers and sisters, in the Eucharist Jesus continues to give us his life and his love. Let us praise and thank him for his goodness.

Reader 1: Praise to you Lord Jesus, Bread of Life;

All: **You Share your life with us in the Eucharist.**

Reader 2: Praise to you Lord Jesus, Cup of Salvation;

All: **The life you give us knows no end.**

Reader 3: Praise to you Lord Jesus, Food of Pilgrims;

All: **You strengthen us on the journey of faith.**

Reader 4: Praise to you Lord Jesus, Wine of Compassion;

All: **You sustain us in times of sorrow and pain.**

Reader 5: Praise to you Lord Jesus, Nourishment of our Spirits;

All: **All who accept you will be satisfied and filled.**

Reader 6: Praise to you Lord Jesus, Chalice of Blessing;

All: **May we know the joy of your presence forever.**

Leader: Let us pray.

Bow your heads as the leader prays.

All: **Amen.**

Sing together the refrain.

Eat this bread, drink this cup, come to him and never be hungry. Eat this bread, drink this cup, trust in him and you will not thirst.

"Eat This Bread" © 1984, Les Presses de Taige, GIA Publications, Inc., agent

Repasar y aplicar

A **Comprueba lo que aprendiste** Encierra en un círculo la opción que complete mejor cada oración.

1. La Eucaristía es _____ y _____. (un sacramento/un mandamiento; un sacrificio/una comida sagrada; un sacrificio/un tabernáculo)

2. En la Eucaristía, la Iglesia recuerda y hace presente el sacrificio de Jesús en _____. (la cruz; el tabernáculo; el altar)

3. La transformación del pan y el vino en el Cuerpo y la Sangre de Jesús se denomina _____. (redención; celebración; transubstanciación)

4. En la plegaria eucarística, las palabras y acciones del sacerdote y el poder del Espíritu Santo, realizan _____ del pan y el vino. (la consagración; el sacrificio; la celebración)

5. Jesús se sacrificó a sí mismo _____ . (para cambiar el tercer mandamiento; como un perfecto sacrificio de amor; para consagrar un tabernáculo)

B **Relaciona**   ¿Por qué a la Eucaristía se la llama sacrificio?

_____

_____

_____

Actividad **Vive tu fe**

Haz un *collage*   ¿Cómo ha cambiado el mundo por el sacrificio de Jesús? En la semana, junta imágenes, titulares y relatos que muestren el mensaje de Jesús vivo en el mundo. Crea un *collage* con tus palabras e imágenes.

Review and Apply

A **Check Understanding** Circle the choice that best completes each sentence.

1. The Eucharist is both a _____ and a _____. (sacrament/commandment; sacrifice/sacred meal; sacrifice/tabernacle)

2. In the Eucharist the Church remembers and makes present the sacrifice of Jesus on the _____. (cross; tabernacle; altar)

3. The changing of bread and wine into the Body and Blood of Jesus is called _____. (redemption; celebration; transubstantiation)

4. In the Eucharistic Prayer, the words and activities of the priest and the power of the Holy Spirit bring about the _____ of the bread and wine. (consecration; sacrifice; celebration)

5. Jesus sacrificed himself _____. (to change the third commandment; as a perfect sacrifice of love; to consecrate a tabernacle)

B **Make Connections** Why is the Eucharist called a sacrifice?

_____

_____

_____

Activity Live Your Faith

Make a Collage How has the world been changed by the sacrifice of Jesus? During the week, collect pictures, headlines, and stories that show the message of Jesus alive in the world. Create a collage of your words and images.

Lo que creemos

■ En el culto del domingo y en la vida diaria, la comunidad muestra que la Eucaristía es la fuente y la cima de la Iglesia Católica.

■ La Eucaristía une estrechamente a los seguidores de Cristo a Él y entre sí.

✞ LA SAGRADA ESCRITURA

Lee *1 Corintios 11, 23–34* para obtener más información sobre la Última Cena.

Visita **www.harcourtreligion.com** para encontrar recursos basados en el año litúrgico y lecturas semanales de la Sagrada Escritura.

Actividad

Vive tu fe

Mejorar las comidas   Comenta acerca de cómo es la hora de comer en tu hogar. ¿Es divertida, agitada o un poco de ambas? Recuerda las mejores comidas que hayas compartido con tu familia. ¿Alimentaron a tu espíritu como a tu cuerpo? Elige tres opciones simples que puedes hacer para mejorar la hora de comer de tu familia. Ahora, ¡lleva tus ideas a la práctica!

Siervos de la fe

Clara creció en Asís con Francisco, quien más tarde también sería santo, y ella fue una de sus primeros discípulos. Ella dirigió un grupo de mujeres que deseaban llevar una vida de pobreza y oración. ¡Clara le pidió al papa que permitiera a sus hermanas vivir por completo de limosnas! A pesar de su pobreza, Clara vivía feliz. Las personas del pueblo la amaban. En dos ocasiones, cuando ciertos enemigos amenazaron Asís, las personas llevaron a Clara, quien tenía en sus manos el Santísimo Sacramento, a las murallas de la ciudad. En ambas ocasiones, los enemigos huyeron. El día de Santa Clara se celebra el 11 de agosto. Es la santa patrona de la televisión.

▲ **Santa Clara de Asís**
1194–1253

Una oración en familia

Santa Clara, ruega por nosotros para que podamos compartir tu gozo en la pobreza y tu amor por la paz. Que aprendamos de ti a permanecer fieles al llamado del Espíritu y mantén siempre nuestro corazón abierto a la voluntad de Dios. Amén.

En la Unidad 6 su hijo está aprendiendo sobre los SACRAMENTOS. *Consulte el Catecismo de la Iglesia Católica, números 1324, 1372 y 1398 para obtener más información sobre el contenido del capítulo.*

Family Faith

Catholics Believe

- In Sunday worship and daily living, the community shows that the Eucharist is the source and the summit of the Catholic Church.

- The Eucharist closely unites Christ's followers to him and to one another.

✝ SCRIPTURE

Read *1 Corinthians 11:23–34* to learn more about the Lord's Supper.

GO ONLINE www.harcourtreligion.com
For weekly Scripture readings and seasonal resources

Activity
Live Your Faith

Improve Meals Discuss the experience of mealtimes in your home. Are they enjoyable, hectic, or a little of both? Recall the best meals you have shared as a family. Did they nourish your spirit as well as your body? Decide on three simple choices you can make to improve your family mealtimes. Now put your ideas into practice!

People of Faith

Clare grew up in Assisi with Francis, who also later became a saint, and she was one of his first disciples. She led a group of women who wished to lead a life of poverty and prayer. Clare asked the pope to allow her sisters to live entirely by begging! Despite her poverty, Clare lived happily. The townspeople loved her. Twice, when enemies threatened Assisi, the people brought Clare, holding in her hands the Blessed Sacrament, to the city walls. Both times the enemies fled. Saint Clare's feast day is August 11. She is the patron saint of television.

▲ Saint Clare of Assisi
1194–1253

Family Prayer

Saint Clare, pray for us that we may share your joy in poverty and your love of peace. May we learn from you to remain faithful to the prompting of the Spirit and always keep our hearts fixed on the will of God. Amen.

REPASO DE LA UNIDAD 6

Ⓐ Trabaja con palabras   Relaciona la descripción de la Columna 1 con el término correcto de la Columna 2.

Columna 1

_____ **1.** palabras que se rezan por el pan y el vino para que se conviertan en el Cuerpo y la Sangre de Cristo

_____ **2.** comunidad de creyentes que se reúnen para rendir culto público

_____ **3.** proceso vivo de transmitir el mensaje de Jesús a través de la Iglesia

_____ **4.** el corazón de la segunda mitad de la Misa

_____ **5.** la verdadera presencia de Cristo en la Eucaristía

Columna 2

a. Tradición

b. plegaria eucarística

c. Presencia Real

d. la consagración

e. asamblea litúrgica

Completa cada oración.

6. El pan que se come en las comidas y el Pan de Vida en _____ tienen en común que ambos brindan alimento.

7. Por el poder del Espíritu Santo, los obispos y sacerdotes, los ministros _____, presiden o actúan como líderes de la asamblea eucarística.

8. Los manuscritos del Mar Muerto, que se han conservado con cuidado, probablemente datan del _____ antes de Cristo.

9. En _____ , las palabras y acciones de Jesús convirtieron la Pascua judía en un memorial vivo del sacrificio que Él iba a hacer con su muerte en la cruz.

10. La _____ contiene las santas escrituras del Antiguo y Nuevo Testamento, la Palabra de Dios escrita.

UNIT 6 REVIEW

A **Work with Words**   Match each description in Column 1 with the correct term in Column 2.

Column1

_____ **1.** words that are prayed over the bread and wine so that they become Christ's Body and Blood

_____ **2.** community of believers who come together for public worship

_____ **3.** living process of handing on the message of Jesus through the Church

_____ **4.** the heart of the second half of the Mass

_____ **5.** the true presence of Christ in the Eucharist

Column 2

a. Tradition

b. Eucharistic Prayer

c. Real Presence

d. the consecration

e. liturgical assembly

Complete each statement.

6. The bread you eat at meals and the Bread of Life in the _____ are similar in that both offer nourishment.

7. By the power of the Holy Spirit, bishops and priests, _____ ministers, preside or act as leaders of the Eucharistic assembly.

8. The Dead Sea Scrolls, which have been carefully preserved, probably date from the _____ before Christ.

9. At the _____, Jesus' words and actions changed the traditional Passover meal into a living memorial of the sacrifice he was about to make by his death on the cross.

10. The _____ are the holy writings of the Old and New Testaments, the written word of God.

UNIDAD 7
Signos de esperanza

Capítulo 19

Responder al llamado de Dios

¿Cómo responden las personas al llamado de Dios a través de los sacramentos al Servicio de la comunidad?

Capítulo 20

Los últimos pasos

¿Cómo afecta la Resurrección de Jesús la comprensión cristiana de la muerte?

Capítulo 21

Ven, Señor Jesús

¿Cuál es la misión de la Iglesia?

¿Qué crees que aprenderás en esta unidad acerca de los signos de esperanza?

UNIT 7
Signs of Hope

Chapter 19
Answering God's Call

How do people answer God's call through the Sacraments of Service?

Chapter 20
The Last Things

How does the Resurrection of Jesus affect the Christian understanding of death?

Chapter 21
Come, Lord Jesus

What is the mission of the Church?

? What do you think you will learn in this unit about signs of hope?

Capítulo 19

Responder al llamado de Dios

Oremos

Líder: Dios, Padre, ayúdanos a mantener nuestras promesas.

"Pero dale gracias a Dios con sacrificios,
y cumple tus mandas al Altísimo".

Salmo 50, 14

Todos: Dios, Padre, ayúdanos a mantener nuestras promesas. Amén.

Actividad · Comencemos

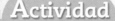

El oso y los viajeros Un día dos viajeros iban caminando cuando vieron un oso a lo lejos. Uno de los viajeros se subió rápidamente a un árbol y se escondió. El otro, que no tenía dónde esconderse, se tiró en el suelo. Fingió estar muerto porque había oído que los osos nunca tocan un cuerpo muerto. El oso llegó, lo olfateó y se alejó.

Cuando ya se había ido, el otro viajero saltó del árbol y dijo: "¡Ciertamente, te salvaste por poco! ¿Qué te dijo el oso cuando te olfateaba la oreja?".

El primer viajero contestó: "¡Me dijo que tuviera cuidado de los amigos que están sólo cuando las cosas marchan bien y que te abandonan a la primera señal de peligro!".

Basado en una fábula de Esopo

- ¿Alguna vez te has alejado de alguien cuando necesitaba tu ayuda?

- ¿Alguna vez te sentiste un poco molesto por tener que hacer algo por otra persona?

Answering God's Call

© Harcourt Religion

Let Us Pray

Leader: God our Father, help us keep our promises.

"Offer praise as your sacrifice to God;
fulfill your vows to the Most High."

Psalm 50:14

All: God our Father, help us keep our promises. Amen.

Activity — Let's Begin

The Bear and the Travelers   One day two travelers were on the road when they saw a bear in the distance. One of the travelers quickly scurried up a tree and hid. The other traveler, having nowhere to hide, dropped to the ground. He pretended to be dead because he had heard that a bear would not touch a dead body. The bear came up, sniffed him, and walked away.

When the bear had left, the other traveler jumped down from the tree and said, "That was certainly a close call! What did that bear say to you when he sniffed around your ear?"

The first traveler said, "He told me to beware of fair-weather friends who desert you at the first sign of danger!"

From a Fable by Aesop

• Have you ever slipped away when someone needed your help?

• When have you been willing to experience a little inconvenience to do something for another?

Nuestro deber para con Dios

 **Análisis** ¿Cuáles son las vocaciones que sirven a Dios y a los demás?

Ésta es una historia verdadera acerca del sacrificio desinteresado por el bien de los demás.

UNA BIOGRAFÍA

San Isidro y Santa María

A fines del siglo XI, vivía en España un humilde labrador llamado Isidro con su esposa María. Su único hijo había muerto joven y desde entonces, la pareja llevó una vida de total devoción a Dios. Aunque siempre fueron pobres, eran personas buenas que trabajaban mucho y solían rezar. Se hicieron conocidos por ser defensores de los pobres y los enfermos.

Se dice que Isidro compartía sus alimentos con los demás tan generosamente que a menudo sólo le quedaban migajas para él. Otros cuentan que algunos compañeros del trabajo reclamaban al patrón que Isidro llegaba siempre tarde a los campos porque iba a Misa por la mañana. Pero Isidro explicó que no tenía otra opción más que presentarse primero ante el supremo Señor.

? **Isidro y María ofrecían su trabajo diario a Dios. ¿Qué actividades diarias ofreces a Dios?**

? **¿En qué te ayuda hacer estas ofrendas?**

Our Duty to God

 **Focus** What are vocations that serve God and others?

Here is a true story about selfless sacrifice for the good of others.

BIOGRAPHY

Saints Isidore and Maria

Near the end of the eleventh century, a humble farm laborer named Isidore lived in Spain with his wife, Maria. Their only son died young, and thereafter the couple lived a life of complete devotion to God. Although Isidore and Maria remained poor, they were good people who worked hard and prayed often. They became known as champions of those who were poor and sick.

It is said that Isidore shared his meals with others so generously that often he had only scraps left for himself. Another story relates that some fellow workers complained to the master that Isidore was always late to work in the fields because he went to Mass in the morning. But Isidore explained that he had no choice but to report first to a higher Master.

❓ **Isidore and Maria offered their daily work to God. What everyday activities do you offer to God?**

❓ **How does making these offerings help you?**

© Harcourt Religion

Una vocación de servicio

Isidro y María servían a Dios como matrimonio. El matrimonio es una de las maneras particulares de responder al llamado de Dios, o vocación. Ellos llevaban una vida sencilla de trabajo y oración diaria. Estaban consagrados el uno al otro, como Cristo se consagró a la Iglesia y al servicio de Dios y de su Reino.

La misión de la Iglesia es ser católica, o universal, y dar la bienvenida a toda persona que desee ser discípulo de Jesús. A través del Bautismo, todos los cristianos son llamados a divulgar el Evangelio y a edificar el Cuerpo de Cristo. En la Iglesia, esto se cumple con la gracia de Dios mediante los esfuerzos de los **ministros ordenados** y a las **personas laicas**.

Los hombres y mujeres laicos tienen la responsabilidad especial de llevar la Buena Nueva de Jesús al mundo que los rodea mediante el trabajo, el servicio público y la vida familiar. Otros hombres y mujeres son llamados a la **vida religiosa**. Toman votos o hacen promesas sagradas de dedicar su vida al servicio de Dios. Algunos diáconos, sacerdotes y obispos pertenecen a comunidades religiosas.

Algunos hombres son llamados al ministerio ordenado de enseñar, guiar y conducir a la asamblea en el culto. A estos hombres ordenados, así como a las personas laicas y a los religiosos y religiosas, se les dan carismas, dones o gracias especiales para llevar la vida cristiana y servir al bien común edificando la Iglesia.

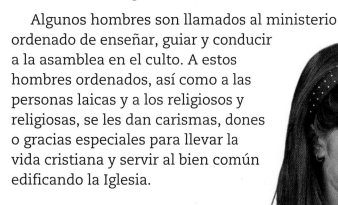

© Harcourt Religion

Actividad — Comparte tu fe

Reflexiona: Piensa en una persona laica o en un ministro ordenado a quien admires especialmente por su servicio a los demás.

Comunica: Con un compañero, comenta las cualidades que cada uno admira en esa persona.

Actúa: En una hoja de papel aparte, escribe las cualidades que tú y tu compañero hayan elegido. De éstas, selecciona una para que los dos la pongan en práctica esta semana. Al final de la semana, informa a tu compañero sobre tu progreso.

A Vocation to Serve

Isidore and Maria served God as a married couple. Marriage is one of the particular ways to answer God's call, or vocation. Isidore and Maria lived a simple life of work and daily prayer. They dedicated themselves to each other, just as Christ dedicated himself to the Church and to the service of God and his kingdom.

The mission of the Church is to be catholic, or universal, and to welcome every person who wishes to be a disciple of Jesus. Through Baptism, all Christians are called to spread the gospel and build up the Body of Christ. In the Church, this is accomplished with God's grace through the efforts of both **ordained ministers** and **laypeople**.

Lay men and women have a special responsibility to bring the good news of Jesus to the world around them through work, public service, and family life. Other men and women are called to **religious life**. They take vows, or make sacred promises, to dedicate their lives in service to God. Some deacons, priests, and bishops belong to religious communities.

Some men are called to the ordained ministry of teaching, guiding, and leading the assembly in worship. These ordained men, as well as lay people and men and women religious, are given charisms, special gifts or graces, to live out the Christian life and to serve the common good in building up the Church.

© Harcourt Religion

Words of Faith

Ordained ministers, through the Sacrament of Holy Orders, serve God and the Church as bishops, priests, and deacons.

Laypeople are members of the Church who have not been ordained and have not taken vows in religious life.

Religious life refers to the lives of men and women in religious communities who make vows of poverty, chastity, and obedience as religious priests, sisters, brothers, monks, or friars.

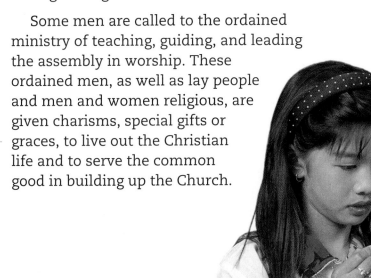

Activity

Share Your Faith

Reflect: Think of a lay person or an ordained minister whom you particularly admire because of his or her service to others.

Share: With a partner, discuss the qualities you both admire in such persons.

Act: Write on a separate sheet of paper the qualities that you and your partner have chosen. From these, choose one quality that each of you will practice this week. At the end of the week, report to your partner on your progress.

Nuestro deber para con los demás

 **Análisis** ¿Cómo viven las personas los sacramentos al Servicio de la comunidad?

Todas las vocaciones cristianas provienen de la gracia recibida en el Bautismo. Todos los hombres y las mujeres tienen la responsabilidad de responder al llamado de Dios y de elegir una vocación que continúe la obra del Reinado de Dios.

Toda vocación a la que eres llamado por Dios implica una obra. Tu obra es un reflejo de tu bondad y buenos actos. Mediante tu trabajo honesto y útil, participas de la obra de la creación y del Reinado de Dios.

Cuando Jesús vio las necesidades de las personas que lo rodeaban, quiso ayudarlas. A través de sus discípulos llegó a las personas de todas partes.

✝ LA SAGRADA ESCRITURA   Mateo 9, 35–38

Trabajadores para la cosecha

Jesús recorría todas las ciudades y los pueblos; enseñaba en sus sinagogas, proclamaba la Buena Nueva del Reino y curaba todas las dolencias y enfermedades. Al contemplar aquel gran gentío, Jesús sintió compasión, porque estaban decaídos y desanimados, como ovejas sin pastor. Y dijo a sus discípulos: "La cosecha es abundante, pero los trabajadores son pocos. Rueguen, pues, al dueño de la cosecha que envíe trabajadores a recoger su cosecha".

Mateo 9, 35–38

❓ ¿Cuál es la cosecha que Jesús ve en este gentío?

❓ ¿Qué te dice esto acerca de la misión de todos los seguidores bautizados de Jesús?

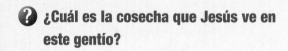

©Harcourt Religion

400

Our Duty to Others

 **Focus** How do people live the Sacraments of Service?

All Christian vocations flow from the grace received in Baptism. Every man and woman has the responsibility to answer his or her call from God and to choose a vocation that continues the work of the reign of God.

Any vocation to which you are called by God involves work. Your work is a reflection of your goodness and good acts. Through honest and useful work, you participate in the work of creation and God's reign.

When Jesus saw the needs of the people around him, he wanted to help them. Through his disciples, Jesus reached out to people everywhere.

✝ SCRIPTURE  Matthew 9:35–38

Laborers for the Harvest

Jesus went around to all the towns and villages, teaching in their synagogues, proclaiming the gospel of the kingdom, and curing every disease and illness. At the sight of the crowds, his heart was moved with pity because they were troubled and abandoned, like sheep without a shepherd. Then he said to his disciples, "The harvest is abundant but the laborers are few; so ask the master of the harvest to send out laborers for his harvest."

Matthew 9:35–3

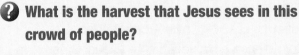

❓ **What is the harvest that Jesus sees in this crowd of people?**

❓ **What does this tell you about the mission of all baptized followers of Jesus?**

© Harcourt Religion

401

Los sacramentos al Servicio de la comunidad

La Iglesia celebra dos sacramentos que ayudan especialmente a los cristianos a responder al llamado de servicio. Éstos sacramentos al Servicio de la comunidad son el Matrimonio y el Orden.

En el Matrimonio un hombre y una mujer se prometen amor y fidelidad mutuos por el resto de su vida. Ellos reciben la gracia que los ayudará a llevar una vida amorosa que refleje el amor de Cristo por su Iglesia. Se comprometen a compartir el amor conyugal sólo el uno con el otro. También prometen estar siempre dispuestos a la posibilidad de tener hijos y a amarlos, cuidarlos y educarlos. El sacramento del Matrimonio se celebra públicamente ante un sacerdote o diácono, testigos y la asamblea. En el Orden, obispos, sacerdotes y diáconos prometen servir con fidelidad a la Iglesia. Los sacerdotes y los diáconos prometen obedecer al obispo y los obispos prometen ejercer su autoridad de acuerdo con los demás obispos y con el papa.

SACRAMENTOS AL SERVICIO DE LA COMUNIDAD	Ministro del sacramento	Signos
ORDEN	El obispo	La imposición de las manos y la oración de consagración
MATRIMONIO	La pareja (en el rito oriental, el sacerdote)	El intercambio de promesas

Actividad — practica tu fe

Responde al llamado Diseña un aviso que anime a las personas a vivir su vocación como solteras, casadas, ministros ordenados u hombres y mujeres religiosos. Piensa en la vocación a la cual Dios puede llamarte.

Sacraments of Service

The Church celebrates two sacraments that particularly help Christians answer the call to service. These Sacraments of Service are Matrimony and Holy Orders.

In Matrimony a man and a woman promise to love and be faithful to each other throughout their lives. They receive grace that will help them lead lives of love that reflect Christ's love for his Church. They commit to sharing married love only with each other. The man and woman also promise to be open at all times to the possibility of having children and to love, care for, and educate any children they may have. The Sacrament of Matrimony is celebrated publicly before a priest or deacon, witnesses, and the gathered assembly. In Holy Orders, bishops, priests, and deacons promise to serve the Church faithfully. Priests and deacons promise to obey the bishop, and bishops promise to exercise their authority in accordance with other bishops and the pope.

SACRAMENTS OF SERVICE	Minister of the sacrament	Signs
HOLY ORDERS	The bishop	The laying on of hands and the prayer of consecration
MATRIMONY	The couple (in Eastern Rite Churches, the priest)	The exchange of promises

Activity — Connect Your Faith

Answer the Call   Design an advertisement that encourages people to live out their vocations as single people, married persons, ordained ministers, or men and women religious. Think about the vocation to which God may be calling you.

Celebración de la Palabra

 Oremos

Reúnanse y comiencen con la señal de la cruz.

Líder: Dios, Padre, en el Bautismo nos llamas a continuar la obra de tu Hijo. Ayúdanos a escuchar hoy tu Palabra.

Lector: Lectura del primer libro de Samuel.

Lean 1 Samuel 3, 1–10.

Palabra de Dios.

Todos: **Demos gracias a Dios.**

Canten juntos.

Aquí estoy, Señor. Heme aquí, Señor. En la noche escuché tu voz. Guíame, Señor, Yo te seguiré. En mi corazón a tu pueblo guardaré.

"Here I Am, Lord / Aquí estoy, Señor" © 1981, Daniel L. Shutte and New Dawn Music. Una edición de OCP Publications.

Líder: Oremos.

Inclinen la cabeza mientras el líder reza.

Todos: **Amén.**

Celebration of the Word

 **Let Us Pray**

Gather and begin with the Sign of the Cross.

Leader: God our Father, you call us in Baptism to continue the work of your Son. Help us hear your word to us today.

Reader: A reading from the First Book of Samuel.

Read 1 Samuel 3:1–10.

The word of the Lord.

All: **Thanks be to God.**

Sing together.

Here I am, Lord. Is it I, Lord? I have heard you
calling in the night. I will go, Lord, if you
lead me. I will hold your people in my heart.

"Here I Am, Lord" © 1981, Daniel L. Shutte and New Dawn Music.
Published by OCP Publications.

Leader: Let us pray.

Bow your heads as the leader prays.

All: **Amen.**

Repasar y aplicar

A **Trabaja con palabras**   Relaciona la descripción de la Columna 1 con el término correcto de la Columna 2.

Columna 1

_____ **1.** vocación

_____ **2.** consagrados a Dios y a una comunidad por los votos

_____ **3.** ordenación de obispos, sacerdotes y diáconos

_____ **4.** miembros de la Iglesia que no están ordenados

_____ **5.** sacramento que une a un hombre y una mujer

Columna 2

a. Matrimonio

b. Orden

c. hombres y mujeres religiosos

d. llamado de Dios

e. personas laicas

B **Relaciona**   Las personas de tu edad, ¿cómo pueden servir a Dios y a los demás en la vida diaria?

_____

_____

_____

Actividad — Vive tu fe

Dibuja una imagen   Una imagen que describe a los sirven en el sacramento del Orden es la de un pastor. ¿Qué otra imagen describe la obra de todos los que son llamados a la vocación de cumplir un servicio? Dibuja tu idea y escribe algunas oraciones para explicarla.

Review and Apply

A **Check Understanding** Match each description in Column 1 with the correct term in Column 2.

Column 1

_____ **1.** vocation

_____ **2.** dedicated to God and a community by vows

_____ **3.** ordination of bishops, priests, and deacons

_____ **4.** members of the Church who are not ordained

_____ **5.** sacrament joining a man and woman

Column 2

a. Matrimony

b. Holy Orders

c. men and women religious

d. God's call

e. laypeople

B **Make Connections** How can people your age be of service to God and others in everyday life?

_____

_____

_____

Activity Live Your Faith

Draw an Image One image to describe those who serve in the Sacrament of Holy Orders is that of a shepherd. What is another image that describes the work of all who are called to vocations of committed service? Draw your idea, and write a few sentences to explain it.

La fe en familia

Lo que creemos

- Las vocaciones de las personas ordenadas y las casadas edifican el Reinado de Dios y sirven a los demás.

- Los sacramentos al Servicio de la comunidad son el Orden y el Matrimonio.

LA SAGRADA ESCRITURA

Lee *Mateo 4, 18–22* para aprender acerca del llamado de los primeros discípulos.

Visita **www.harcourtreligion.com** para encontrar recursos basados en el año litúrgico y lecturas semanales de la Sagrada Escritura.

Actividad

Vive tu fe

Comenta acerca de las vidas entregadas al servicio

Comenta el llamado al servicio de profesionales como bomberos, enfermeros, médicos, trabajadores sociales y maestros. ¿Qué inspira a las personas a dedicarse a estas profesiones? Si tienes algún familiar que pertenezca a la vida religiosa o al ministerio ordenado, comenta cómo sus vocaciones han afectado a la familia o han influido en ella.

Siervos de la fe

▲ **San Francisco Javier**
1506–1552

Francisco Javier fue uno de los primeros compañeros de Ignacio de Loyola, el fundador de la orden jesuita. En 1541 Ignacio mandó a Francisco a Asia como misionero. Francisco predicó en las colonias portuguesas de las Indias Orientales durante nueve años. Organizó comunidades eclesiásticas y bautizó a muchos miembros nuevos en la Iglesia. Los relatos de viajeros acerca de Japón lo inspiraron para llevar el Evangelio al pueblo japonés. Durante los dos años anteriores a su muerte, Francisco plantó las semillas del cristianismo en Japón. Su día se celebra el 3 de diciembre.

Una oración en familia

San Francisco Javier, reza por nosotros para que hallemos nuestra vocación y seamos fieles a ella. Haz que veamos la belleza del amor de Dios en todas las culturas, como tú lo hiciste, y que celebremos la gloria de la diversidad de la creación. Amén.

© Harcourt Religion

En la Unidad 7 su hijo está aprendiendo sobre el REINO DE DIOS. Consulte el Catecismo de la Iglesia Católica, números 1534, 1570 y 1653 para obtener más información sobre el contenido del capítulo.

Family Faith

Catholics Believe

- The vocations of ordained and married people build the reign of God and serve others.
- The Sacraments of Service are Holy Orders and Matrimony.

✝ SCRIPTURE

Read *Matthew 4:18–22* to find out about the call of the first disciples.

GO ONLINE www.harcourtreligion.com
For weekly Scripture readings and seasonal resources

Activity
Live Your Faith

Discuss Lives of Service Discuss the call to service of such professionals as firefighters, nurses, doctors, social workers, and teachers. What inspires people to enter these professions? If you have family members who are in the religious life or the ordained ministry, discuss how their vocations have affected or influenced your family.

People of Faith

Francis Xavier was one of the original companions of Ignatius Loyola, the founder of the Jesuit order. In 1541 Ignatius sent Francis to Asia as a missionary. For nine years Francis preached in the Portuguese colonies in the East Indies. He organized church communities and baptized many new members into the Church. Travelers' stories about Japan inspired Francis to take the gospel to the Japanese people. In the two years preceding his death, Francis planted the seeds of Christianity in Japan. His feast day is December 3.

▲ Saint Francis Xavier 1506–1552

© Harcourt Religion

🙌 Family Prayer

Saint Francis Xavier, pray for us that we may find our vocation and be faithful to it. May we see the beauty of God's love in all cultures, as you did, and celebrate the glory of the diversity of creation. Amen.

Los últimos pasos

Oremos

Líder: Dios todopoderoso, te alabamos y damos gracias.

"Ha librado mi alma de la muerte,
de lágrimas mis ojos y mis pies
de dar un paso en falso".

Salmo 116, 8

Todos: Dios todopoderoso, te alabamos y damos gracias. Amén.

Actividad Comencemos

Cántico de las criaturas

Loado seas por toda criatura, mi Señor,
y por la hermana muerte: ¡loado, mi Señor!
Ningún viviente escapa de su persecución;
¡ay si en pecado grave sorprende al pecador!
¡Dichosos los que cumplen la voluntad de Dios!

Fragmento del poema de San Francisco de Asís

• ¿Qué consuela a Francisco frente a
su muerte?

The Last Things

Let Us Pray

Leader: Almighty God, we thank you and we praise you.

"For my soul has been freed from death,
my eyes from tears, my feet from
stumbling."

Psalm 116:8

All: Almighty God, we thank you and we praise you. Amen.

Activity Let's Begin

All Creatures of Our God and King
And you, most kind and gentle death,
Waiting to hush our final breath,
O praise him! Alleluia!
You lead to heav'n the child of God,
Where Christ our Lord the way has trod. . . .

A selection from the poem by Saint Francis of Assisi

• What gives Francis comfort in the face of
his death?

© Harcourt Religion

Destinos finales

 **Análisis** ¿Cómo imaginas la vida después de la muerte?

Dante Alighieri nació en Florencia, Italia, en 1265. Es el autor del famoso poema llamado *La Divina Comedia*, que cuenta acerca de un viaje imaginario en donde Dante recorre el infierno, el purgatorio y el paraíso, los tres principales reinos donde las almas de los muertos esperan el juicio final.

Datos de fe

Jesús enseñó que cuando atiendes las necesidades de los que sufren, estás atendiendo al mismo Jesús.

UN RELATO

El viaje de un poeta

Dante describe el infierno como una cueva gigante, ruidosa, con forma de embudo, que está debajo de la tierra. En cada etapa de su descenso, Dante se encuentra con un nuevo grupo de pecadores que están recibiendo su castigo. En el fondo del infierno, congelados en un lago, están el Diablo y los peores pecadores humanos.

Infierno, Purgatorio y Paraíso, ilustración del siglo XIV

El purgatorio se describe como una montaña gigantesca que nace en el mar y sobrepasa las nubes más altas. Aquí, también hay almas de muertos soportando el castigo, pero el castigo es temporal porque estas personas se habían arrepentido de sus pecados antes de morir. Las almas del purgatorio son alegres porque su castigo tendrá fin y entrarán al paraíso.

Camino al Paraíso

En el final de su viaje, Dante pasa a través de nueve cielos, donde se encuentra y conversa con los santos, que brillan como estrellas multicolores. Finalmente, Dante llega al cielo más alto, donde puede echar un pequeño vistazo a la gloria de Dios.

Dante espera que sus lectores entiendan que los detalles de los relatos son imaginarios. El punto principal que Dante hace en su relato es que lo que le ocurre a la gente después de la muerte es el resultado de las decisiones que toman libremente en vida.

? **¿Cómo te imaginas el cielo, el infierno y el purgatorio?**

Final Destinations

Focus How do you picture life after death?

Dante Alighieri was born in Florence, Italy, in 1265. He is the author of a famous poem called *The Divine Comedy*, which tells of an imaginary voyage during which Dante travels through hell, purgatory, and paradise—the three realms where the souls of the dead wait for the last judgment.

A STORY

A Poet's Voyage

Dante describes hell as a huge, noisy, funnel-shaped cave beneath the earth. At each stage of his descent, Dante meets a new group of sinners who are receiving their punishment. At the bottom of hell, frozen in an icy lake, are the devil and the worst human sinners.

Inferno, Purgatory, and Paradise 14th Century Illustration

Purgatory is described as a gigantic mountain rising from the sea, far above the highest clouds. Here, too, souls of the dead endure punishment, but the punishment is temporary because these people were sorry for their sins before death. The souls in purgatory are joyful because their punishment will end, and they will enter paradise.

Journey to Paradise

At the end of his journey, Dante passes through nine heavens, where he meets and talks with the saints, who shine like many-colored stars. At last, Dante arrives at the highest heaven, where he is given a brief glimpse of the glory of God.

Dante expects his readers to understand that the details of his story are imaginary. The main point Dante makes in his poem is that what happens to people after death is the result of choices they freely make in life.

Faith Fact

Jesus taught that whenever you care for the needs of people who suffer, you are caring for Jesus himself.

❓ **What are your images of heaven, hell, and purgatory?**

La diferencia real

Como Dante, probablemente tú te preguntes cómo es el cielo y el infierno. Aunque nadie puede proporcionar una explicación exacta, los cristianos saben que Jesús prometió la **vida eterna** a sus seguidores. Los cristianos se preparan para la vida eterna sirviendo a Dios y amándose unos a otros en el presente. Saben por Jesús que su felicidad dependerá de la calidad de servicio que se presten entre sí en esta vida.

La elección entre el cielo y el infierno se hace libremente. Aquellos que eligen no demostrar amor sufrirán la separación eterna de Dios. Sólo aquellos que elijan el amor entrarán en la vida de la Santísima Trinidad, porque la Trinidad es el amor mismo.

Palabras[†] de fe

La **vida eterna** es la vida para siempre junto a Dios, para todos aquellos que mueren en amistad con Dios.

✝ LA SAGRADA ESCRITURA — Mateo 25, 31–40

El juicio de las naciones

Cuando el Hijo del Hombre venga en su gloria, separará a unos de otros.

Entonces el Rey dirá a aquellos que están a su derecha: "Vengan, benditos de mi Padre, y tomen posesión del reino que ha sido preparado para ustedes desde el principio del mundo. Porque tuve hambre y ustedes me dieron de comer; tuve sed y ustedes me dieron de beber. Fui forastero y ustedes me recibieron en su casa. Anduve sin ropa y me vistieron. Estuve enfermo y fueron a visitarme. Estuve en la cárcel y me fueron a ver". Entonces los justos le preguntarán cuándo hicieron estas cosas. El Rey responderá: "En verdad les digo que, cuando lo hicieron con alguno de los más pequeños de estos mis hermanos, me lo hicieron a mí".

Basado en *Mateo 25, 31–40*

© Harcourt Religion

Actividad — comparte tu fe

Reflexiona: Piensa en algunas maneras de construir el Reinado de Dios.

Comunica: Con un compañero, aporta ideas sobre las maneras en que puedes hacer pequeñas y amorosas elecciones día tras día.

Actúa: En cada bloque, escribe una elección diaria que puedes hacer.

The Real Difference

Like Dante, you probably wonder what heaven and hell are like. While no one can provide an exact explanation, Christians know that Jesus promised his followers **eternal life**. Christians prepare for eternal life by serving God and loving one another right now. They know from Jesus that their happiness will depend on the quality of service they give to one another in this life.

The choice between heaven and hell is freely made. Those who choose not to show love will suffer eternal separation from God. Only those who choose love can enter into the life of the Holy Trinity, for the Trinity is love itself.

© Harcourt Religion

Words of Faith

Eternal life is life forever with God for all who die in friendship with God.

✝ SCRIPTURE   Matthew 25:31–40

The Judgment of the Nations

When the Son of Man comes again, those who have loved will be separated from those who have not.

Then the king will say to those on his right, "Come, you who are blessed by my Father. Inherit the kingdom prepared for you from the foundation of the world. For I was hungry and you gave me food, I was thirsty and you gave me drink, a stranger and you welcomed me, naked and you clothed me, ill and you cared for me, in prison and you visited me." Then the righteous will ask when they did any of these things. And the king will say to them, "Amen, I say to you, whatever you did for one of these least brothers of mine, you did for me."

Based on Matthew 25:31–40

Activity — Share Your Faith

Reflect: Think of some ways that you can build the reign of God.

Share: With a partner, brainstorm some of the ways you can make small, loving choices day by day.

Act: On each block, write a daily choice that you can make.

415

La vida eterna

 **Análisis** ¿Qué ocurre al final de tu vida mortal?

Los católicos creen que la muerte, de la manera en que la experimentan los humanos, no fue parte del amoroso plan original del Creador. Los humanos sufren la muerte corporal por el pecado original. Sin embargo, la muerte y la Resurrección de Jesús establecen esperanza para la vida eterna con Dios.

Algunos de los primeros cristianos de la ciudad de Corinto empezaron a declarar que aquellos que habían muerto no serían resucitados. Las noticias de esta opinión llegaron al Apóstol Pablo. ¡No dudó en decirle a los corintios que estaban completamente equivocados!

✝ LA SAGRADA ESCRITURA

"Si nuestra esperanza en Cristo se termina con la vida presente, somos los más infelices de todos los hombres. ... Pero demos gracias a Dios que nos da la victoria por medio de Cristo Jesús, nuestro Señor".

1 Corintios 15, 19 y 57

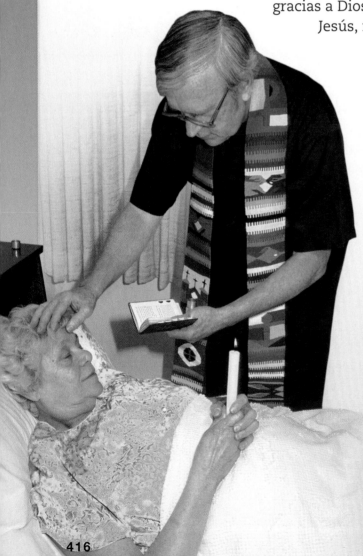

El cuidado de los moribundos

La Iglesia ayuda a las personas a prepararse para la muerte a través de los últimos ritos. Estos ritos incluyen la oración y a veces el sacramento de la Reconciliación. También, incluyen la Unción de los enfermos y la Eucaristía final, que se llama **viático**, o "alimento para el viaje" y algunas veces el sacramento de la Reconciliación. El *Ritual de exequias cristianas* refleja la creencia de la comunidad de que aquellos que mueren en la fe entrarán a la vida eterna con la Trinidad. En la Eucaristía, la Iglesia continúa rezando por aquellos que han muerto. Cada Misa se ofrece no sólo por los pecados de los vivos, sino también por los pecados de aquellos que han muerto.

❓ **¿Por qué los últimos ritos a veces incluyen el sacramento de la Reconciliación?**

© Harcourt Religion

Eternal Life

 What happens at the end of your mortal life?

Catholics believe that death as it is experienced by humans was not part of the Creator's original loving plan. Humans suffer bodily death because of original sin. But the death and Resurrection of Jesus establish hope for eternal life with God.

Some early Christians in the city of Corinth began to declare that those who had died would not be raised. News of this view reached the Apostle Paul. He did not hesitate to tell the Corinthians that they were completely wrong!

✠ SCRIPTURE

"If for this life only we have hoped in Christ, we are the most pitiable people of all. . . . But thanks be to God who gives us the victory through our Lord Jesus Christ."

1 Corinthians 15:19, 57

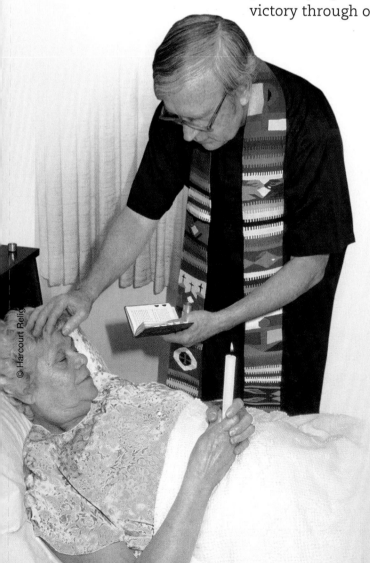

© Harcourt Relig

Care for the Dying

The Church helps people prepare for death through the last rites. These rites include prayer and sometimes the Sacrament of Reconciliation. They also include the Anointing of the Sick and the final Eucharist, called **viaticum**, or "food for the journey" and sometimes the Sacrament of Reconciliation. The Rite of Christian Funerals reflects the community's belief that those who die in faith will enter eternal life with the Trinity. In the Eucharist the Church continues to pray for those who have died. Every Mass is offered not only for the sins of living but also for the sins of those who have died.

❓ Why do the last rites sometimes include the Sacrament of Reconciliation?

El camino al hogar

Una vez que la persona muere, la Iglesia celebra la Misa exequial. La comunidad de la Iglesia se reúne para proclamar el mensaje de vida eterna y rezar para que el que haya fallecido experimente ese gozo. El ataúd que contiene el cuerpo o la urna que contiene los restos cremados de la persona que ha muerto es llevado al presidente de la celebración, que se encuentra en la entrada de la iglesia. El presidente de la celebración bendice el ataúd o urna con agua bendita. El cirio pascual les recuerda a los que se reúnen la muerte y la resurrección de la persona en Cristo. El paño mortuorio, una tela blanca parecida a la prenda que se recibe en el bautismo, es colocado sobre el ataúd.

Las lecturas de la Sagrada Escritura en una Misa exequial se centran en la misericordia y el perdón de Dios. La homilía ofrece palabras de consuelo, o ánimo, basadas en el Misterio Pascual. Durante la Liturgia Eucarística, la asamblea recuerda el sacrificio de la muerte de Jesús y la gloria de su Resurrección.

En el último adiós antes del entierro, la Iglesia encomienda o entrega a Dios la persona que ha muerto. Luego, la Iglesia convoca a los coros de ángeles para que den la bienvenida a esta persona en el paraíso del Reino celestial de Dios. Allí, se reunirán todos los fieles en Cristo.

Palabras[†] de fe

El **viático** es la Eucaristía que se da a una persona que está cerca de la muerte para fortalecerla en el camino a la eternidad.

Actividad — Practica tu fe

Prepararte para la eternidad Si supieras que sólo te queda un mes de vida, ¿qué harías durante ese tiempo para prepararte para encontrarte con Dios? Escribe una idea para cada semana.

1. _____

2. _____

3. _____

4. _____

The Journey Home

After a person has died, the Church celebrates a Mass of Christian Burial. The Church community gathers to proclaim the message of eternal life and to pray that the one who has died will experience its joy. The coffin containing the body or the urn containing the cremated remains of the person who has died is met by the presider at the church entrance. The presider blesses the coffin or urn with holy water. The lighted Easter candle reminds those gathered of the person's dying and rising in Christ. The pall, a white cloth like the garment received in Baptism, is draped over the coffin.

The Scripture readings at a funeral Mass focus on God's mercy and forgiveness. The homily offers words of consolation, or comfort, based on the Paschal mystery. During the Liturgy of the Eucharist, the assembly remembers the sacrifice of Jesus' death and the glory of his Resurrection.

In the final farewell before burial, the Church commends, or gives, to God the person who has died. Then the Church calls upon choirs of angels to welcome the person into the paradise of God's heavenly kingdom. There all the faithful will be together in Christ.

Words of Faith

Viaticum is the Eucharist given to a person who is near death to sustain him or her on the journey to eternity.

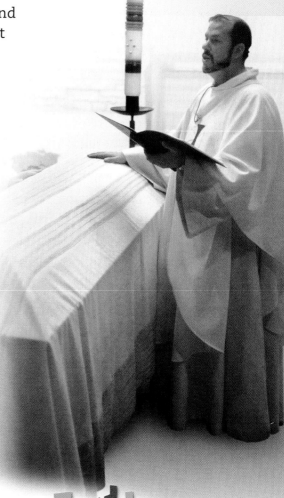

Activity

Connect Your Faith

Prepare for Eternity If you knew that you had only one month left to live, what would you do during that time to prepare to meet God? Write one idea for each week.

1. _____

2. _____

3. _____

4. _____

Celebración de la Palabra

 Oremos

Reúnanse y comiencen con la señal de la cruz.

Líder: Dios, Padre, recordamos hoy que tú eres nuestro principio y nuestro final.

Lector: Lectura de la segunda carta a los Corintios.

Lean 2 Corintios 5, 6–10.

Palabra de Dios.

Todos: **Te alabamos, Señor.**

Líder: Oremos por aquellos que han muerto, para que experimenten el amor de Cristo en plenitud. Confiando en Dios, oremos por ellos y por cualquier persona que muera hoy.

Recen en silencio durante unos instantes.

Líder: Finalicemos rezando juntos las siguientes palabras de la liturgia exequial.

Todos: **Al paraíso te lleven los ángeles, a tu llegada te reciban los mártires.**

De la Misa de sepultura cristiana

 Canten juntos el estribillo.

And I will raise you up, and I will raise you up, and I will raise you up on the last day. Yo le resucitaré, Yo le resucitaré, Yo le resucitaré el día de Él.

"I Am the Bread of Life / Yo Soy el Pan de Vida", Suzanne Toolan, © 1966, 1970, 1986, 1993, GIA Publications, Inc.

Celebration of the Word

 **Let Us Pray**

Gather and begin with the Sign of the Cross.

Leader: God our Father, we remember today that you are our beginning and our end.

Reader: A reading from the Second Letter to the Corinthians.

Read 2 Corinthians 5:6–10.

The word of the Lord.

All: **Thanks be to God.**

Leader: Let us pray for those who have died, that they might experience fully the love of Christ. Trusting in God, let us pray for them and for anyone who will die today.

Pray silently for a few moments.

Leader: Let us conclude by praying together the following words from the funeral liturgy.

All: **May the angels lead them into paradise; may the martyrs come to welcome them.**

From the Mass of Christian Burial

Sing together the refrain.

And I will raise you up, and I will raise you up, and I will raise you up on the last day.
Yo le resucitaré, Yo le resucitaré,
Yo le resucitaré el día de Él.

"I Am the Bread of Life / Yo Soy el Pan de Vida", Suzanne Toolan, © 1966, 1970, 1986, 1993, GIA Publications, Inc.

Repasar y aplicar

A **Trabaja con palabras** Relaciona la descripción de la Columna 1 con el término correcto de la Columna 2.

Columna 1

Columna 2

_____ **1.** separación eterna de Dios

a. últimos ritos

_____ **2.** felicidad eterna en la presencia de Dios

b. cielo

_____ **3.** rituales cercanos al momento de la muerte

c. paño mortuorio

_____ **4.** Eucaristía final

d. infierno

_____ **5.** una tela blanca que cubre el ataúd

e. viático

B **Comprueba lo que aprendiste** ¿De qué manera te puedes preparar mejor para encontrarte con Dios después de la muerte?

_____

_____

_____

_____

_____

_____

_____

_____

Actividad Vive tu fe

Para recordar Escribe las palabras de *Juan 11, 25–26* en una tarjeta de oración: "Yo soy la resurrección (y la vida). El que cree en mí, aunque muera, vivirá. El que vive, el que cree en mí, no morirá para siempre". En el dorso de la tarjeta, escribe el nombre de los que hayan muerto que quieras recordar en tus oraciones. Coloca la tarjeta en algún sitio especial.

Review and Apply

Ⓐ Work with Words   Match each description in Column 1 with the correct term in Column 2.

Column 1

_____ 1. separation from God forever

_____ 2. eternal happiness in God's presence

_____ 3. rituals near the time of death

_____ 4. final Eucharist

_____ 5. a white cloth draped over the coffin

Column 2

a. last rites

b. heaven

c. pall

d. hell

e. viaticum

Ⓑ Check Understanding   How can you best prepare to meet God after death?

_____

_____

_____

_____

_____

_____

_____

_____

Activity   Live Your Faith

Remember   Write the words from *John 11:25–26* on a prayer card: "I am the resurrection and the life; whoever believes in me, even if he dies, will live, and everyone who lives and believes in me will never die." On the back of the card, write the names of those who have died whom you would like to remember in your prayers. Put the card in a special place.

La fe en familia

Lo que creemos

■ La fe en la Resurrección es la fuente de esperanza en la vida eterna y felicidad con Dios en el cielo.

■ La Iglesia cuida de los moribundos mediante la oración y la celebración de la última Eucaristía, conocida también como viático.

✝ LA SAGRADA ESCRITURA

Lee *Mateo 27, 57 a 28, 10* para aprender acerca del entierro y la Resurrección de Jesús.

APRENDE en línea

Visita **www.harcourtreligion.com** para encontrar recursos basados en el año litúrgico y lecturas semanales de la Sagrada Escritura.

Actividad

Vive tu fe

En memoria La Iglesia fomenta la oración por aquellos que han muerto, en especial el día de Todos los Santos, el primero de noviembre, y el día de Todos los Fieles Difuntos, el 2 de noviembre. Puedes adoptar la costumbre mexicana del día de los Muertos. Puedes visitar el cementerio para honrar a amigos o familiares que han muerto, o encender un cirio y rezar por los miembros de la familia que se hayan ido antes que tú a la vida eterna.

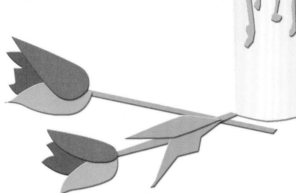

Siervos de la fe

Esteban fue el primer mártir cristiano. Fue un diácono elegido para distribuir comida a la comunidad cristiana de habla griega de Jerusalén. Esteban fue un gran predicador cuyas opiniones preocupaban a los líderes judíos. Por ejemplo, Esteban dijo a los cristianos que no era necesario rendir culto en el Templo de Jerusalén. Los líderes judíos pusieron a prueba a Esteban. Al ser encontrado culpable de blasfemia, Esteban murió apedreado. Mientras moría, Esteban, como Jesús, perdonó a sus perseguidores. El día de San Esteban se celebra el 26 de diciembre.

▲ San Esteban mártir c. 36 d. C.

Una oración en familia

San Esteban, ruega por nosotros para que podamos enfrentar la muerte con fortaleza y fe. Que recibamos de Dios la fuerza de aferrarnos a nuestra fe como tú hiciste frente a la crítica y al abuso. Amén.

En la Unidad 7 su hijo está aprendiendo sobre el REINO DE DIOS. Consulte el Catecismo de la Iglesia Católica, números 989, 1012, 1024, 1523–1525 para obtener más información sobre el contenido del capítulo.

Family Faith

Catholics Believe

- Faith in the Resurrection is the source of hope in eternal life and happiness with God in heaven.

- The Church cares for the dying through prayer and celebration of last Eucharist, known as viaticum.

✝ SCRIPTURE

Read *Matthew 27:57–28:10* to find out about Jesus' burial and Resurrection.

GO ONLINE www.harcourtreligion.com
For weekly Scripture readings and seasonal resources

Activity

Live Your Faith

In Memoriam   The Church encourages prayer for those who have died, especially on the feast of all Saints, November 1, and on all Souls Day, November 2. You may wish to adopt the Mexican custom of the Day of the Dead. You might visit the cemetery to honor friends or relatives who have died or light a candle and pray for family members who have gone before you to eternal life.

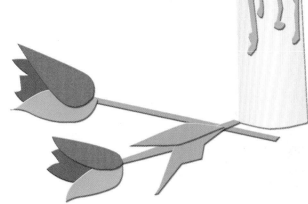

People of Faith

▲ **Saint Stephen martyred**
C. A.D. **36**

Stephen was the first Christian martyr. He was a deacon chosen to distribute food to the Greek-speaking Christian community in Jerusalem. Stephen was a great preacher whose views worried Jewish leaders. For example, Stephen told Christians that they need not worship at the Temple in Jerusalem. The Jewish leaders put Stephen on trial. Found guilty of blasphemy, Stephen was stoned to death. As he died, Stephen, like Jesus, forgave his persecutors. Saint Stephen's feast day is December 26.

Family Prayer

Saint Stephen, pray for us that we may face death with courage and faith. May we receive from God the strength to hold to our faith as you did in the face of criticism and abuse. Amen.

In Unit 7 your child is learning about the KINGDOM OF GOD. See Catechism
CCC *of the Catholic Church 989, 1012, 1024, 1523–1525 for further reading on chapter content.*

Capítulo 21

Ven, Señor Jesús

Oremos

Líder: Dios generoso, te damos gracias por nuestra vivienda.

"Del Señor es la tierra y lo que contiene,
el mundo y todos sus habitantes".

Salmo 24, 1

Todos: Dios generoso, te damos gracias por nuestra vivienda. Amén.

Actividad Comencemos

Dónde has estado Mira los mapas o el globo terráqueo y halla algunos lugares que hayas visitado o en donde hayas vivido. Tal vez puedas compartir un relato sobre alguien que hayas conocido o de algo que hayas descubierto en esos lugares.

- ¿Qué lugares te gustaría ver, cercanos o lejanos?

- ¿Qué esperarías ver y hacer allí?

- Si pudieras invitar a Jesús a que fuera contigo, ¿qué crees que te mostraría?

Chapter 21

Come, Lord Jesus

Let Us Pray

Leader: Generous God, we thank you for our dwelling place.

"The earth is the LORD's and all it holds,
the world and those who live there."

Psalm 24:1

All: Generous God, we thank you for our dwelling place. Amen.

Activity Let's Begin

Where You've Been   Look at maps or a globe, and find some places that you have visited or in which you have lived. Perhaps you can share a story about someone you met or something you discovered in those places.

• What are some places that you would like to see, far or near?

• What would you hope to see and do there?

• If you could invite Jesus to go with you, what do you think he might show you?

Transmitir la Buena Nueva

 **Análisis** ¿Cuáles son las características de un misionero?

La Iglesia tiene la misión de transmitir la Buena Nueva de Jesucristo a todas las personas de todo el mundo. El Beato Charles de Foucauld aceptó esa misión completamente.

UNA BIOGRAFÍA

APÓSTOL DEL SAHARA

Cuando era joven y vivía en Francia, Charles de Foucauld rechazaba la fe católica en la cual había sido educado. Él encontró y adoptó su fe nuevamente a los veintiocho años, cuando fue al desierto y vivió con los musulmanes entre los esclavos y los pobres. Aprendió su lengua y se hizo amigo de ellos. Foucauld escribió: "He perdido mi corazón por este Jesús de Nazaret y paso mi vida tratando de imitarlo. Cuando las personas me ven deben decirse: 'Ya que este hombre es tan bueno, su religión debe ser buena'".

Charles de Foucauld creía que muchas personas son llamadas a difundir el Evangelio de Jesús por todo el mundo de modos pacíficos. Dijo: "Todo cristiano debe ser apóstol… Todo cristiano debe mirar a cada ser humano como un hermano muy querido… y tener hacia todos los seres humanos los sentimientos del Corazón de Jesús". Ésta era la manera amorosa que el mismo Charles de Foucauld eligió para vivir, de modo que con la gracia de Dios pudiera acelerar la venida del Reino de Dios. Él fue **misionero** del amor al continuar la obra de Cristo en el mundo.

❓ ¿Qué fue lo que descubrió la gente en la bondad de Charles de Foucauld?

Datos de fe

Una *sinagoga* es el lugar destinado al culto y a la instrucción religiosa para las personas de la fe judía. Su nombre proviene de la palabra griega que significa "asamblea".

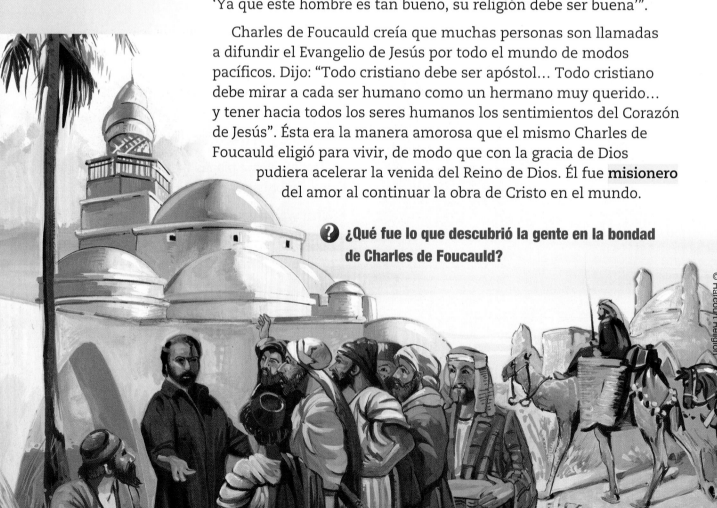

To Bring the Good News

Focus What are the qualities of a missionary?

The Church has a mission to bring the good news of Jesus Christ to all people everywhere. Blessed Charles de Foucauld accepted that mission fully.

BIOGRAPHY

APOSTLE OF THE SAHARA

As a young man in France, Charles de Foucauld rejected the Catholic faith in which he had been raised. He found and embraced his faith again at age twenty-eight, when he went into the desert and lived with Muslims among slaves and those who were poor. He learned their language and became their friend.

"I have lost my heart to this Jesus of Nazareth," wrote de Foucauld, "and I spend my life trying to imitate him. When people see me, they must be able to say, 'Because this man is good, his religion must be good.'"

Charles de Foucauld believed that many people are called to spread the gospel of Jesus all over the world in quiet ways. He said, "Every Christian should be an apostle. . . . Every Christian should see every human being as a beloved brother . . . and have for all human beings the feelings of the Heart of Jesus." This was the loving way that Charles de Foucauld himself chose to live so that with God's grace he could hasten the coming of God's kingdom. He was a **missionary** of love, continuing Christ's work in the world.

❓ **What did Charles de Foucauld's goodness invite people to discover?**

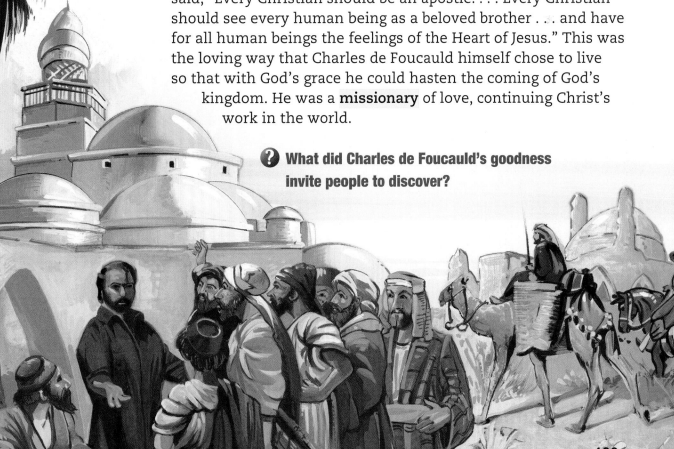

© Harcourt Religion

429

Camino al Reino

Charles de Foucauld, como Jesús, vio en cada persona un hermano. Él quería transmitir la Buena Nueva de Jesús a las personas del desierto, porque sabía que también eran hijos del mismo Creador.

El mensaje de Jesús es más importante que cualquier persona que lo proclame en la actualidad. Necesita personas santas para que lo proclamen bien, pero la fuente de su santidad es el Espíritu Santo habitando en ellos a través del Bautismo. El Espíritu Santo también fortaleció a Jesús.

Palabras† de fe

Un **misionero** es una persona que responde al llamado de Dios de dedicar un período de su vida a transmitir el mensaje de Cristo a las personas que no lo conocen.

✝ LA SAGRADA ESCRITURA — Lucas 4, 16–21

Se cumplen las palabras proféticas

Llegó [Jesús] a Nazaret, donde se había criado, y el sábado fue a la sinagoga. Se puso de pie para hacer la lectura, y le pasaron el manuscrito del profeta Isaías...

"El espíritu del Señor está sobre mí. Él me ha ungido para llevar buenas nuevas a los pobres, para anunciar la libertad a los cautivos y a los ciegos que pronto van a ver, para despedir libres a los oprimidos y proclamar el año de gracia del Señor". Jesús enrolló el manuscrito, y se sentó, mientras todos los presentes tenían los ojos fijos en él. Y empezó a decirles: "Hoy les llegan noticias de cómo se cumplen estas palabras proféticas".

Basado en *Lucas 4, 16–21*

? ¿Qué quiso expresar Jesús cuando dijo que las palabras proféticas se habían cumplido?

© Harcourt Religion

Actividad — Comparte tu fe

Reflexiona: Recuerda que a través del poder del Espíritu Santo, tú puedes obtener la fortaleza para continuar la obra de Jesús.

Comunica: Proclama a un compañero lo que Jesús leyó del profeta Isaías.

Actúa: Comenta un modo en el que tratas de vivir este pasaje en tu vida. Escucha mientras tu compañero hace lo mismo.

Move Toward the Kingdom

Charles de Foucauld saw every person as his brother, just as Jesus did. He wanted to bring the good news of Jesus to the desert peoples, for he knew that they, too, were children of the same Creator.

The message of Jesus is greater than any one person who proclaims it today. It takes holy people to proclaim it well, but the source of their holiness is the Holy Spirit dwelling in them through Baptism. The Holy Spirit gives you the courage to do Christ's work. The Holy Spirit empowered Jesus, too.

Words of Faith

A **missionary** is a person who answers a call from God to devote a period of his or her life to bringing Christ's message to people who do not know it.

✝ SCRIPTURE
Luke 4:16–21

Fulfilled in Your Hearing

He [Jesus] came to Nazareth, where he had grown up, and went into the synagogue on the sabbath day. He stood up to read and was handed a scroll of the prophet Isaiah . . .

"The Spirit of the Lord is upon me,
    because he has anointed me
        to bring glad tidings to the poor.

He has sent me to proclaim liberty to captives
    and recovery of sight to the blind,
        to let the oppressed go free,

and to proclaim a year acceptable to the Lord."

Rolling up the scroll, . . . he sat down. . . . The eyes of all in the synagogue looked intently at him. He said to them, "Today this scripture passage is fulfilled in your hearing."

Based on Luke 4:16–21

❓ **What did Jesus mean when he said that the Scripture passage had been fulfilled?**

Activity — Share Your Faith

Reflect: Recall that through the power of the Holy Spirit, you can have the courage to continue Jesus' work.

Share: Proclaim to a partner what Jesus read from the prophet Isaiah.

Act: Tell one way in which you are trying to live this passage in your life. Listen while your partner does the same.

431

Con palabras y con hechos

Análisis ¿Cómo puedes ser parte de la misión de la Iglesia?

Ropa para los desamparados

La celebración de cada sacramento nos recuerda que el Reinado de Dios está entre nosotros en Jesucristo. Las personas aceptan el Reinado de Dios cuando celebran el Bautismo de un nuevo nacimiento en la Iglesia y se convierten en hermanos y hermanas en Cristo. En la celebración de los sacramentos de Cristo, en especial la Eucaristía, se bendice y nutre a las personas para que sean bendiciones para los demás.

Aunque los que han renacido y han sido nutridos en Cristo no se convierten en misioneros, son llamados a ser discípulos. Comparten la Buena Nueva de Jesús a través de la palabra y el ejemplo. Esta difusión, o **evangelización**, se origina en el primer Pentecostés, donde el Espíritu Santo descendió sobre los seguidores de Jesús y los fortaleció para que llevaran la Buena Nueva a todos los pueblos. Cuando vives como un discípulo de Jesús, te conviertes en un signo del Reino de Dios en dondequiera que te encuentres.

❓ **¿Qué relación existe entre la Eucaristía y la misión de la evangelización?**

In Word and Action

 **Focus** How can you be a part of the mission of the Church?

The celebration of each sacrament is a reminder that the reign of God is among us in Jesus Christ. God's kingdom is embraced when people celebrate the Baptism of new birth in the Church and become brothers and sisters in Christ. In the celebration of Christ's sacraments, especially the Eucharist, people are blessed and nourished so that they can be blessings for others.

Even when those who have been reborn and nourished in Christ do not become missionaries, they are called to be disciples. They share the good news of Jesus by word and example. This sharing or **evangelization**, has its origins in the first Pentecost, when the Holy Spirit came upon the followers of Jesus and strengthened them to take the good news to every nation. When you live as a disciple of Jesus, you become a sign of God's kingdom, wherever you are.

? What is the relationship between the Eucharist and the work of evangelization?

Celebración del reinado de Dios

Los misioneros satisfacen las necesidades de los demás en el nombre de Jesús. Éstas son las **Obras de misericordia corporales** de aquellos que han entregado su corazón a Cristo, como lo hizo Charles de Foucauld: dar de comer al hambriento, dar de beber al sediento, vestir al desnudo, dar posada al peregrino, visitar y cuidar a los enfermos y redimir al cautivo. Tú puedes convertirte en misionero algún día. Aunque puedes empezar ahora a hacer el trabajo de un discípulo, justo en tu vecindario. Cristo regresará el último día y no habrá sufrimiento ni muerte. Hasta ese día, todos los cristianos tienen la responsabilidad de ser las manos y el corazón de Jesús en la Tierra.

Iguales ante Dios

Las obras de misericordia se deben ofrecer a todos los que las necesiten, sin excepción. Todas las personas son iguales ante los ojos de Dios porque Él las ha creado a su propia imagen y semejanza.

Las obras de misericordia pueden ser actos de caridad u obras de justicia. Cuando realizas un acto de caridad, demuestras el amor de Cristo por los demás ayudando a disminuir el sufrimiento físico o espiritual. Cuando haces justicia, das a los demás lo que se merecen.

Practicas la **justicia social** cuando trabajas para proporcionar la estructura que protegerá los derechos de los pobres o los discriminados por la sociedad. Todas las personas tienen derecho al alimento, la vivienda, la salud y la dignidad. Cuando actúas con caridad y justicia, llevas la paz y así el reinado de Dios crece.

Palabras† de fe

La **evangelización** es difundir la Buena Nueva de Jesús de un modo que invita a las personas a aceptar el Evangelio.

Las **Obras de misericordia corporales** son acciones que muestran justicia, amor y paz, como lo mostró Jesús cuando cuidaba de las necesidades físicas de las personas.

La **justicia social** incluye el respeto, los derechos y las condiciones que deben proporcionar las sociedades.

Actividad · Practica tu fe

Practicar la justicia ¿Cuál es la peor injusticia que has visto en tu comunidad local? Con un pequeño grupo, genera ideas para corregirla. Comenten los resultados de su conversación a los otros grupos. Como clase, elige un paso concreto que puedas usar para mejorar la situación.

_____

_____

_____

Celebration of God's Reign

Missionaries fill the needs of others in Jesus' name. To feed the hungry, to give drink to the thirsty, to clothe the naked, to shelter the homeless, to visit the sick and the imprisoned—these are the **Corporal Works of Mercy** of those who have lost their hearts to Christ as Charles de Foucauld did. You might become a missionary one day. But you can begin now to do the work of a disciple—right in your own neighborhood. Christ will return on the last day, and there will be no more suffering and death. Until that day, all Christians have a responsibility to be Jesus' hands and heart on earth.

Equal Before God

The works of mercy are to be offered to all who are in need, without exception. All people are equal in God's eyes because he has created them in his own image and likeness.

Your works of mercy can be acts of charity, or they can be works of justice. When you perform an act of charity, you show Christ's love to another by helping lessen the suffering of body or spirit. When you bring justice, you give others what is their due. You bring **social justice** when you work to provide the framework that will protect the rights of those who are poor or cast out by society. All people have a right to food, shelter, health, and dignity. When you act with charity and justice, you bring peace, and the reign of God grows.

Words of Faith

Evangelization is sharing the good news of Jesus in a way that invites people to accept the gospel.

Corporal Works of Mercy are actions that show justice, love, and peace, as Jesus did when caring for the physical needs of people.

Social justice involves the respect, rights, and conditions that societies must provide.

Activity **Connect Your Faith**

Bring Justice   What is the worst injustice you see in your local community? With a small group, brainstorm ways to correct it. Report the results of your discussion to the other groups. As a class, choose one concrete step that you can take to improve the situation.

_____

_____

_____

© Harcourt Religion

La Oración del Señor

 Oremos

Reúnanse y comiencen con la señal de la cruz.

Líder: Reflexionemos en la parte de la oración donde Jesús enseñó a sus discípulos como nuestro guía en la justicia social.

Lector 1: Cuando decimos: "Padre nuestro, que estás en el cielo",

Todos: **queremos decir que estamos listos para aceptar a todas las personas como hermanos y hermanas en la Tierra.**

Lector 2: Cuando decimos: "santificado sea tu Nombre";

Todos: **queremos decir que el nombre de Dios es nuestra fuerza y nuestra canción mientras trabajamos por la dignidad humana de todos.**

Lector 3: Cuando decimos "venga a nosotros tu reino";

Todos: **queremos decir que estamos listos para poner a Dios primero, por sobre toda lealtad al estado, la nación, la familia o la raza.**

Lector 4: Cuando decimos: "hágase tu voluntad en la tierra como en el cielo",

Todos: **queremos decir que estamos llenos de entusiasmo por el Reino de paz y justicia de Dios en nuestro mundo.**

Canten juntos el estribillo.

Sanador de nuestros males,
luz de cada mañana,
danos paz más allá
de nuestro temor,
y esperanza más allá
de nuestro pesar.

Versión de "Healer of Our Every Ill", Marty Haugen, © 1987, GIA Publications, Inc.

The Lord's Prayer

Let Us Pray

Gather and begin with the Sign of the Cross.

Leader: Let us reflect on part of the prayer that Jesus taught his disciples as our guide to social justice.

Reader 1: When we say "Our Father, who art in heaven,"

All: **we mean that we are ready to accept all people as our brothers and sisters on earth.**

Reader 2: When we say "Hallowed be thy name,"

All: **we mean that the name of God is our strength and our song as we work for the human dignity of all.**

Reader 3: When we say "Thy kingdom come,"

All: **we mean that we are ready to put God first, ahead of loyalties to state, nation, family, or race.**

Reader 4: When we say "Thy will be done on earth as it is in heaven,"

All: **we mean that we are filled with zeal for God's kingdom of peace and justice in our world.**

Sing together the refrain.

Healer of our every ill,
light of each tomorrow,
give us peace beyond
our fear,
and hope beyond
our sorrow.

"Healer of Our Every Ill",
Marty Haugen, © 1987,
GIA Publications, Inc.

Repasar y aplicar

A **Comprueba lo que aprendiste**   Encierra en un círculo Verdadero o Falso según corresponde para cada enunciado. Corrige todos los enunciados falsos.

1. Eres discípulo cuando sigues el ejemplo de Jesús.

   Verdadero Falso _____

2. La difusión de la Buena Nueva de Jesús a través de la palabra y el ejemplo se llama evangelización.

   Verdadero Falso _____

3. La misión de la Iglesia es transmitir el Evangelio de Jesús sólo a aquellos que son amables y buenos.

   Verdadero Falso _____

4. La justicia social requiere una sociedad que respete la dignidad de sus miembros.

   Verdadero Falso _____

5. Como han renacido en Cristo, los bautizados han completado su misión de evangelizar.

   Verdadero Falso _____

B **Relaciona**   ¿De qué manera pueden las personas de tu edad formar parte de la misión evangelizadora de la Iglesia?

_____

_____

_____

Actividad Vive tu fe

Artículo   Con un compañero, escribe un artículo informativo acerca de un incidente o situación que represente cómo las personas trabajan por la justicia social en tu familia, parroquia o vecindario. Asegúrate de responder las preguntas: *¿quiénes?, ¿qué?, ¿cuándo?, ¿dónde?* y *¿por qué?*

_____

_____

_____

_____

Review and Apply

A **Check Understanding**   Circle True if a statement is true. Circle False if a statement is false. Correct any false statements.

1. You are a disciple when you follow the example of Jesus.

   True   False   _____

2. The sharing of the good news of Jesus by word and example is called evangelization.

   True   False   _____

3. The mission of the Church is to bring the gospel of Jesus only to those who are gentle and good.

   True   False   _____

4. Social justice requires a society to respect the dignity of its members.

   True   False   _____

5. Because they have been reborn in Christ, those who are baptized have completed their mission of evangelization.

   True   False   _____

B **Make Connections**   In what ways can people your age be part of the evangelizing mission of the Church?

_____

_____

_____

Activity   Live Your Faith

Report   With a partner, write a news account of an incident or a situation that illustrates how people work for social justice in your family, parish, or neighborhood. Be sure to answer the questions *Who? What? When? Where?* and *Why?*

_____

_____

_____

_____

_____

La fe en familia

Lo que creemos

■ La misión de la Iglesia es transmitir la Buena Nueva a todas las personas de todo el mundo.

■ Cada persona bautizada tiene la responsabilidad de difundir la Buena Nueva.

✝ LA SAGRADA ESCRITURA

Lee *Mateo 10, 1–25* para obtener más información sobre cómo Jesús preparó a los Apóstoles para completar su misión de servicio.

Visita **www.harcourtreligion.com** para encontrar recursos basados en el año litúrgico y lecturas semanales de la Sagrada Escritura.

Actividad

Vive tu fe

Declara tu objetivo Una declaración de misión es un documento que explica los propósitos y objetivos de un grupo. Escribe una declaración de misión familiar. Coloca la declaración en la puerta del refrigerador o en otro lugar visible, donde te recuerde cómo tu familia comparte la misión de transmitir la Buena Nueva de Jesús.

Declaración de misión

Siervos de la fe

▲ **Dorothy Day**
1897–1980

Dorothy Day fue escritora y activista social. En 1933, fundó el periódico *Catholic Worker* (El trabajador católico). El periódico hizo un llamamiento a los católicos para que se ocuparan de la causa de los pobres. También promovió la paz mundial. Dorothy Day y su personal vivían en una casa de un barrio deteriorado de la ciudad de Nueva York. Dieron alimento, vestimenta y refugio a los pobres. Con el tiempo, otros grupos fundaron casas similares que se llamaron Casas del Trabajador Católico. Dorothy Day inspiró a miles de católicos a expresar su fe trabajando por la justicia social.

Una oración en familia

Querido Dios, danos fuerzas para trabajar por la paz y la justicia social como lo hizo Dorothy. Libéranos de todo egoísmo y ábrenos a las necesidades de todos, sin importar la circunstancia. Amén.

En la Unidad 7 su hijo está aprendiendo sobre el REINO DE DIOS. Consulte el Catecismo de la Iglesia Católica, números 849, 851 y 2820 para obtener más información sobre el contenido del capítulo.

Family Faith

Catholics Believe

- The Church's mission is to bring the good news to all people everywhere.

- Every baptized person has the responsibility of sharing the good news.

✝ SCRIPTURE

Read *Matthew 10:1–25* to learn more about how Jesus prepared the Apostles to complete their mission of service.

GO ONLINE
www.harcourtreligion.com
For weekly Scripture readings and seasonal resources

Activity

Live Your Faith

State Your Goal A mission statement is a document that explains the purposes and goals of a group. Write a family mission statement. Post the statement on the refrigerator door or in another prominent place where it will remind you of how your family shares the mission of spreading the good news of Jesus.

Mission Statement

People of Faith

▲ **Dorothy Day**
1897–1980

Dorothy Day was a writer and social activist. In 1933 she founded the *Catholic Worker* newspaper. The paper called on Catholics to take up the cause of those who were poor. It also promoted world peace. Dorothy Day and her staff lived in a house in a run-down New York City neighborhood. They gave food, clothing, and shelter to those who were poor. In time, other groups established similar houses, called Catholic Worker Houses. Dorothy Day inspired thousands of Catholics to express their faith by working for social justice.

Family Prayer

Dear God, give us the strength to work for social justice and peace as Dorothy Day did. Free us from all selfishness and open us to the needs of all, regardless of circumstance. Amen.

CCC *In Unit 7 your child is learning about the KINGDOM OF GOD. See Catechism of the Catholic Church 849, 851, 2820 for further reading on chapter content.*

441

REPASO DE LA UNIDAD 7

A **Comprueba lo que aprendiste** Haz la sopa de letras para hallar las palabras que aparecen en la frases que están debajo de la caja. Luego, completa los espacios en blanco con las letras restantes en orden y revelarás el mensaje secreto.

```
R P O A R V E M
E S O Í L I A I
S M I T S D A S
U D E S L A O E
R S E I N E T R
R I E R R T R I
E O S A C E R C
C I S C T R I O
C A N U O N S R
I E S E U A N D
Ó A C E L E B I
N R A C I O N A
C O N S U E L O
```

1–2. *Una homilía brinda palabras de* **CONSUELO***, la liturgia proclama el mensaje de* **VIDA ETERNA,**

3–4. *las lecturas de la Sagrada Escritura hablan de la* **MISERICORDIA** *de Dios, y la* **EUCARISTÍA** *nos recuerda que*

5. *todos podemos compartir la gloria de la* **RESURRECCIÓN** *de Jesús.*

— — — — — — — — — — — — — — — — — —

— — — — — — — — — — — — — — — — — — — —

— — — — — — — — — — — — — — — — — — — .

Nombra tres razones por las cuales los católicos deberían trabajar por la justicia social.

6. _____

_____

7. _____

8. _____

Nombra dos maneras de responder al llamado de Dios.

9. _____

10. _____

UNIT 7 REVIEW

Ⓐ Check Understanding Do the word search to find the boldface words that appear in the phrases below the box. Then fill the spaces provided with the remaining letters, in order, and you will reveal the secret message.

```
R T H T E I S
E I S S T W H
S Y T I E H E
U M A R R S S
R O F A N C G
R H R H A I O
E S T C L I D
C A N U L B S
T U R E I I M
I A L I F S E
O A C E E L R
N E B R A T C
I O N O X S Y
C O M F O R T
```

1–2. *A homily offers words of* **COMFORT**, *liturgy proclaims the message of* **ETERNAL LIFE**,

3–4. *Scripture readings tell of* **GOD'S MERCY**, *and the* **EUCHARIST** *reminds us that*

5. *we can all share the glory of Jesus'* **RESURRECTION**.

— — — —   — — — —   — — — —   — — — —   — —

— —   — — — — — — — —   — — — — — — — —

— — —   — — — — — — — — — — — — — — —.

Name three reasons that Catholics should work for social justice.

6. _____

_____

7. _____

8. _____

Name two ways to answer the call of God.

9. _____

10. _____

RECURSOS CATÓLICOS

La formación del Evangelio

Los evangelios según Mateo, Marcos, Lucas y Juan anuncian hoy la Buena Nueva de Jesús a los cristianos. Estos libros se crearon según tres etapas.

1. **La vida y las enseñanzas de Jesús:** Toda la vida y las enseñanzas de Jesús proclamaron la Buena Nueva.
2. **Tradición oral:** Después de la Resurrección, los Apóstoles predicaron la Buena Nueva. Luego los primeros cristianos difundieron lo que Jesús predicaba. Repitieron una y otra vez las enseñanzas de Jesús y el relato de su vida, muerte y Resurrección.
3. **Los evangelios escritos:** Los relatos, las enseñanzas y los dichos de Jesús fueron recolectados y escritos en los evangelios según Mateo, Marcos, Lucas (los evangelios sinópticos o similares) y Juan.

El canon

El canon de la Sagrada Escritura es la lista de libros de la Biblia que la Iglesia acepta como la Palabra de Dios inspirada. El término *canon* proviene de una palabra sumeria antigua que designaba una regla usada para medir. También significa catálogo o lista. La Iglesia Católica acepta un *canon* bíblico de 73 libros: 46 en el Antiguo Testamento y 27 en el Nuevo Testamento.

La Sagrada Escritura y la Tradición

La Tradición es el mensaje del Evangelio como lo vivieron y lo presentaron los Apóstoles y como se difundió a partir de ellos a la Iglesia a lo largo del tiempo. La Tradición y la Sagrada Escritura unidas son la fuente de la revelación de Dios.

Datos de fe

INRI

INRI representa las palabras en latín *Iesus Nazarenus, Rex Iudaeorum,* que significan "Jesús de Nazaret, Rey de los judíos". Poncio Pilato ordenó que se escribieran estas palabras en la cruz de Jesús.

CATHOLIC SOURCE BOOK

Scripture

Gospel Formation

The Gospels according to Matthew, Mark, Luke, and John announce the good news of Jesus to Christians today. These books were formed in three stages.

1. **The life and teaching of Jesus**—Jesus' whole life and teaching proclaimed the good news.
2. **Oral tradition**—After the Resurrection, the Apostles preached the good news. Then the early Christians passed on what Jesus preached. They told and retold the teachings of Jesus and the story of his life, death, and Resurrection.
3. **The written Gospels**—The stories, teachings, and sayings of Jesus were collected and written in the Gospels according to Matthew, Mark, Luke (the synoptic, or similar Gospels), and John.

Canon

The canon of Scripture is the list of books of the Bible accepted by the Church as the inspired word of God. The word *canon* comes from an ancient Sumerian word for a straight reed used for measuring. The word *canon* can also mean a collection or a list. The Catholic Church accepts a biblical canon of 73 books—46 in the Old Testament and 27 in the New Testament.

Scripture and Tradition

Tradition is the message of the gospel as it was lived and presented to the Apostles and passed on from them to the Church through the ages. Tradition and Scripture together are the one source of God's revelation.

Faith Fact

INRI

The letters INRI stand for the Latin words *Iesus Nazarenus, Rex Iudaeorum,* meaning "Jesus of Nazareth, King of the Jews." Pontius Pilate ordered the words to be placed on Jesus' cross.

© Harcourt Religion

También hay tradiciones con las que podrías estar más familiarizado. Las más conocidas son las que se refieren a las costumbres y las prácticas que no son universales. Diferentes países y grupos étnicos tienen diferentes tradiciones y deben respetarse e incluso incorporarse en las celebraciones litúrgicas. Entre ellas, ciertas devociones a María y liturgias en honor a los santos regionales.

Cómo se usa la Sagrada Escritura en la liturgia

En todas las liturgias son importantes las lecturas de la Biblia. Las palabras de la Sagrada Escritura también se encuentran en muchas de las oraciones de la liturgia. Frases e imágenes de la Biblia suelen aparecer en canciones e himnos. Estas lecturas de la Biblia expresan la fe de las personas. Recuerdan a todos las obras poderosas de Dios.

Dado que Cristo está verdaderamente presente en la Palabra, la Iglesia rinde honor especial a la Biblia. El libro de los evangelios o el leccionario se llevan en procesión a la Misa. El evangeliario se coloca en el altar hasta la lectura del Evangelio. Los lectores proclaman la Palabra con claridad. Después de leer el Evangelio, el sacerdote o el diácono besa el libro con respeto.

Liturgia de la Palabra

Toda celebración de los sacramentos comienza con la Liturgia de la Palabra. Aun cuando el sacramento se celebre para una sola persona, como la Unción de los enfermos, el sacerdote comienza con un pasaje de la Sagrada Escritura. La Iglesia fomenta el uso de la Palabra de Dios en todas las reuniones de los fieles.

El leccionario contiene lecturas de la Sagrada Escritura para todos los domingos, días festivos y ocasiones especiales. Estas lecturas se seleccionaron de acuerdo con los días y tiempos del año litúrgico.

Las lecturas del leccionario para la Misa de los domingos se organizan en un ciclo de tres años.

- **En el año A** se usa el Evangelio según San Mateo.
- **En el año B** se presenta el Evangelio según San Marcos.
- **En el año C** se destaca el Evangelio según San Lucas.

El Evangelio según San Juan se usa en ocasiones especiales en cada uno de los tres años; por ejemplo en celebraciones como Navidad, Jueves Santo y Viernes Santo.

There are also traditions with which you might be more familiar. The more familiar tradition refers to customs and practices that are not universal. Different countries and ethnic groups have different traditions. And these are to be respected and even incorporated into liturgical celebrations. Examples include certain devotions to Mary and liturgies in honor of regional saints.

How Scripture Is Used in Liturgy

Bible readings are important in all liturgies. Words from Scripture are also found in many of the prayers in the liturgy. Songs and hymns often contain phrases and images from the Bible. Such Bible readings express the faith of the people. They remind all people of God's mighty deeds.

Because Christ is truly present in the word, the Church gives special honor to the Bible. Either the Book of the Gospels or the lectionary is carried in procession at Mass. The Book of the Gospels is placed on the altar until the gospel reading. Readers proclaim the word clearly. After reading the gospel, the priest or deacon kisses the book out of respect.

The Liturgy of the Word

Every celebration of the sacraments begins with a Liturgy of the Word. Even if the sacrament is celebrated for only one person, such as in the Anointing of the Sick, the priest begins with a Scripture passage. The Church encourages the use of God's word at all gatherings of the faithful.

The Lectionary contains the Scripture readings for every Sunday, feast day, and special occasion. These readings were chosen to suit the feasts and seasons of the liturgical year.

The lectionary readings for Sunday Mass uses a three-year cycle.

- **Year A** uses the Gospel according to Matthew.
- **Year B** presents the Gospel according to Mark.
- **Year C** highlights the Gospel according to Luke.

The Gospel according to John appears at special times in each of the three years. The passages from John are read for special celebrations, such as Christmas, Holy Thursday, and Good Friday.

Las lecturas

- La **primera lectura** en la Misa del domingo se toma del Antiguo Testamento, excepto durante el tiempo de Pascua, en el que se toma de los Hechos de los Apóstoles.
- El **salmo responsorial** se toma del libro de los Salmos. Este salmo se llama *responsorial* porque la asamblea canta una respuesta después de cada versículo.
- La **segunda lectura** proviene de una de las cartas del Nuevo Testamento o del libro del Apocalipsis.
- El **Evangelio** se toma de Mateo, Marcos, Lucas o Juan.

El leccionario para los días de la semana también se organiza de acuerdo con los tiempos del año litúrgico. Sin embargo, estas lecturas siguen un ciclo de dos años: año I y año II, y se usa sólo una de ellas y un salmo antes del Evangelio.

Los símbolos sacramentales

Los símbolos sacramentales se encuentran en toda la Biblia.

- Los símbolos centrales son el **agua** y la **luz,** que reflejan el poder de Dios Creador, quien da vida a todo. La luz y el agua se usan en el Bautismo para mostrar el don de Dios de la vida nueva. Las palabras y los símbolos del agua y la luz recuerdan la creación, el diluvio y el cruce del Mar Rojo. Estas oraciones también recuerdan el bautismo de Jesús en el río Jordán y el agua que le brotó de su costado cuando estaba en la cruz. Los que acaban de bautizarse sostienen cirios encendidos para mostrar que "mantendrán viva la llama de la fe" en su corazón. Estarán preparados para reunirse con Cristo cuando regrese.
  - El **óleo** se usó para ungir a los grandes líderes y también para curar. Se emplea en los sacramentos del Bautismo, la Confirmación, el Orden y la Unción de los enfermos.
  - El **pan** sin levadura y el **vino** son los símbolos que se usan en la celebración de la Eucaristía. Estos frutos de la tierra se empleaban y se emplean en la Pascua judía. Jesús dio un nuevo significado a estos símbolos cuando los bendijo y se los repartió a sus amigos en la Última Cena: ahora son su Cuerpo y su Sangre.

Datos de fe

ex cátedra

Las palabras en latín *ex cathedra* significan "desde la cátedra (asiento especial)". El papa habla *ex cathedra* sobre asuntos de fe y moral. Estas enseñanzas se consideran infalibles, sin errores.

The Readings

- The **first reading** at Sunday Mass is from the Old Testament, except during the Easter Season. At that time the first reading comes from the Acts of the Apostles.
- The **responsorial psalm** is from the Book of Psalms. The psalm is called *responsorial* because the assembly sings a response after each verse.
- The **second reading** is from one of the New Testament letters or from the Book of Revelation.
- The **gospel** is from Matthew, Mark, Luke, or John.

The weekday lectionary is also arranged according to the seasons of the liturgical year. However, the weekday readings follow a two-year cycle: Year I and Year II. On weekdays only one reading and a psalm are spoken before the gospel.

Sacramental Symbols

Sacramental symbols are found throughout Bible.

- **Water** and **light** are central symbols that reflect the power of God the Creator, who gives life to all. In Baptism light and water are used to show God's gift of new life. The words and the symbols of water and light recall creation, the flood, and the crossing of the Red Sea. These prayers also recall Jesus' baptism in the Jordan River and the water that flowed from his side as he hung on the cross. The newly baptized hold lighted candles to show that they will "keep the flame of faith alive" in their hearts. They will be ready to meet Christ when he returns.

- **Oil** was used to anoint great leaders. It was also used for healing. Oil is used in the Sacraments of Baptism, Confirmation, Holy Orders, and the Anointing of the Sick.

- Unleavened **bread** and **wine** are the symbols used in the celebration of the Eucharist. These fruits of the earth were and are used in the Seder or Passover meal. Jesus gave new meaning to these symbols when he blessed them and gave them to his friends at the Last Supper—now his Body and Blood.

Credo

Creemos

Tanto el Credo de los Apóstoles como el Credo de Nicea-Constantinopla tienen estructura trinitaria y provienen de la fórmula bautismal: Padre, Hijo y Espíritu Santo.

■ El Credo de los Apóstoles recibe ese nombre porque es un resumen de la fe de los Apóstoles. Sin embargo, la primera referencia a este credo aparece en escritos del siglo IV y los primeros textos datan del siglo VIII.

■ El Credo de Nicea-Constantinopla apareció después del Concilio de Nicea en el año 325 y del Concilio de Constantinopla en el año 381. En estos concilios se discutió la naturaleza divina de Cristo. El credo se convirtió en parte de la liturgia de la Iglesia en Roma en 1014 y aún continúa siéndolo.

La Santísima Trinidad

Dios es una comunión de Personas: Padre, Hijo y Espíritu Santo. Dios Padre es el Creador y la fuente de todas las cosas. Dios Hijo, Jesús, es el Salvador de todas las personas. Dios Espíritu Santo guía y hace santos a todos y a la Iglesia.

La Santísima Trinidad se honra con la señal de la cruz y la Doxología, y en particular en la liturgia de la Iglesia. Los cristianos se bautizan "En el nombre del Padre, y del Hijo, y del Espíritu Santo". En el saludo inicial y la bendición final, y en la plegaria eucarística, las oraciones se dirigen a Dios Padre a través del Hijo en el Espíritu Santo.

Dios Padre

La primera Persona de la Santísima Trinidad, Dios Padre, es el Creador de todo lo que existe. Es todopoderoso y omnisciente. Es el que viaja contigo, como con Abraham. Es el fiel y compasivo Dios que liberó de la esclavitud a su pueblo Elegido. Él es como se reveló a Moisés: "Yo soy el que Soy". Dios es misericordioso y compasivo, e inquebrantable en su amor.

Es un Dios al que puedes llamar Padre, como Jesús enseñó en la Oración del Señor. Y como también enseñó, Dios es amor.

Datos de fe

En general, se cree que todos los Apóstoles fueron mártires, excepto Juan y Judas (quien negó a Jesús y luego, por remordimiento, se ahorcó).

Creed

Faith Fact

It is generally believed that all the Apostles were martyred except John and Judas (who denied Jesus and then hung himself in remorse).

We Believe

Both the Apostles' Creed and the Nicene Creed are Trinitarian in structure and flow from the baptismal formula: Father, Son, and Holy Spirit.

- The Apostles' Creed received its name because it is a summary of the Apostles' faith. However, the earliest reference to this creed appears in fourth-century writings, and the earliest text dates from the eighth century.
- The Nicene Creed appeared after the Council of Nicaea in 325 and the Council of Constantinople in 381. These councils discussed the divine nature of Christ. The creed became part of the liturgy of the Church in Rome in 1014 and remains part of the liturgy today.

The Holy Trinity

God is a communion of Persons: Father, Son, and Holy Spirit. God the Father is the creator and source of all things. God the Son, Jesus, is the Savior of all people. God the Holy Spirit guides and makes holy all people and the Church.

The Holy Trinity is honored in the Sign of the Cross and the Doxology, and particularly in the liturgy of the Church. Christians are baptized "In the name of the Father, and of the Son, and of the Holy Spirit." In the opening and final blessing and in the Eucharistic Prayer, prayers are directed to God the Father, through the Son, in the Holy Spirit.

God the Father

The first Person of the Blessed Trinity, God the Father, is Creator of all that is. He is all-powerful and all-knowing. He is the one who journeys with you, as he did Abraham. He is the faithful and compassionate God who freed his chosen people from slavery. He is as revealed to Moses, "I am who I am." God is gracious and merciful and steadfast in his love.

He is a God whom you can call Father, as Jesus taught in the Lord's Prayer. And, as he also taught, God is love.

Dios Hijo

A través del poder del Espíritu Santo, la segunda Persona de la Santísima Trinidad adoptó la naturaleza humana y nació de la Virgen María. Este hecho es conocido como la **Encarnación** y se celebra en el Adviento y en la Navidad. Jesús es verdadero Dios y verdadero hombre.

El **Misterio Pascual** incluye el sufrimiento, la muerte, la Resurrección y la Ascensión de Jesús. Mediante él, Jesús completó la obra de salvación y obtuvo para todas las personas la promesa de vida eterna. El Misterio Pascual se celebra en cada uno de los sacramentos, en especial en la Misa y en los tiempos de la Cuaresma, del Triduo Pascual y de la Pascua. Se puede decir que toda la vida de Jesús es un **sacramento**, un signo de Dios, una señal de la salvación y el amor de Dios. En la Última Cena Jesús dijo: "El que me ve a mí ve al Padre. [...] el Padre está en mí. Créanme en esto..." *(Juan 14, 9 y 11)*.

Sacerdote, profeta y rey

- En cada sacramento Jesús es **sacerdote**. Por ejemplo, en la Eucaristía Jesús presenta las oraciones de las personas a Dios y se ofrece a sí mismo como sacrificio.
- Jesús es **profeta** porque habla por Dios. Anuncia la Buena Nueva de la misericordia y el perdón de Dios. Llama a las personas a amar a Dios y a amarse unas a otras, a arrepentirse de sus pecados y a vivir con justicia.
- Jesús es **rey**, el juez de todo lo que hay en el cielo y en la tierra. Sus juicios son compasivos y justos.

Dios Espíritu Santo

La tercera Persona de la Santísima Trinidad, el Espíritu Santo, es el guía que abre la mente y el corazón de las personas para que conozcan a Dios mientras se revela en su Palabra, la Sagrada Escritura y en la Palabra viva, Jesús. Se llega a conocer al Padre y al Hijo a través del poder del Espíritu.

Es el Espíritu el que hace real y presente el Misterio Pascual en los sacramentos y en la Misa. En la Misa, se invoca al Espíritu para que transforme el pan y el vino en el Cuerpo y la Sangre de Jesús. Por último, al compartir la Eucaristía, el Espíritu Santo une a los fieles entre sí y con Dios en Cristo. El Espíritu lleva alegría, paz y reconciliación a la vida de los fieles.

Datos de fe

El crucifijo es una cruz en la cual se puede mostrar a Jesús en su sufrimiento o como el Señor Resucitado. Siempre debe colocarse un crucifijo sobre el altar, o cerca de él, donde se celebra la Misa. La cruz se lleva en la procesión de entrada a la Misa.

God the Son

Through the power of the Holy Spirit, the second Person of the Trinity took on human nature and was born of the Virgin Mary. This is known as the **Incarnation** and is celebrated at Advent and Christmas. Jesus is both true God and true man.

The **Paschal mystery** includes Jesus' suffering, death, Resurrection, and Ascension. By the Paschal mystery Jesus completed the work of salvation and won for all people the promise of eternal life. The Paschal mystery is celebrated in each of the sacraments, particularly the Mass, and in the Seasons of Lent, the Triduum, and Easter. Jesus' whole life can be said to be a **sacrament,** a sign of God, a sign of God's salvation and love. At the Last Supper Jesus said, "Whoever has seen me has seen the Father. . . . Believe me that I am in the Father and the Father is in me. . ." *(John 14:9, 11).*

Priest, Prophet, and King

- In each sacrament Jesus is **priest**. For example, in the Eucharist Jesus brings the people's prayers to God and offers himself as a sacrifice.
- Jesus is **prophet** because he speaks for God. Jesus announced the good news of God's mercy and forgiveness. He calls people to love God and one another, to be sorry for their sins, and to live justly.
- Jesus is **king,** the judge of everything in heaven and on earth. His judgments are merciful and just.

God the Holy Spirit

The third Person of the Trinity, the Holy Spirit, is the guide who opens the minds and hearts of people to know God as he is revealed in his word, Scripture, and the living Word, Jesus. It is through the power of the Spirit that you come to know the Father and the Son.

It is the Spirit who makes the Paschal mystery real and present in the sacraments and the Mass. At Mass it is the Spirit who is called on to transform the bread and wine into the Body and Blood of Jesus. Finally, in the sharing of the Eucharist, the Holy Spirit unites the faithful with one another and with God in Christ. The Spirit brings joy, peace, and reconciliation into the lives of the faithful.

Faith Fact

The crucifix is a cross on which Jesus may be shown either in his suffering or as Risen Lord. A crucifix must always be placed over, on, or near the altar where Mass is celebrated. The cross is carried in the entrance procession at Mass.

© Harcourt Religion

Datos de fe

La Iglesia

La iglesia es un edificio en el cual se reúne el pueblo de Dios para rendir culto. Pero la Iglesia es la comunidad de personas. El plan de Dios Padre era reunir a los que creían en Cristo. La Iglesia es un don de Dios, llevado a la existencia por medio del Espíritu Santo para servir a la misión de Jesús. La Iglesia, en Cristo, puede llamarse sacramento, un signo de la comunión de la Trinidad, la unión de todas las personas con Dios y la unidad entre ellas, que alcanzarán la realización en la plenitud del Reino de Dios.

La Iglesia Católica se une en su fe, en la estructura de liderazgo y en los siete sacramentos. Se compone de católicos del rito oriental (Oriente Medio y Europa oriental) y católicos del rito latino (Roma y Europa occidental).

La Iglesia Católica está gobernada por el papa y los obispos. Los obispos, sacerdotes y diáconos son ordenados a través del sacramento del Orden para servir a la Iglesia.

- Un **sacerdote diocesano**, o **secular**, puede poseer propiedad privada. Promete obedecer al obispo de su diócesis. Desde el siglo XIII, a los sacerdotes del rito latino se les ha exigido el celibato, excepto a los hombres casados que eran ministros o sacerdotes de alguna otra Iglesia cristiana y querían ordenarse después de convertirse al catolicismo. Los sacerdotes católicos del rito oriental pueden casarse, a menos que vivan en países donde la norma es el celibato (como los Estados Unidos).

- Los **sacerdotes de órdenes religiosas** pertenecen a comunidades religiosas y hacen votos de pobreza, castidad y obediencia. Obedecen a un superior y no poseen propiedad privada.

María

Se honra a María por sobre todos los demás santos. Es la Madre de Dios porque es la madre del Hijo de Dios que se convirtió en hombre. Cuando el ángel Gabriel le dijo a María que sería la madre del Hijo de Dios, ella creyó y aceptó el plan de Dios. Su aceptación sentó un ejemplo para todos los creyentes. A través del año litúrgico, la Iglesia celebra el lugar de María en la historia cristiana. La devoción a María toma muchas formas, según las diferentes culturas y tradiciones.

© Harcourt Religion

The Church

The church is a building in which God's people come together to worship. But the Church is the community of people. It was the plan of God the Father to call together those who believe in Christ. The Church is a gift from God, brought into being by the Holy Spirit to serve the mission of Jesus. The Church, in Christ, can be called a sacrament, a sign of the communion of the Trinity, the union of all people with God, and the unity among people that will reach completion in the fullness of the kingdom of God.

The Catholic Church is united in its faith, leadership structure, and seven sacraments. It is made up of Eastern Rite Catholics (Middle East and Eastern Europe) and Latin Rite Catholics (Rome and Western Europe).

The Catholic Church is governed by the pope and bishops. Through the Sacrament of Holy Orders, bishops, priests, and deacons are ordained to serve the Church.

- A **diocesan,** or **secular, priest** may own private property. He promises to obey the bishop of his diocese. Celibacy has been required of Latin Rite priests since the thirteenth century; exceptions are made for married men who have been ministers or priests in some other Christian Churches and seek ordination after becoming Catholic. Eastern Rite Catholic priests may marry unless they live in countries where celibacy is the rule (such as the United States).

- **Religious order priests** belong to religious communities and make vows of poverty, chastity, and obedience. They obey a superior and do not own private property.

Mary

Mary is honored above all other saints. She is the Mother of God because she is the mother of the Son of God who became a human being. When the angel Gabriel told Mary that she would be the mother of the Son of God, Mary believed and accepted God's plan. Her *yes* sets the example for all believers. Throughout the liturgical year, the Church celebrates Mary's place in Christian history. Among different cultures and traditions, devotion to Mary takes many forms.

Faith Fact

Between fifteen and twenty days after the death of a pope, the cardinals who are under the age of 80 meet in the Sistine Chapel in Rome to vote for a new pope. Each cardinal writes on a sheet of paper the name of the man (usually one of the cardinals) he wishes to elect. If a candidate does not receive a majority of votes, the papers are burned with straw to produce black smoke. If a new pope has been chosen, the papers alone are burned, producing white smoke.

- En 1858 en Lourdes (Francia), una niña, Bernadette Soubirous, tuvo varias visiones de una hermosa dama. La dama decía: "Yo soy la Inmaculada Concepción". En el lugar brotó un manantial y muchas personas se curaron.
- En 1879 en Knock (Irlanda), María se apareció ante quince personas. A su derecha estaba San José y a su izquierda, San Juan.
- En 1917, en época de guerra, María se apareció varias veces a tres niños en Fátima, Portugal. Les dijo que rezaran el Rosario todos los días por la paz.

Los santos

Los santos son personas virtuosas que ahora viven en la presencia de Dios. Los católicos los honran y tratan de imitarlos. También piden a los santos que rueguen con ellos a Dios por bendiciones especiales. Se les recuerda en la plegaria eucarística y en la letanía de los santos, en el Bautismo. Las estatuas y las imágenes de los santos en medallas y estampas son recordatorios de que estos "amigos de Dios" pueden ayudar a los creyentes a que crezcan en su amistad con Dios.

La vida eterna

La mayor esperanza de los cristianos es vivir en la felicidad eterna con Dios después de la muerte. En la Biblia, el cielo se presenta como una casa con muchas habitaciones, una ciudad resplandeciente de luz y un lugar lleno de alegría donde todo el mundo alaba a Dios. Una imagen bíblica familiar del cielo es la de un banquete, o festín. Cristo es el anfitrión y su pueblo, los invitados. Cuando la Iglesia celebra el banquete eucarístico, se vislumbra el banquete del cielo.

Cuando una persona está por morir, se ofrecen oraciones especiales. La persona recibe el sacramento de la Unción de los enfermos y se le da la Comunión por última vez. Esta Eucaristía se llama *viático* (palabra que proviene del latín y significa "alimento para el viaje"). Después de la muerte, la Iglesia honra a la persona y atiende a los familiares y a los amigos mediante una serie de ritos que se encuentran en el *Ritual de exequias cristianas*.

- oraciones cuando la familia ve por primera vez el cuerpo
- la Liturgia de la Palabra durante la vigilia
- oraciones durante la procesión que lleva el cuerpo a la iglesia
- la liturgia exequial (puede incluir la celebración de la Misa)
- Rito de sepelio

- In 1858 in Lourdes, France, a young girl, Bernadette Soubirous, had several visions of a beautiful lady. The lady said, "I am the Immaculate Conception." A spring bubbled up in the area, and many people were cured.
- In 1879 in Knock, Ireland, Mary appeared to fifteen people. Saint Joseph appeared on her right and Saint John on her left.
- In 1917, a time of war, Mary appeared several times to three children in Fatima, Portugal. She told them to pray the Rosary daily for peace.

The Saints

The saints are holy people who are now in the presence of God. Catholics honor the saints and try to imitate them. They also ask that the saints join with them in praying to God for special blessings. Saints are remembered in the Eucharistic Prayer and in the Litany of the Saints at Baptisms. Statues and images of the saints on medals and holy cards are reminders that these "friends of God" can help believers grow in their friendship with God.

Everlasting Life

The greatest hope of Christians is that after death they will live in eternal happiness with God. In the Bible heaven is pictured as a house with many rooms, a city shining with light, and a joy-filled place where everyone praises God. A familiar scriptural image of heaven is the banquet, or feast. Christ is the host and his people are the guests. When the Church celebrates the Eucharistic meal, it glimpses the banquet feast of heaven.

When a person is near death, special prayers are offered. The person receives the Sacrament of the Anointing of the Sick and is given Communion for the last time. This Eucharist is called *viaticum* (Latin for "food for the journey"). After a death, the Church honors the person and ministers to the family and friends through a series of rites. They are found in the *Order of Christian Funerals*.

- prayers when the family first views the body
- Liturgy of the Word at the wake or prayer service
- prayers for a procession taking the body to church
- the funeral liturgy (which may be a Mass)
- a graveside service

Los sacramentos

A Jesús en ocasiones se le llama sacramento de Dios porque su vida, muerte y Resurrección lo presentan como la señal del amor de Dios en el mundo. Los siete sacramentos —el Bautismo, la Confirmación, la Eucaristía, la Reconciliación, la Unción de los enfermos, el Matrimonio y el Orden— tienen sus orígenes en la vida y las enseñanzas de Jesús. Son signos de la Nueva Alianza entre Dios y los seres humanos.

Los signos y los símbolos de los sacramentos, que señalan las cualidades invisibles de Dios, pueden entenderse a través de los sentidos. La *materia* de un sacramento consiste en sus elementos materiales, como el agua del Bautismo. La *forma* de un sacramento consiste en sus palabras. Para que el sacramento sea real y verdadero, debe presentarse con la materia y la forma correctas.

Los sacramentos de Iniciación

Los sacramentos de Iniciación son el Bautismo, la Confirmación y la Eucaristía.

- Mediante las palabras y el agua del **Bautismo,** Dios perdona todos los pecados y da nueva vida en Cristo.
- La **Confirmación** completa la gracia bautismal y fortalece a la persona para que sea testigo de la fe a través del poder del Espíritu Santo.
- La **Eucaristía** completa los sacramentos de Iniciación, alimenta a los bautizados con el propio Cuerpo y Sangre de Cristo y une a los nuevos cristianos con Dios y entre sí en Jesús.

Los sacramentos de Curación

Los sacramentos de Curación son la Reconciliación y la Unción de los enfermos.

- En la **Reconciliación,** a través de las palabras de absolución, se perdonan los pecados personales y se sanan las relaciones con Dios y con la Iglesia.
- En la **Unción de los enfermos,** se unge al enfermo o moribundo con óleo y se le imponen las manos. La persona une su sufrimiento al de Jesús. El sacramento brinda fuerza espiritual y la gracia de Dios. También puede producirse la curación física.

Datos de fe

En emergencias o en momentos de necesidad, cualquiera puede bautizar a una persona. La persona que realiza el Bautismo debe intentar realizar lo mismo que hace la Iglesia cuando celebra este sacramento. Debe verter agua sobre la cabeza de la persona que se bautiza mientras se dice: "Yo te bautizo en el nombre del Padre, y del Hijo, y del Espíritu Santo".

Datos de fe

En distintas diócesis de los Estados Unidos los católicos reciben el sacramento de la Confirmación en distintas edades. En el rito romano, o latino, los candidatos a la Confirmación deben cumplir ciertos requisitos. Deben creer en la fe de la Iglesia, encontrarse en un estado de gracia y querer recibir el sacramento. Deben estar preparados y dispuestos a ser testigos de Cristo en su vida diaria y a participar activamente de la vida de la Iglesia.

Faith Fact

In emergencies and other times of necessity, anyone can baptize another person. The person baptizing must intend to do what the Church does in this sacrament. He or she needs to pour water over the head of the person being baptized while saying, "I baptize you in the name of the Father, and of the Son, and of the Holy Spirit."

Faith Fact

Catholics in different dioceses in the United States receive the sacrament of Confirmation at different ages. In the Roman, or Latin, Rite candidates for Confirmation must meet certain criteria. They must believe in the faith of the Church, be in a state of grace, and want to receive the sacrament. Candidates must be prepared and willing to be a witness to Christ in their daily lives and take an active part in the life of the Church.

Sacraments

Jesus is sometimes called the sacrament of God because his life, death, and Resurrection make him the sign of God's love in the world. The seven sacraments—Baptism, Confirmation, Eucharist, Reconciliation, Anointing of the Sick, Matrimony, and Holy Orders—have their origins in the life and teachings of Jesus. The sacraments are signs of the new covenant between God and humans.

Signs and symbols of the sacraments can be understood through human senses. They point to the invisible qualities of God. The *matter* of a sacrament consists of its material elements, such as the water of Baptism. The *form* of a sacrament consists of its words. Correct matter and form must be present for the sacrament to be real and true.

The Sacraments of Initiation

The Sacraments of Initiation are Baptism, Confirmation, and Eucharist.

- Through the words and waters of **Baptism,** God forgives all sin and gives new life in Christ.
- **Confirmation** completes the baptismal grace and strengthens a person to be a witness to the faith through the power of the Spirit.
- **Eucharist** completes the Sacraments of Initiation, nourishing the baptized with Christ's own Body and Blood and uniting the new Christians with God and one another in Jesus.

The Sacraments of Healing

The Sacraments of Healing are Reconciliation and the Anointing of the Sick.

- In **Reconciliation,** through the words of absolution, personal sins are forgiven and relationships with God and the Church are healed.
- In the **Anointing of the Sick,** one who is sick or dying is anointed with oil and with the laying on of hands. The person unites his or her suffering with that of Jesus. The sacrament gives spiritual strength and God's grace. Physical healing also may take place.

459

Los sacramentos al Servicio de la comunidad

Los sacramentos al Servicio de la comunidad son el Matrimonio y el Orden.

- En el **Matrimonio** un hombre y una mujer, a través de sus palabras de consentimiento, hacen una alianza con Dios y entre sí. Se realiza por el mutuo amor y por los hijos con que Dios los puede bendecir.
- En el **Orden** el obispo impone las manos sobre un hombre y lo unge con el crisma. El hombre recibe el poder de servir a la Iglesia como diácono, sacerdote u obispo.

El año litúrgico

El año litúrgico celebra la vida y la obra de Jesús para la salvación del mundo. Durante el Adviento y la Navidad, la Iglesia celebra la Encarnación. Los tiempos de la Cuaresma, el Triduo Pascual y la Pascua exploran el Misterio Pascual. La Pascua es el momento más relevante del año litúrgico porque es la mayor celebración de la Resurrección. El Tiempo Ordinario se concentra en la vida y el ministerio de Jesús. También durante el año, en lo que se llama ciclo santoral, se recuerda a María y a los santos.

La Liturgia de las Horas

La Liturgia de las Horas es la oración pública de la Iglesia para santificar cada día. Esta liturgia se ofrece a determinadas horas durante el día y la noche. En los monasterios los monjes y monjas se reúnen diez veces cada día y noche para rezar la Liturgia de las Horas. Las parroquias que la celebran lo hacen con menos frecuencia, tal vez, una o dos veces por día. Las celebraciones más comunes de la Liturgia de las Horas son la oración matutina y la oración vespertina.

La música en la liturgia

La música es una parte importante del culto. San Agustín dijo una vez: "El que canta reza dos veces". Por lo general, las personas entonan las respuestas y los cantos, guiadas por un cantor o un coro. El sacerdote y el diácono también pueden cantar sus partes en la liturgia. Aunque por tradición es común usar el órgano, casi todos los instrumentos musicales pueden ser útiles.

Datos de fe

En la Edad Media los cristianos que no podían leer o escribir admiraban a los monjes y monjas que aprendían y rezaban los 150 salmos como parte de la Liturgia de las Horas. Estos cristianos creían que podían ser más santos rezando 150 veces por día el Ave María y meditando sobre Jesús. Como resultado, el Rosario llegó a estar formado por quince decenas, o conjunto de diez, y cada una contenía diez Ave María, o sea, 150 en total, que es el mismo número de salmos.

The Sacraments of Service

The Sacraments of Service are Matrimony and Holy Orders.

- In **Matrimony** a man and a woman, through their words of consent, make a covenant with God and one another. Marriage is for the sake of their love and any children God blesses them with.
- In **Holy Orders** the bishop lays hands on a man and anoints him with chrism. The man is empowered to serve the Church as deacon, priest, or bishop.

Liturgical Year

The liturgical year celebrates Jesus' life and work for the salvation of the world. During Advent and Christmas the Church celebrates the Incarnation. The Seasons of Lent, Triduum, and Easter explore the Paschal mystery. Easter is the high point of the liturgical year because it is the greatest celebration of the Resurrection. The life and ministry of Jesus are the focus of Ordinary Time. Mary and the saints are also remembered throughout the year in what is known as the sanctoral cycle.

The Liturgy of the Hours

The Liturgy of the Hours is the Church's public prayer to make each day holy. This liturgy is offered at set times throughout the day and night. In monasteries monks and nuns gather as many as ten times each day and night to pray the Liturgy of the Hours. Parishes that celebrate the Liturgy of the Hours do so less frequently, perhaps once or twice each day. The most common celebrations of the Liturgy of the Hours are Morning Prayer and Evening Prayer.

Music in the Liturgy

Music is an important part of worship. Saint Augustine once said, "He who sings prays twice." The people usually sing responses and songs, led by a cantor or choir. The priest and deacon may sing their parts in the liturgy as well. Although the organ is the traditional choice, almost any musical instrument may be used in the liturgy.

Faith Fact

marriage

In the Middle Ages Christians who could not read or write admired the monks and nuns who learned and prayed all of the 150 psalms as part of the Liturgy of the Hours. These Christians believed that they could become more holy by praying the Hail Mary 150 times each day and meditating on Jesus. As a result, the Rosary came to be made up of fifteen decades, or sets of ten, with each set containing ten Hail Marys. The total of 150 Hail Marys is the same as the number of psalms.

Ordinario de la Misa

La Misa sigue un patrón, con algunas diferencias según el día o el tiempo del año litúrgico. Las partes principales de la Misa son la Liturgia de la Palabra y la Liturgia Eucarística. Éste es un esquema del ordinario de la Misa:

Ritos iniciales

- Señal de la cruz y saludo
- Bendición y rito de la aspersión del agua bendita o Acto penitencial.
- Gloria a Dios (Gloria)
- Oración colecta

Liturgia de la Palabra

- Primera lectura (por lo general, tomada del Antiguo Testamento)
- Salmo Responsorial
- Segunda lectura (tomada de las cartas del Nuevo Testamento)
- Aclamación del Evangelio
- Proclamación del Evangelio
- Homilía
- Profesión de fe (Credo)
- Oración de los fieles

Liturgia Eucarística

- Presentación de las ofrendas
- Preparación del pan y del vino
- Invitación a la oración
- Oración sobre las ofrendas
- Prefacio
- Aclamación (Santo, santo, santo es el Señor)
- Plegaria eucarística con aclamación
- Doxología y Gran Amén

Rito de la comunión

- La Oración del Señor
- Señal de la paz
- Fracción del pan
- Cordero de Dios
- Oración antes de la comunión
- Communión
- Canto de comunión
- Reflexión silenciosa o canto de alabanza
- Oración después de la comunión

Rito de conclusión

- Saludo
- Bendición y despedida

© Harcourt Religion

Datos de fe

La Eucaristía es conocida por varios nombres diferentes. Entre ellos, Santísimo Sacramento, Sagrada Comunión, Pan del Cielo, Fracción del Pan, La Cena del Señor, Sagrado Sacrificio, Santa Misa y Cuerpo de Cristo.

The Eucharist is known by several different names. These include the Blessed Sacrament, Holy Communion, the Bread of Heaven, Breaking of Bread, the Lord's Supper, Holy Sacrifice, Holy Mass, and the Body of Christ.

Order of the Mass

The Mass follows a pattern, with some differences according to the feast or season of the liturgical year. The main parts of the Mass are the Liturgy of the Word and the Liturgy of the Eucharist. Here is an outline of the order of Mass:

Introductory Rites
- Sign of the Cross and Greeting
- Blessing and Sprinkling Rite or Penitential Rite
- Glory to God (Gloria)
- Opening Prayer

Liturgy of the Word
- First Reading (usually from the Old Testament)
- Responsorial Psalm
- Second Reading (from New Testament Letters)
- Gospel Acclamation
- Proclamation of the Gospel
- Homily
- Profession of Faith (Creed)
- General Intercessions

Liturgy of the Eucharist
- Presentation of the Gifts
- Preparation of the Bread and Wine
- Invitation to Prayer
- Prayer over the Gifts
- Preface
- Acclamation (Holy, Holy, Holy Lord)
- Eucharistic Prayer with Acclamation
- Doxology and Great Amen

Communion Rite
- Lord's Prayer
- Sign of Peace
- Breaking of Bread
- Lamb of God
- Prayers Before Communion
- Communion
- Communion Song
- Silent Reflection or Song of Praise
- Prayer After Communion

Concluding Rite
- Greeting
- Blessing and dismissal

Las vestiduras litúrgicas

Algunos ministros de la liturgia usan prendas especiales para diferenciar su función en la celebración. El **alba**, que simboliza el Bautismo, es una vestimenta blanca con mangas; lo usan tanto los ministros ordenados como los laicos. El **cíngulo** es un cinturón o cordón que se ata alrededor de la cintura sobre el albo. La **estola** es un pedazo de tela largo y estrecho que significa ordenación. Los sacerdotes usan la estola sobre el albo cubriendo los hombros, de modo que ambos extremos queden colgando hacia adelante. Los diáconos la usan cruzada en diagonal sobre el pecho, por encima del hombro izquierdo.

En la Misa el sacerdote usa una **casulla**, una especie de poncho largo. Ésta se coloca sobre el albo y la estola. Cuando un sacerdote guía una procesión fuera de la iglesia o preside una liturgia solemne distinta de la Misa, puede usar una **capa pluvial**, que es una capa larga que se sujeta en el cuello y se coloca sobre el albo y la estola. El obispo usa un sombrero llamado **mitra**; también puede llevar un bastón, o **báculo**, con la forma del de los pastores. El color de la tela de la estola, la casulla, la capa pluvial y la mitra representa el tiempo litúrgico. El color para el Adviento y la Cuaresma es el violeta. El de la Navidad y la Pascua es blanco o dorado. Durante el Tiempo Ordinario se usa el verde. En el Domingo de Ramos, el Viernes Santo, Pentecostés y los días de los mártires, se usa el rojo.

Los días de precepto

Los católicos deben asistir a Misa los domingos a menos que tengan una razón importante que les impida hacerlo. También deben ir a Misa en ciertos días festivos. En los Estados Unidos, los días de precepto son:

- María, Madre de Dios (1.° de enero)
- Ascensión (cuarenta días después de la Pascua o el domingo más próximo al fin del período de cuarenta días)
- Asunción (15 de agosto)
- Día de Todos los Santos (1.° de noviembre)
- Inmaculada Concepción (8 de diciembre)
- Navidad (25 de diciembre)

Datos de fe

El 2 de noviembre es el día de Los Fieles Difuntos. La tradición dice que en la Edad Media, los mendigos prometían rezar por el alma de los muertos a cambio de los alimentos que recibían en este día especial. Los "pastelillos de las almas" que se distribuían el 2 de noviembre tenían forma de rosquilla, con un agujero en el centro. El círculo vacío de los pastelillos representaba la eternidad, que no tiene principio ni fin.

Rvdo. Peter Klein,
Recursos católicos.

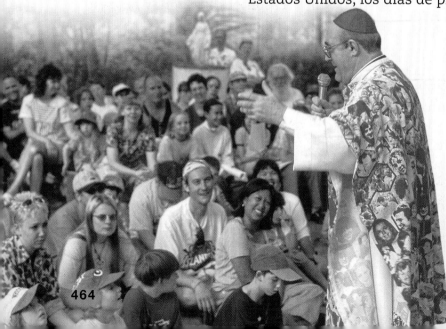

Liturgical Vestments

Some ministers of the liturgy wear special clothing to mark their roles in the celebration. The **alb,** symbolizing baptism, is a long white garment with sleeves. Both ordained and lay ministers may wear the alb. A **cincture** is a cloth belt or cord tied at the waist around the alb. The **stole** is a long, narrow piece of fabric that signifies ordination. A priest wears the stole over his alb, draping it from his shoulders so that both ends hang down in front. A deacon wears a stole diagonally across his chest, over his left shoulder.

At Mass the priest wears a **chasuble,** a long, poncho-like garment. The chasuble is worn over the alb and the stole. When a priest leads an outdoor procession or presides at a solemn liturgy that is not a Mass, he may wear a **cope,** a long cape that fastens at the collar, over his alb and stole. A bishop wears a hat called a **miter.** A bishop may also carry a staff, or **crosier,** modeled on a shepherd's crook. The stole, chasuble, cope, and miter are made from fabric whose color represents the liturgical season. The color for Advent and Lent is violet. For Christmas and Easter the color is white or gold. Green is worn during Ordinary Time. On Palm Sunday, Good Friday, Pentecost, and the feasts of martyrs, red is worn.

Holy Days of Obligation

Catholics must attend Mass on Sunday unless a serious reason prevents their doing so. They must also go to Mass on certain holy days. United States holy days of obligation are:

- Mary, Mother of God (January 1)
- Ascension (forty days after Easter or the Sunday nearest the end of the forty-day period)
- Assumption (August 15)
- All Saints' Day (November 1)
- Immaculate Conception (December 8)
- Christmas (December 25)

© Harcourt Religion

© Harcourt Religion

Datos de fe

En las iglesias suele haber estatuas e imágenes sagradas. Puedes ver que las personas encienden cirios o rezan de rodillas frente a ellas. Mediante estas acciones rituales no se rinde culto a la imagen, sino que se muestra respeto por la persona que está representada en la imagen.

El ayuno y la abstinencia

Como ayuda para prepararse espiritualmente para la Eucaristía, los católicos hacen una hora de ayuno antes de la Comunión. No ingieren alimentos ni bebidas, sólo agua. (Se pueden hacer excepciones para los enfermos o ancianos.)

Ayunar significa ingerir sólo una comida completa y dos pequeñas durante el transcurso de un día. Se exige a todos los católicos, desde los dieciocho años hasta que cumplen cincuenta y nueve, que hagan ayuno el Miércoles de Ceniza y el Viernes Santo, a menos que motivos graves se lo impidan. Otra disciplina de la abnegación de sí mismo es la abstinencia. Se espera que todos los católicos que tienen catorce años o más se abstengan de comer carne el Miércoles de Ceniza, el Viernes Santo y, en los Estados Unidos, todos los viernes de la Cuaresma.

La ambientación litúrgica

Cada parte de la iglesia tiene un nombre determinado.

- **nártex o vestíbulo:** el pórtico de una iglesia
- **nave:** el cuerpo principal de la iglesia
- **baptisterio:** el lugar para el Bautismo
- **caja de los santos óleos:** lugar donde se guardan los santos óleos
- **santuario:** área alrededor del altar donde el sacerdote y los ministros cumplen sus funciones
- **confesionario:** puede usarse para la celebración del sacramento de la Penitencia
- **capilla eucarística:** se usa para la oración y la adoración a la Eucaristía
- **sacristía:** sala donde los sacerdotes se colocan sus vestimentas y se preparan los materiales y recipientes para la liturgia

Cada mueble de una iglesia también tiene un nombre determinado.

- **altar:** la mesa de la Eucaristía
- **fuente:** la pila o cuenco de agua para el Bautismo
- **ambón:** el atril desde donde se proclama la Sagrada Escritura
- **sede:** el asiento desde donde el celebrante preside la oración
- **tabernáculo:** caja en la que se guarda el pan consagrado de la Eucaristía
- **lámpara del santuario:** luz que se mantiene encendida cerca del pan eucarístico en el tabernáculo

Fasting and Abstinence

To help prepare spiritually for the Eucharist, Catholics fast for one hour before Communion. They take no food or drink except water. (Exceptions can be made for those who are sick and for those of advanced age.)

To fast means to eat only one full meal and two smaller meals during the course of a day. All Catholics, from their eighteenth birthday until their fifty-ninth birthday, are required to fast on Ash Wednesday and Good Friday unless a serious reason prevents them from doing so. Another discipline of self-denial is abstinence. Catholics who are fourteen years of age or older are expected to abstain from eating meat on Ash Wednesday, Good Friday, and, in the United States, on all of the Fridays in Lent.

Liturgical Environment

Each part of the church has a name.

- **narthex** or vestibule—the lobby of a church
- **nave**—the main body of the church
- **baptistery**—the place for Baptism
- **ambry**—the place where holy oils are kept
- **sanctuary**—the area around the altar where the priest and ministers perform their functions
- **reconciliation chapel**—may be used for celebrating the Sacrament of Penance
- **Eucharistic chapel**—used for prayer and adoration of the Eucharist
- **sacristy**—room where priests put on their vestments and materials and vessels for the liturgy are prepared

Each item of furniture in a church also has a name.

- **altar**—the table of the Eucharist
- **font**—the pool or basin of water for Baptism
- **ambo**—the reading stand where Scripture is proclaimed
- **presider's chair**—the chair from which the presider leads prayer
- **tabernacle**—the box in which the consecrated bread of the Eucharist is kept
- **sanctuary lamp**—light kept lit near the reserved Eucharistic Bread in the tabernacle

Faith Fact

Often there are statues and sacred images in a church. You may notice people lighting candles or kneeling in prayer before them. People are not worshiping the image by engaging in such ritual actions; they are showing respect for the person the image represents.

© Harcourt Religion

La Ley

La **Ley divina** es la ley eterna de Dios. Incluye:

- la ley física. La ley de gravedad es un ejemplo de ley física.
- la ley moral. Una ley moral es aquella que los seres humanos entienden a través del razonamiento (robar es incorrecto) y a través de la revelación divina (santificarás las fiestas).

La ley moral natural está presente en todo corazón. Incluye los principios que todos los seres humanos aceptan como correctos. Por ejemplo, todo el mundo entiende que ninguna persona puede matar a otra injustamente. Todos deben obedecer la ley moral natural porque todos son creados por Dios. Los mandamientos de Dios se basan en la ley moral natural.

Los Diez Mandamientos

1. Amarás a Dios sobre todas las cosas.
2. No tomarás el nombre de Dios en vano.
3. Santificarás las fiestas.
4. Honrarás a tu padre y a tu madre.
5. No matarás.
6. No cometerás actos impuros.
7. No robarás.
8. No dirás falso testimonio ni mentirás.
9. No desearás la mujer de tu prójimo.
10. No codiciarás los bienes ajenos.

El gran mandamiento

"Amarás al Señor tu Dios con todo tu corazón, con toda tu alma, con todas tus fuerzas y con toda tu mente; y amarás a tu prójimo como a ti mismo".   *Lucas 10, 27*

Los preceptos de la Iglesia

1. Participa en la Misa los domingos y fiestas de precepto. Mantén estos días de fiesta y evita trabajar sin necesidad.
2. Celebra el sacramento de la Reconciliación al menos una vez al año si cometes un pecado grave.
3. Recibe la Sagrada Comunión al menos una vez al año durante la Pascua.
4. Guarda ayuno y/o abstinencia en los días de penitencia.
5. Da tu tiempo, dones y dinero para apoyar a la Iglesia.

Datos de fe

La frase "la incredulidad de Tomás" proviene del Evangelio según San Juan, cuando Jesús se apareció a los Apóstoles después de su Resurrección. Tomás, uno de los Doce, no estuvo presente en ese momento y cuando los demás le contaron que habían visto a Jesús, dijo que no lo creería a menos que pudiera introducir su dedo en las heridas de Jesús.

Morality

The phrase "doubting Thomas" comes from the Gospel according to John when Jesus appeared to the Apostles after his Resurrection. Thomas, one of the Twelve, was not present at the time, and when the others told him they had seen Jesus, Thomas said he wouldn't believe unless he could put his finger in Jesus' wounds.

Law

Divine law is the eternal law of God. It includes:

- physical law. The law of gravity is an example of physical law.
- moral law. A moral law is one that humans understand through reasoning (stealing is wrong) and through divine revelation (keep holy the Lord's day).

Natural moral law is present in every heart. It includes the principles that all humans accept as right. For example, people everywhere understand that no person may kill another unjustly. Everyone must obey natural moral law because everyone is created by God. God's commandments are based on natural moral law.

The Ten Commandments

1. I am the Lord your God. You shall not have strange gods before me.
2. You shall not take the name of the Lord your God in vain.
3. Remember to keep holy the Lord's day.
4. Honor your father and your mother.
5. You shall not kill.
6. You shall not commit adultery.
7. You shall not steal.
8. You shall not bear false witness against your neighbor.
9. You shall not covet your neighbor's wife.
10. You shall not covet your neighbor's goods.

The Great Commandment

"You shall love the Lord your God with all your heart, with all your soul, with all your strength, with all your mind; and your neighbor as yourself." *Luke 10:27*

Precepts of the Church

1. Take part in the Mass on Sundays and holy days. Keep these days holy and avoid unnecessary work.
2. Celebrate the Sacrament of Reconciliation at least once a year if there is serious sin.
3. Receive Holy Communion at least once a year during the Easter Season.
4. Fast and/or abstain on days of penance.
5. Give your time, gifts, and money to support the Church.

Las Bienaventuranzas

Felices los que tienen el espíritu pobre,
    porque de ellos es el Reino de los Cielos.
Felices los que lloran,
    porque recibirán consuelo.
Felices los pacientes,
    porque recibirán la tierra en herencia.
Felices los que tienen hambre y sed de justicia,
    porque serán saciados.
Felices los compasivos,
    porque obtendrán misericordia.
Felices los de corazón limpio,
    porque verán a Dios.
Felices los que trabajan por la paz,
    porque serán reconocidos como hijos de Dios.
Felices los que son perseguidos por causa del bien,
    porque de ellos es el Reino de los Cielos.

Las obras de misericordia

Corporales (para el cuerpo)
Dar de comer al hambriento.
Dar de beber al sediento.
Vestir al desnudo.
Dar techo a quien no lo tiene.
Visitar a los enfermos.
Visitar a los presos.
Enterrar a los muertos.

Espirituales (para el espíritu)
Aconsejar a los pecadores.
Instruir a los ignorantes.
Aconsejar a los que dudan.
Confortar a los que sufren.
Sufrir con paciencia.
Perdonar las ofensas.
Rezar por los vivos y por
    los muertos.

Los dones y frutos del Espíritu Santo

Sabiduría
Consejo (*Buen juicio*)
Ciencia
Temor de Dios (*Asombro y admiración*)

Inteligencia
Fortaleza (*Valor*)
Piedad (*Veneración*)

Caridad	Longanimidad	Fidelidad
Gozo	Bondad	Modestia
Paz	Benignidad	Continencia
Paciencia	Mansedumbre	Castidad

Datos de fe

Un papa singular

Benedicto XVI, a los 78 años, es el hombre con mayor edad que ha sido elegido papa desde 1730. Es el primer papa alemán desde 1523. Además de ser un distinguido teólogo, es políglota, toca el piano y le gustan los gatos.

© Harcourt Religion

The Beatitudes

Blessed are the poor in spirit,
    for theirs is the kingdom of heaven.
Blessed are they who mourn,
    for they will be comforted.
Blessed are the meek,
    for they will inherit the land.
Blessed are they who hunger and thirst for righteousness,
    for they will be satisfied.
Blessed are the merciful,
    for they will be shown mercy.
Blessed are the clean of heart,
    for they will see God.
Blessed are the peacemakers,
    for they will be called children of God.
Blessed are they who are persecuted for the sake of righteousness
    for theirs is the kingdom of heaven.

Faith Fact

A Distinctive Pope

Pope Benedict XVI at age 78 is the oldest man to become pope since 1730. He is the first German pope since 1523. In addition to being a distinguished theologian, he is multilingual, plays the piano, and loves cats.

Works of Mercy

Corporal (for the body)
Feed the hungry.
Give drink to the thirsty.
Clothe the naked.
Shelter the homeless.
Visit the sick.
Visit the imprisoned.
Bury the dead.

Spiritual (for the spirit)
Warn the sinner.
Teach the ignorant.
Counsel the doubtful.
Comfort the sorrowful.
Bear wrongs patiently.
Forgive injuries.
Pray for the living and
    the dead.

Gifts and Fruits of the Holy Spirit

Wisdom
Right judgment (*Counsel*)
Knowledge
Wonder and awe (Fear of the Lord)

Understanding
Courage (*Fortitude*)
Reverence (*Piety*)

Charity	Kindness	Faithfulness
Joy	Goodness	Modesty
Peace	Generosity	Self-control
Patience	Gentleness	Chastity

La dignidad humana

Dios creó a los seres humanos a su imagen y semejanza. Por eso tienes dignidad y, en consecuencia, es necesario respetar tu dignidad y la de los demás.

La gracia

- La **gracia santificante** te permite participar de la propia vida de Dios. Es un don permanente que edifica tu amistad con Dios y te asegura la vida eterna.
- La **gracia actual** es un don temporario que te ayuda a pensar y actuar de acuerdo con la voluntad de Dios en una situación determinada. Te ayuda a entender lo que es correcto y te fortalece para que te apartes del pecado.
- La **gracia sacramental** es el don que proviene de los sacramentos. Cada sacramento otorga una gracia particular.

El pecado

- El **pecado original** es el pecado que cometieron los primeros seres humanos cuando eligieron desobedecer a Dios. Este pecado describe la caída que provocó la condición humana de debilidad y tendencia hacia el pecado. El Bautismo restaura la relación de gracia amorosa en la cual todas las personas fueron creadas por Dios.
- El **pecado personal** es cualquier pensamiento, palabra, acto u omisión que vaya en contra de la Ley de Dios. El pecado es una elección, no un error.
- El **pecado mortal** te separa de Dios. Para que un pecado sea mortal, debe ser una acción grave, hecha con pleno conocimiento y firme consentimiento.
- El **pecado venial** debilita o lastima tu relación con Dios. El pecado venial constante puede conducir al pecado mortal.
- El **pecado social** es el resultado que provoca el pecado personal en una comunidad. Las personas contra las que se ha pecado pueden responder con el pecado. Así se puede desarrollar la violencia, la injusticia y otros males en la comunidad.

Pedir perdón, aceptar el castigo y decidir no volver a pecar ayuda a una persona a desarrollarse como cristiano. Sin embargo, el que peca habitualmente desatiende el desarrollo cristiano, establece un ejemplo pobre y lastima a los demás. Toda la comunidad sufre cuando los individuos desobedecen la Ley de Dios y las leyes civiles justas.

Human Dignity

God created humans in his image and likeness. Because of this you have dignity and therefore need to respect your dignity and that of others.

Grace

- **Sanctifying grace** allows you to share in God's own life. It is a permanent gift that builds your friendship with God and assures you of eternal life.
- **Actual grace** is a temporary gift that helps you think or act according to God's will for you in a particular situation. Actual grace helps you understand what is right and strengthens you to turn away from sin.
- **Sacramental grace** is the gift that comes from the sacraments. Each sacrament gives its own particular grace.

Sin

- **Original sin** is the sin that the first humans committed by choosing to disobey God. This sin describes the fallen state that caused the human condition of weakness and tendency toward sin. Baptism restores the relationship of loving grace in which all people were created by God.
- **Personal sin** is any thought, word, act, or failure to act that goes against God's law. Sin is a choice, not a mistake.
- **Mortal sin** separates you from God. For a sin to be mortal, it must be a serious matter done with full knowledge and complete consent.
- **Venial sin** weakens or wounds your relationship with God. Continual venial sin can lead to mortal sin.
- **Social sin** results from the effect that personal sin has on a community. People who have been sinned against may sin in return. Violence, injustice, and other wrongs may develop within the community.

Asking forgiveness, accepting punishment, and resolving not to sin again helps a person develop as a Christian. However, one who habitually sins neglects Christian development, sets a poor example, and harms others. When individuals disobey God's law and just civil laws, the entire community suffers.

La conciencia

La **conciencia** es el don de Dios de una voz interior que te ayuda a distinguir el bien del mal y a elegir lo que es correcto. Tener una **conciencia bien fundada** es una tarea que lleva toda la vida. Algunos pasos que te ayudarán en esta tarea son:

- rezar por la guía del Espíritu Santo
- educarla y desarrollarla a través del uso y el examen constantes
- conocer las enseñanzas de la Iglesia
- buscar consejo de personas moralmente buenas

El examen de conciencia

Debes hacer un examen de conciencia a diario y en la preparación para el sacramento de la Reconciliación.

1. Reza al Espíritu Santo para que te ayude a examinar tu conciencia.
2. Mira tu vida de acuerdo con las Bienaventuranzas, los Diez Mandamientos, el gran mandamiento y los preceptos de la Iglesia.
3. Pregúntate:
   - ¿Cuándo no hice lo que Dios quería?
   - ¿A quién ofendí?
   - ¿Qué he hecho sabiendo que era incorrecto?
   - ¿Qué cosas debería haber hecho, pero no hice?
   - ¿He cumplido la penitencia y he tratado con todas mis fuerzas de compensar los pecados pasados?
   - ¿Estoy trabajando para cambiar mis malos hábitos?
   - ¿En qué aspectos aún tengo problemas?
   - ¿Estoy sinceramente arrepentido de todos mis pecados?
4. Además de confesar tus pecados, puedes hablar con el sacerdote acerca de una o más de las preguntas anteriores.

Las virtudes

- Las **virtudes teologales** de la fe, la esperanza y la caridad son dones de Dios. Éstas te ayudan a vivir en una relación amorosa con Dios.
- Las **virtudes cardinales** son las virtudes morales más importantes que te ayudan a llevar una vida moral. Éstas son: la prudencia (juicio sensato), la fortaleza (valor), la justicia (dar a Dios y a los demás lo que les corresponde) y la templanza (moderación, equilibrio).

Conscience

Conscience is God's gift of an inner voice that helps you tell right from wrong and choose what is right. Having an **informed conscience** is a lifelong task. Some steps that will help you in this task are:

- pray for the guidance of the Spirit
- educate and develop it through constant use and examination
- know the Church's teachings
- seek advice from good moral people.

Examination of Conscience

Examining your conscience should be done daily and in preparation for the Sacrament of Reconciliation.

1. Pray to the Holy Spirit to help you examine your conscience.
2. Look at your life in light of the Beatitudes, the Ten Commandments, the Great Commandment, and the precepts of the Church.
3. Ask yourself:
   - Where have I fallen short of what God wants for me?
   - Whom have I hurt?
   - What have I done that I knew was wrong?
   - What have I not done that I should have done?
   - Have I done penance and tried as hard as I could to make up for past sins?
   - Am I working to change my bad habits?
   - With what areas am I still having trouble?
   - Am I sincerely sorry for all my sins?
4. In addition to confessing your sins, you may wish to talk with the priest about one or more of the above questions.

Virtue

- The **theological virtues** of faith, hope, and love are gifts from God. These virtues help you live in a loving relationship with God.
- **Cardinal virtues** are the principal moral virtues that help you lead a moral life. These virtues are prudence (careful judgment), fortitude (courage), justice (giving God and people their due), and temperance (moderation, balance).

La señal de la cruz

En el nombre del Padre, y del Hijo,
  y del Espíritu Santo. Amén.

La Oración del Señor

Padre nuestro,
  que estás en el cielo,
santificado sea tu Nombre;
venga a nosotros tu reino;
hágase tu voluntad en la tierra
  como en el cielo.
Danos hoy nuestro pan
  de cada día;
perdona nuestras ofensas
como también nosotros perdonamos
  a los que nos ofenden;
no nos dejes caer en la tentación,
y líbranos del mal. Amén.

Ave María

Dios te salve, María, llena eres de gracia;
  el Señor es contigo,
bendita tú eres entre todas las mujeres,
  y bendito es el fruto de tu vientre, Jesús.
Santa María, Madre de Dios,
  ruega por nosotros, pecadores,
ahora y en la hora de nuestra muerte. Amén.

Gloria al Padre (Doxología)

Gloria al Padre y al Hijo y al Espíritu Santo. Como era en el
principio, ahora y siempre, por los siglos de los siglos. Amén.

The Sign of the Cross

In the name of the Father, and of the Son, and
of the Holy Spirit. Amen.

The Lord's Prayer

Our Father,
who art in heaven,
hallowed be thy name;
thy kingdom come;
thy will be done on earth
as it is in heaven.
Give us this day our
daily bread;
and forgive us our
trespasses
as we forgive those who
trespass against us;
and lead us not into
temptation,
but deliver us from evil. Amen.

Hail Mary

Hail, Mary, full of grace,
the Lord is with you!
Blessed are you among women,
and blessed is the fruit of your womb, Jesus.
Holy Mary, Mother of God,
pray for us sinners,
now and at the hour of our death. Amen.

Glory to the Father (Doxology)

Glory to the Father, and to the Son, and to the Holy Spirit:
as it was in the beginning, is now, and will be for ever. Amen.

Credo de Nicea-Constantinopla

Creo en un solo Dios,
Padre Todopoderoso,
Creador del cielo y de la tierra,
de todo lo visible y lo invisible.
Creo en un solo Señor, Jesucristo,
Hijo único de Dios,
nacido del Padre antes de todos
los siglos:
Dios de Dios, Luz de Luz,
Dios verdadero de Dios verdadero,
engendrado, no creado,
de la misma naturaleza del Padre,
por quien todo fue hecho;
que por nosotros, los hombres,
y por nuestra salvación bajó del
cielo,
y por obra del Espíritu Santo
se encarnó de María, la Virgen, y
se hizo hombre;
y por nuestra causa fue crucificado
en tiempos de Poncio Pilato,
padeció y fue sepultado,
y resucitó al tercer día, según
las Escrituras,

y subió al cielo, y está sentado
a la derecha del Padre;
y de nuevo vendrá con gloria
para juzgar a vivos y muertos,
y su reino no tendrá fin.
Creo en el Espíritu Santo,
Señor y dador de vida,
que procede del Padre y
del Hijo,
que con el Padre y el Hijo
recibe una misma adoración
y gloria,
y que habló por los profetas.
Creo en la Iglesia,
que es una, santa, católica
y apostólica.
Confieso que hay un solo
bautismo para el perdón de
los pecados.
Espero la resurrección de los
muertos
y la vida del mundo futuro.
Amén.

Un acto de fe

¡Oh Dios! Creo firmemente
que Tú eres un solo Dios en tres
Personas Divinas: Padre, Hijo y
Espíritu Santo, creo que tu Hijo
Divino se hizo hombre y murió por
nuestros pecados y que vendrá
a juzgar a vivos y muertos. Creo
en éstas y en todas las verdades
que la Santa Iglesia Católica nos
enseña porque Tú se las revelaste.
Tú, que no engañas ni puedes ser
engañado.

Un acto de esperanza

¡Oh Dios! Confiando en tu gran
poder, infinita bondad y promesas,
espero el perdón de mis pecados,
la ayuda de Tu gracia y la vida
eterna. Por los méritos de
Jesucristo, mi Señor y Redentor.

The Nicene Creed

We believe in one God,
 the Father, the Almighty,
 maker of heaven and earth,
 of all that is, seen and unseen.
We believe one Lord, Jesus Christ,
 the only Son of God,
 eternally begotten of the Father,
 God from God, Light from Light,
 true God from true God,
 begotten, not made,
 one in Being with the Father.
 Through him all things were
 made.
 For us men and for our salvation,
 he came down from heaven:
 by the power of the Holy Spirit
 he was born of the Virgin Mary,
 and became man.
For our sake He was crucified
 under Pontius Pilate;
 he suffered, died, and was buried.
 On the third day He rose again
 in fulfillment of the Scriptures;

he ascended into heaven
 and is seated at the right hand
 of the Father.
He will come again in glory
 to judge the living and the
 dead,
 and his kingdom will have no
 end.
We believe in the Holy Spirit,
 the Lord, the giver of life,
 who proceeds from the Father
 and the Son.
 With the Father and the Son
 he is worshiped and glorified.
 He has spoken through the
 prophets.
 We believe in one holy
 catholic and apostolic Church.
 We acknowledge one baptism
 for the forgiveness of sins.
 We look for the resurrection of
 the dead,
 and the life of the world to
 come.
Amen.

Act of Faith

O God, we firmly believe that you are one God in three divine Persons, Father, Son, and Holy Spirit; we believe that your divine Son became man and died for our sins, and that he will come to judge the living and the dead. We believe these and all the truths that the holy Catholic Church teaches because you have revealed them, and you can neither deceive nor be deceived.

Act of Hope

O God, relying on your almighty power and your endless mercy and promises, we hope to gain pardon for our sins, the help of your grace, and life everlasting, through the saving actions of Jesus Christ, our Lord and Redeemer.

Un acto de amor

¡Oh Dios mío! Te amo sobre todas las cosas, con todo mi corazón y con toda mi alma, pues Tú eres todo bondad y digno de todo mi amor. Amo a mi prójimo como a mí mismo por amor a Ti. Perdono a los que me ofenden y pido perdón a aquellos que he ofendido.

Acto de contrición

Dios mío, con todo mi corazón me arrepiento de
todo el mal que he hecho,
de todo lo bueno que he dejado de hacer.
Al pecar, Te he ofendido a Ti, que eres
   el Supremo Bien
y digno de ser amado sobre todas las cosas.
Propongo firmemente, con la ayuda de Tu gracia,
hacer penitencia, no volver a pecar
y huir de las ocasiones del pecado.
Señor, por los méritos de la pasión
de nuestro Salvador Jesucristo, apiádate de mí.

Act of Love

O God, we love you above all things, with our whole heart and soul, because you are all-good and worthy of all love. We love our neighbor as ourselves for the love of you. We forgive all who have injured us and ask pardon of all whom we have injured.

Act of Contrition

My God,
I am sorry for my sins with all my heart.
In choosing to do wrong
and failing to do good,
I have sinned against you
whom I should love above all things.
I firmly intend, with your help,
to do penance,
to sin no more,
and to avoid whatever leads me to sin.
Our Savior Jesus Christ
suffered and died for us.
In his name, my God, have mercy.

Datos de fe

Un peregrinaje es un viaje a un lugar sagrado como forma de devoción religiosa. Un retiro es "ir" a pasar un tiempo en oración y reflexión para profundizar tu relación con Dios.

Oración al Espíritu Santo

Ven, Espíritu Santo, llena los corazones de los fieles
y enciende en ellos el fuego de tu amor.
Envía Tu Espíritu, y serán creados.
Y renovarás la faz de la tierra.
Oremos:
Oh, Dios, que has instruido los corazones de los fieles
con la luz del Espíritu Santo,
concédenos a través del mismo Espíritu
que gocemos siempre de
Su divino consuelo.
Por Cristo, nuestro Señor. Amén.

Ángelus

V. El Ángel del Señor anunció a María.
R. Y concibió por obra del Espíritu Santo.
　　Dios te salve, María... Santa María...
V. He aquí la esclava del Señor.
R. Hágase en mí según tu palabra.
　　Dios te salve, María... Santa María...
V. Y el Verbo se hizo carne.
R. Y habitó entre nosotros.
　　Dios te salve, María... Santa María...
V. Ruega por nosotros, santa Madre de Dios.
R. Para que seamos dignos de alcanzar las promesas
　　de Cristo.
Oremos:
Derrama, Señor,
tu gracia sobre nosotros,
que, por el anuncio del Ángel,
hemos conocido la encarnación de tu Hijo,
para que lleguemos, por su pasión y su cruz,
a la gloria de la resurrección.
Por Jesucristo Nuestro Señor.
R. Amén.

Faith Fact

A pilgrimage is a journey to a holy place as a form of religious devotion. A retreat is to "go away" to spend time in prayer and reflection to deepen your relationship with God.

Prayer to the Holy Spirit

Come, Holy Spirit, fill the hearts of your faithful.
And kindle in them the fire of your love.
Send forth your Spirit and they shall be created.
And you will renew the face of the earth.
Let us pray.
Lord,
by the light of the Holy Spirit
   you have taught the hearts of your faithful.
In the same Spirit
   help us to relish what is right
   and always rejoice in your consolation.
We ask this through Christ our Lord. Amen.

Angelus

V. The angel spoke God's message to Mary,
R. and she conceived of the Holy Spirit.
   Hail, Mary. . . .
V. "I am the lowly servant of the Lord:
R. let it be done to me according to your word."
   Hail, Mary. . . .
V. And the Word became flesh,
R. and lived among us.
   Hail, Mary. . . .
V. Pray for us, holy Mother of God,
R. that we may become worthy of the promises of Christ.
Let us pray.
Lord, fill our hearts with your grace:
once, through the message of an angel you revealed to us the
   incarnation of your Son;
now, through his suffering and death lead us to the glory of
   his resurrection.
We ask this through Christ our Lord.
R. Amen.

PALABRAS DE FE

A

absolución El perdón de los pecados en el nombre de Dios a través del sacramento de la Reconciliación. (326)

administración La respuesta del ser humano a todos los dones de Dios. Incluye el respeto por toda forma de vida y el cuidado responsable de la creación. (106)

alianza Un acuerdo sagrado entre Dios y su pueblo. (122)

año litúrgico La celebración pública por parte de la Iglesia de todo el misterio de Cristo en la liturgia durante los días festivos y los tiempos del calendario de la Iglesia. (278)

apostólica El atributo de la Iglesia que indica que la autoridad docente de la Iglesia proviene directamente de Jesús y de sus apóstoles elegidos, dado que los obispos de la Iglesia son los sucesores directos de los Apóstoles. (244)

asamblea eucarística La comunidad de personas bautizadas que se reúnen para celebrar la Eucaristía. (350)

asamblea litúrgica La comunidad de creyentes que se reúnen para el culto público, especialmente en la Eucaristía. (346)

atributos de la Iglesia La Iglesia es una, santa, católica y apostólica. Estos atributos, o características, son señales para el mundo de que el reinado de Dios ya está presente, aunque incompleto. (246)

C

canonizar Declaración solemne del papa de que una persona goza de la eternidad con Dios y de que su vida es un modelo para todos los cristianos. (278)

carisma Esta palabra proviene del término griego *charismata*, o "dones de gracia". Un carisma es un poder especial dado por el Espíritu Santo. (398)

catecúmeno Un "aprendiz" o persona que se está preparando para celebrar los sacramentos de Iniciación. (310)

cielo El alma de los justos experimenta la alegría plena de vivir en presencia de Dios para siempre. (412)

consagración Parte de la plegaria eucarística donde se recitan las palabras de Jesús por el pan y el vino, y estos elementos se convierten en el Cuerpo y la Sangre de Cristo. (382)

contrición Arrepentimiento sincero de haber pecado. (326)

conversión El proceso de apartarse del pecado y de dirigirse a Dios y a sus prácticas. Es una respuesta al amor y al perdón de Dios. (210)

creación Todas las cosas que existen, hechas de la nada por Dios y reunidas por el amor de Dios. (100)

crisma Óleo sagrado, hecho de aceite de oliva y aromatizado con especias, que se usa para la unción en los sacramentos de Iniciación. En las Iglesias de rito oriental, la Confirmación toma su nombre de esta palabra y es conocida como *Crismación*. (122)

Cuerpo de Cristo La Iglesia. Jesús es la cabeza y sus seguidores son los miembros. (246)

culto Veneración y honra públicas que se muestran a Dios en la oración. (158)

D

discípulo Alguien que aprende y sigue el ejemplo de un maestro. Los discípulos de Jesús son los que siguen sus enseñanzas y las ponen en práctica. (256)

divino Dios, como Dios o de Dios. A veces, a Dios se le dice El *Divino*. (194)

E

elegido El candidato que ha sido aprobado por la comunidad para recibir los sacramentos de Iniciación, generalmente, en la Vigilia Pascual. La palabra *elegido* significa "escogido". (308)

Encarnación El misterio por el cual el Hijo de Dios se convirtió en hombre para salvar a todas las personas. (194)

evangelización Difundir la Buena Nueva de Jesús de un modo que invita a las personas a aceptar el Evangelio. (434)

F

fe Tanto el don dado por Dios como la libre elección de buscar a Dios y creer en Él. (90)

fortaleza La virtud cardinal que ayuda a las personas a actuar con valor para hacer lo correcto. Llamada a veces valor, esta virtud es uno de los dones del Espíritu Santo. (170)

G

gracia Don desinteresado y amoroso de Dios de su propia vida y su ayuda. Es la participación en la vida de la Santísima Trinidad. (90)

H

homilía Un sermón dado por el sacerdote, el diácono o un orador especial durante la Misa. La persona que da la homilía interpreta las lecturas y alienta a la comunidad a vivir en la fe. (366)

I

imagen de Dios Semejanza divina de cada persona, resultado de ser creada por Dios. (142)

infalibilidad Un don del Espíritu Santo a la Iglesia por el cual el papa y los obispos conjuntamente declaran de manera definitiva que un asunto de fe o de moral está libre de errores y debe ser aceptado por los fieles. (262)

infierno Separación eterna de Dios. (412)

iniciación El proceso de convertirse en miembro de la Iglesia. Los sacramentos de Iniciación son el Bautismo, la Confirmación y la Eucaristía, y son necesarios para incorporarse por completo a la vida de la Iglesia. (308)

J

justicia La virtud cardinal que significa dar a Dios y a cada persona lo que se merecen. Nosotros trabajamos por la justicia social en la tierra como un signo de la justicia eterna del reinado de Dios. (170)

justicia social El respeto, los derechos y las condiciones que deben proporcionar las sociedades. (434)

L

Liturgia de la Palabra La primera de las dos partes principales de la Misa, que comienza con la primera lectura de la Biblia y termina con la Oración de los fieles. (366)

liturgia El culto público oficial de la Iglesia. La palabra significa "la obra del pueblo". (158)

M

magisterio El oficio de enseñar de la Iglesia. (262)

milagros Signos y maravillas del poder divino de Jesús que ayudan a ver la presencia del Reino de Dios. (210)

ministros ordenados Los que sirven a Dios y a la Iglesia como obispos, sacerdotes y diáconos, a través del Sacramento del Orden. (398)

misionero Una persona que responde al llamado de Dios de dedicar un período de su vida a transmitir el mensaje de Cristo a las personas que no lo conocen. (430)

Misterio Pascual Obra de redención de Cristo por medio de su Pasión, muerte, Resurrección y Ascensión. *(226)*

misterio Una verdad de fe que no se puede entender completamente, pero en la que se cree porque Dios la ha revelado a las personas en la Sagrada Escritura, en la vida de Jesús o en las enseñanzas de la Iglesia. *(138)*

obispo El líder de una determinada diócesis. Los obispos han recibido la totalidad del sacramento del Orden. *(240)*

Obras de misericordia corporales Acciones que muestran justicia, amor y paz, como lo mostró Jesús cuando cuidaba de las necesidades físicas de las personas. *(434)*

oración Hablar con Dios y escucharlo. La oración puede ser privada o pública; hablada, cantada o silenciosa; formal o espontánea. *(154)*

padrino Un representante de la comunidad cristiana que es testigo del compromiso de un niño mayor o de un adulto que celebra los sacramentos de Iniciación. *(310)*

paño mortuorio Tela blanca que se usa para cubrir el ataúd en una Misa funeral. Es un signo de las vestiduras blancas del Bautismo. La palabra *paño* significa "vestidura". *(418)*

papa El sucesor de Pedro, obispo de Roma y cabeza de toda la Iglesia. *(262)*

parábolas Relatos en los que se hacen comparaciones para enseñar algo. Jesús se valió de parábolas para enseñar sobre el Reino de Dios. *(206)*

pecado mortal La forma de pecado personal más grave, a través de la cual una persona se aparta completamente de Dios. *(298)*

pecado original El pecado que cometieron los primeros seres humanos, que condujo a la condición pecadora de la humanidad desde el principio. *(294)*

pecado personal La elección deliberada de pensar, decir o hacer algo que atenta contra la relación con Dios o que contradice la Ley de Dios. *(298)*

pecado venial Un pecado personal menos grave, que debilita, pero no destruye, la relación de una persona con Dios. *(298)*

personas laicas Miembros de la Iglesia que no se han ordenado ni han hecho votos en la vida religiosa. *(398)*

presencia real La presencia verdadera de Cristo en la Eucaristía bajo las especies del pan y el vino. *(346)*

providencia Cuidado amoroso de Dios por todas las cosas. Es la voluntad y plan de Dios para la creación. *(106)*

prudencia La virtud cardinal que ayuda a una persona a elegir lo que es moralmente correcto, con la ayuda del Espíritu Santo y de una sana conciencia. *(170)*

Pueblo de Dios La Iglesia, llamada por Cristo para participar de su misión. *(246)*

Reconciliación El sacramento que celebra el perdón de Dios por el pecado a través de la Iglesia. Este sacramento también es conocido como penitencia. La palabra *reconciliación* significa "volver a estar juntos" o "hacer las paces". *(122)*

Redentor Un título dado a Jesús porque mediante su muerte en la cruz "rescató" a la raza humana de la esclavitud del pecado. *(294)*

Reino de Dios El reinado de Dios de justicia, amor y paz. Jesús vino a traer el reino de Dios, que está presente ahora y a la vez está por venir. *(206)*

religión El conjunto de creencias, oraciones y prácticas mediante las cuales las personas expresan su anhelo por Dios. *(86)*

Resurrección El cuerpo de Jesús vuelve de la muerte a una vida nueva y eterna. La Resurrección de Cristo es la verdad suprema de la fe católica. *(224)*

Rito de la Iniciación Cristiana de Adultos (RICA) El proceso por el cual los adultos y algunos niños se convierten en miembros de la Iglesia Católica a través de los sacramentos de Iniciación. *(310)*

sacramentos Signos eficaces de la vida de Dios que Cristo concedió a la Iglesia. *(122)*

Sagrada Escritura Conjunto de escrituras sagradas del Antiguo Testamento y del Nuevo Testamento, la Palabra de Dios escrita. *(366)*

santidad La cualidad de ser sagrado o pertenecer a Dios. *(274)*

Santificador El Espíritu Santo que hace santa, o santifica, a la Iglesia. *(274)*

Santísima Trinidad El misterio de un Dios en tres Personas: Padre, Hijo y Espíritu Santo. *(142)*

sumergido Se dice que la persona que queda cubierta o rodeada de agua en el Bautismo está sumergida. La inmersión puede ser total o parcial. *(310)*

templanza La virtud cardinal que ayuda a las personas a aplicar la moderación, o el equilibrio, en su vida. *(170)*

Tradición El proceso vivo de transmitir el mensaje de Jesús a través de la Iglesia, en especial, a través de sus maestros. *(366)*

transubstanciación El proceso por medio del cual el poder del Espíritu Santo y las palabras del sacerdote transforman el pan y el vino en el Cuerpo y la Sangre de Jesús. *(382)*

últimos ritos Rituales celebrados por los católicos en el momento de la muerte. Éstos incluyen el sacramento de la Unción de los enfermos, el de la Reconciliación y la recepción de la Eucaristía como *viático*. *(416)*

Unción de los enfermos El sacramento que celebra la curación del cuerpo y del espíritu por obra de Jesús. El sacramento de la Unción puede administrarse en cualquier momento por una persona gravemente enferma o debilitada por la edad. *(226)*

viático La Eucaristía que se da a una persona que está cerca de la muerte para fortalecerla en el camino a la eternidad. *(418)*

vida eterna Vida para siempre junto a Dios, para todos aquellos que mueren en amistad con Dios. *(414)*

vida religiosa La vida de hombres y mujeres en comunidades religiosas que hacen votos de pobreza, castidad y obediencia, como sacerdotes, hermanas, hermanos, monjes o frailes. *(398)*

virtud El hábito de hacer el bien que ayuda a crecer en el amor por Dios. *(142)*

virtudes cardinales Virtudes adquiridas mediante el esfuerzo humano y la cooperación de la gracia de Dios. *(170)*

vocación Una manera particular de responder al llamado de Dios, como personas laicas (casadas o solteras), religiosos y religiosas o miembros del ministerio ordenado. *(396)*

votos Promesas voluntarias y libres hechas a Dios y de las que, por lo general, la comunidad es testigo. *(398)*

Words of Faith

A

absolution The forgiveness of sins in God's name through the Sacrament of Reconciliation. *(327)*

Anointing of the Sick The sacrament that celebrates the healing of body and spirit by Jesus. The Sacrament of Anointing can be celebrated anytime a person is seriously ill or is weakened by age. *(227)*

apostolic The mark of the Church which indicates that the teaching authority of the Church comes directly from Jesus and his chosen Apostles because the bishops of the Church are direct successors of the Apostles. *(245)*

B

bishop The leader of a particular diocese. Bishops have received the fullness of the Sacrament of Holy Orders. *(241)*

Body of Christ The Church. Jesus is the head, and his followers are the members. *(247)*

C

canonize The pope making a solemn declaration that a person is enjoying eternity with God and that his or her life can be a model for all Christians. *(279)*

cardinal virtues Virtues acquired by human effort and cooperation with God's grace. *(171)*

catechumen A "learner," or person preparing to celebrate the Sacraments of Initiation. *(311)*

charism This word comes from the Greek *charismata*, or "gifts of grace." A charism is a special power given by the Holy Spirit. *(399)*

chrism Sacred oil, made from olive oil and scented with spices, used for anointing in the Sacraments of Initiation. In Eastern Rite Churches Confirmation takes its name from this word and is known as *Chrismation*. *(123)*

consecration That part of the Eucharistic Prayer in which the words of Jesus are prayed over the bread and wine, and these elements become the Body and Blood of Christ. *(383)*

contrition Sincere sorrow for having sinned. *(327)*

conversion The process of turning away from sin and toward God and his ways. It is a response to God's love and forgiveness. *(211)*

Corporal Works of Mercy Actions that show justice, love, and peace, as Jesus did when caring for the physical needs of people. *(435)*

covenant A sacred agreement between God and his people. *(123)*

creation All things that exist, made from nothing by God and held together by God's love. *(101)*

D

disciple One who learns from and follows the example of a teacher. The disciples of Jesus are those who follow his teachings and put them into practice. *(259)*

divine God, like God, or of God. Sometimes God is referred to as *The Divine*. *(195)*

E

elect The candidates who have been approved by the community to receive the Sacraments of Initiation, usually at the Easter Vigil. The word *elect* means "chosen." *(309)*

eternal life Life forever with God for all who die in friendship with God. *(415)*

© Harcourt Religion

Eucharistic assembly The community of baptized people who gather to celebrate the Eucharist. *(351)*

evangelization Sharing the good news of Jesus in a way that invites people to accept the gospel. *(435)*

faith Both a gift given by God and your free choice to seek God and believe in him. *(91)*

fortitude The cardinal virtue that helps people act with courage to do what is right. Sometimes known as courage, this virtue is one of the gifts of the Holy Spirit. *(171)*

grace God's free, loving gift of his own life and help. It is participation in the life of the Holy Trinity. *(91)*

heaven The souls of the just experience the full joy of living in God's presence forever. *(413)*

hell Separation from God forever. *(413)*

holiness The quality of being sacred or belonging to God. *(275)*

Holy Trinity The mystery of one God in three Persons: Father, Son, and Holy Spirit. *(143)*

homily A talk given by the priest, deacon, or special speaker during Mass. The homilist interprets the readings and encourages the community to live faithfully. *(367)*

Image of God The divine likeness in each person, the result of being created by God. *(143)*

immersed A person who is covered or surrounded by the water of Baptism is said to be immersed. Immersion may be full or partial. *(311)*

Incarnation The mystery that the Son of God took on a human nature in order to save all people. *(195)*

infallibility A gift of the Holy Spirit to the Church by which the pope and the bishops together declare definitively that a matter of faith or morals is free from error and must be accepted by the faithful. *(263)*

initiation The process of becoming a member of the Church. The Sacraments of Baptism, Confirmation, and Eucharist are Sacraments of Initiation, necessary for entering fully into the life of the Church. *(309)*

justice The cardinal virtue that means giving to God and to each person their due. We work for social justice on earth as a sign of the everlasting justice of God's reign. *(171)*

kingdom of God God's reign of justice, love, and peace. Jesus came to bring the kingdom of God which is both present now and yet to come. *(207)*

last rites Rituals celebrated by Catholics at the time of death. These include the Sacrament of the Anointing of the Sick, the Sacrament of Reconciliation, and the reception of the Eucharist as *viaticum*. *(417)*

laypeople Members of the Church who have not been ordained and have not taken vows in religious life. *(399)*

© Harcourt Religion

liturgical assembly The community of believers who come together for public worship, especially in the Eucharist. *(347)*

liturgical year The Church's public celebration of the whole mystery of Christ in the liturgy through the feasts and seasons of the Church calendar. *(279)*

liturgy The official public worship of the Church. The word means "the work of the people." *(159)*

Liturgy of the Word The first main part of the Mass that begins with the first reading from the Bible and ends with the General Intercessions. *(367)*

magisterium The teaching office of the Church. *(263)*

marks of the Church The Church is one, holy, catholic, and apostolic. These marks, or characteristics, are signs to the world that God's reign is already present, though incomplete. *(247)*

miracles Signs and wonders of the divine power of Jesus that help you see the presence of the kingdom of God. *(211)*

missionary A person who answers a call from God to devote a period of his or her life to bringing Christ's message to people who do not know it. *(431)*

mortal sin The most serious form of personal sin, through which a person turns completely away from God. *(299)*

mystery A truth of faith that you cannot fully understand but that you believe because God has shown it to people in Scripture, in the life of Jesus, or in the teachings of the Church. *(139)*

ordained ministers Those who serve God and the Church through the Sacrament of Holy Orders as bishops, priests, and deacons. *(399)*

original sin The sin of the first humans, which led to the sinful condition of the human race from its beginning. *(295)*

pall A white cloth used to cover the coffin at a funeral Mass. It is a sign of the white garment of Baptism. The word *pall* means "cloak." *(419)*

parables Stories that make comparisons in order to teach something. Jesus used parables to teach about the kingdom of God. *(207)*

Paschal mystery Christ's work of redemption through his Passion, death, Resurrection, and Ascension. *(227)*

People of God The Church, called by Christ to share in his mission. *(247)*

personal sin The deliberate choice to think, say, or do something that goes against your relationship with God or goes against God's law. *(299)*

pope The successor of Peter, the bishop of Rome, and the head of the entire Church. *(263)*

prayer Talking to and listening to God. Prayer can be private or public; spoken, sung, or silent; formal or spontaneous. *(155)*

providence God's loving care for all things; God's will and plan for creation. *(107)*

prudence The cardinal virtue that helps a person choose what is morally right, with the help of the Holy Spirit and a correct conscience. *(171)*

Real Presence The true presence of Christ in the Eucharist under the appearance of bread and wine. *(347)*

reconciliation The sacrament that celebrates God's forgiveness of sin through the Church. This sacrament is also known as penance. The word *reconciliation* means "coming back together" or "making peace." *(123)*

Redeemer A title for Jesus, because by his death on the cross, he "bought back" the human race from the slavery of sin. *(295)*

religion The group of beliefs, prayers, and practices through which people express longing for God. *(87)*

religious life The lives of men and women in religious communities who make vows of poverty, chastity, and obedience as religious priests, sisters, brothers, monks, or friars. *(399)*

Resurrection Jesus' bodily rising from death to new life that will never end. Christ's Resurrection is the crowning truth of the Catholic faith. *(225)*

Rite of Christian Initiation of Adults, or RCIA, The process by which adults and some children become members of the Catholic Church through the Sacraments of Initiation. *(311)*

sacraments Effective signs of God's life, given by Christ to the Church. *(123)*

Sanctifier The Holy Spirit, who makes holy, or sanctifies, the Church. *(275)*

Scripture The holy writings of the Old and New Testaments, the written word of God. *(367)*

social justice The respect, rights, and conditions that must be provided by societies. *(435)*

sponsor A representative of the Christian community who is a witness to the commitment of an older child or adult celebrating the Sacraments of Initiation. *(311)*

stewardship The human response to God's many gifts. It includes respect for all life and responsible care for creation. *(107)*

temperance The cardinal virtue that helps people practice moderation, or balance, in their lives. *(171)*

Tradition The living process of handing on the message of Jesus through the Church, especially through its teachers. *(367)*

Transubstantiation The process by which the power of the Holy Spirit and the words of the priest transform the bread and wine into the Body and Blood of Jesus. *(383)*

venial sin A less serious personal sin that weakens but does not destroy a person's relationship with God. *(299)*

viaticum The Eucharist given to a person who is near death to sustain him or her on the journey to eternity. *(419)*

virtue The habit of doing good that helps you grow in love for God. *(143)*

vocation A particular way to answer God's call, whether as a lay person (married or single), a religious, or a member of the ordained ministry. *(397)*

vows Deliberate and free promises made to God and usually witnessed by the community. *(399)*

worship Public adoration and honor shown to God in prayer. *(171)*

Los números en negrita indican las páginas donde están definidos los términos.

Illustration Credits

Matthew Archambault 164, 207; Simone Boni 16-17; Dan Brown 41; Ron Croci 214; Dominick D'Andrea 180, 181; Greg Dearth 198; Cathy Diefendorf 40, 52; Steve Dittberner 51; Chuck Gillies 58; Clint Hansen 144, 145; Mike Jaroszko 103; Dean Kennedy 130; Thea Kliros 146; Greg LaFever 196, 197; Tom Newsome 104; Jack Pennington 190, 215; Jeff Preston 84, 128, 129, 138, 188, 200; Sandy Rabinowitz 68; Jane Sanders 4-5; Larry Schwinger 24-25; Shannon Stirnweiss 147, 162; James Watling 76; Corey Wolfe 44; Lois Woolley 48, 56, 64, 74, 82, 90, 100, 108, 116, 126, 134, 136, 137, 142, 152, 160, 168, 178, 186, 194, 204, 212, 220.

Photo Credits

CONTENTS
page iii: Richard Hutchings

SEASONAL LESSONS & CELEBRATIONS
8 AFP/Corbis; 8-9 Steve Vidler/SuperStock; 10-11 Jacques-Edouard Vekemans/Corbis; 11 PhotoDisc; 12 (all), 13 (t) PhotoDisc; 13 (b) Corel; 14-15 Myrleen Ferguson Cate/PhotoEdit; 14-15 (bkg) Photos.com; 18-19 Ariel Skelley/Masterfile; 19 Photos.com; 20-21 Robert Lentz/Bridge Building Images; 22-23 Alexander Walter/Getty Images; 23 Corel; 26-27 Myrleen Ferguson Cate/Photo Edit; 26-27 (bkg) Corel; 27 PhotoDisc; 28-29 Laura James/Bridgeman Art Library; 30-31 Nancy Sheehan/Photo Edit; 32-33 (bkg) ASAP Ltd./Index Stock Imagery/PictureQuest; 32-33 Hutchings Photography; 34-35 Victor Englebert/AG Pix; 34-35 (bkg) PhotoDisc; 36-37 Father Gene Plaisted, OSC; 36-37 (bkg) Corel; 38- 39 David-Young Wolff/Photo Edit.

UNIT 1
40 (bl) Jim Whitmer/Jim Whitmer Photography; 40 (cl) Russell Wilson/Image State; 42 (bl) Corbis; 43 (br) Myrleen Ferguson Cate/PhotoEdit; 43 (tr) Gene Plaisted/The Crosiers; 45 (cr) Editorial Development Associates; 46 (br) Myrleen Ferguson Cate/PhotoEdit; 48 (cr) PhotoDisc Green/Getty Images; 49 (b) Russell Wilson/Image State; 50 (b) Image Bank/Getty Images; 53 (bl) Natural Selection Stock Photography, LLC; 53 (bl) Carol Havens/Corbis; 53 (bl) Taxi/Getty Images; 54 (cr) Rubber Ball Royalty Free; 57 (b) Jim Whitmer/Jim Whitmer Photography; 60 (b) Gene Plaisted/The Crosiers; 62 (br) Rolf Bruderer/Corbis; 64 (tr) Laura Dwight/PhotoEdit.

UNIT 2
66 (b) Richard Hutchings/Hutchings Photography; 66 (b) Jeff Greenberg/PhotoEdit; 66 (c) David Young-Wolfe/PhotoEdit; 67 (b) Jeff Greenberg/PhotoEdit; 70 (bl) Currier and Ives (a. 1857-1907/American) Color Lithograph/Library of Congress, Washington, D.C./SuperStock, Inc.; 71 (tr) Taxi/Getty Images; 72 (cr) Gene Plaisted/The Crosiers; 74 (cr) Bill Wittman/W.P. Wittman Limited; 77 (cr) Tony Freeman/PhotoEdit; 78 (bl) Taxi/Getty Images; 78 (br) Gene Plaisted/The Crosiers; 78 (cl) Michael Newman/PhotoEdit; 78 (tr) Gene Plaisted/The Crosiers; 79 (c) Gene Plaisted/The Crosiers; 79 (cl) Stephen McBrady/PhotoEdit; 79 (cr) Gene Plaisted/The Crosiers; 80 (br) Gary A. Conner/PhotoEdit; 83 (bl) Richard Hutchings/Hutchings Photography; 85 (br) Myrleen Ferguson Cate/PhotoEdit; 86 (bl) Richard Hutchings/Hutchings Photography; 87 (tr) Lisette Le Bon/SuperStock, Inc.; 88 (br) Jay Dickman/Corbis.

UNIT 3
92 (bl) David Wolf/PhotoEdit; 92 (c) Randy Faris/Corbis; 92 (tl) Sonny T. Senser; 93 (bl) Sonny T. Senser; 94 (all) The Grand Design, Leeds, England/SuperStock, Inc.; 95 (br) Jim Whitmer/Jim Whitmer Photography; 96 (cl) Lorenzo di Credi (ca. 1460-1537/italian) Tempera on Wood Panel the Lowe Art Museum, The University of Miami/SuperStock, Inc.; 97 (cr) J. Silver/SuperStock, Inc.; 98 (cr) Philippe De Champaigne/SuperStock, Inc.; 100 (tr) Myrleen Ferguson Cate/PhotoEdit; 100 (tr) Russell Ilig/PhotoDisc; 101 (bl) Randy Faris/Corbis; 102 (bl) Sonny T. Senser; 105 (cr) Tony Freeman/PhotoEdit; 105 (cr) Cleo Freelance Photography; 106 (br) Myrleen Ferguson Cate/PhotoEdit; 108 (cr) Sonny T. Senser; 109 (all) David Young Wolff/PhotoEdit; 110 (bl) Bettmann/Corbis; 110 (br) Luis Romero/AP Worldwide; 111 (bl) Jim Whitmer/Jim Whitmer Photography; 111 (tr) Luis Galdamez/TimePix/Getty Images; 112 (bl) Bridgemen-Giraudon/Art Resource,NY; 114 (br) Scala/Art Resource, NY; 116 (tr) David Young Wolf/PhotoEdit.

UNIT 4
118 (b) Jim Whitmer/Jim Whitmer Photography; 118 (c) Peter Beck/Corbis; 118 (t) Amos Morgan/PhotoDisc; 119 (b) Amos Morgan/PhotoDisc; 120 (c) David Lees/Corbis; 121 (c) Bettmann/Corbis; 121 (c) Bettmann/Corbis; 121 (tr) © David Lees/Time Life Pictures/Getty Images; 122 (bl) Ed McDonald Photography; 123 (c) Jim Whitmer/Jim Whitmer Photography; 124 (tr) Herb Snitzer/Stock Boston; 126 (cr) Paul Barton/Corbis; 127 (b) Peter Beck/Corbis; 129 (bl) Ed McDonald Photography; 131 (tr) Ralf-Finn Hestoft/Corbis; 132 (cr) Massimo Listri/Corbis; 135 (all) Royalty-Free/Corbis; 135 (b) Jim Whitmer/Jim Whitmer Photography; 139 (tr) Gene Plaisted/The Crosiers; 140 (br) Karen Callaway / Catholic News Service.

UNIT 5
144 (cr) Richard Hutchings Photography; 144 (c) Sonny T. Senser; 148 (bl) David Young Wolf/PhotoEdit; 149 (cr) PhotoEdit; 150 (bl) Michael S. Yamashita/Corbis; 152 (cr) The Mazer Corporation; 153 (b) Sonny T. Senser; 154 (bl) Jim Whitmer/Jim Whitmer Photography; 155 (b) Jim Whitmer/Jim Whitmer Photography; 155 (c) Jim Whitmer/Jim Whitmer Photography; 156 (bl) James L. Shaffer / Shaffer Photography; 157 (c) Gene Plaisted/The Crosiers ; 157 (tr) Bill Wittman/W.P. Wittman Limited; 158 (br) Myrleen Ferguson Cate/PhotoEdit; 160 (cr) Ed McDonald Photography; 161 (b) Richard Hutchings Photography; 165 (tr) Sacred Hearts Community Missions; 166 (b) Gene Plaisted/The Crosiers; 168 (tr) Joe Brooks Photography.

UNIT 6
170 (b) Joe Brooks Photography; 170 (c) Ed McDonald Photography; 170 (t) Tom Stewart/Corbis; 171 (b) Tom Stewart/Corbis; 172 (b) Jeff Greenberg/PhotoEdit; 174 (bl) Stephen McBrady/PhotoEdit; 175 (cl) Bill Wittman/W.P. Wittman Limited; 175 (cl) Myrleen Ferguson Cate/PhotoEdit; 175 (cr) Myrleen Ferguson Cate/PhotoEdit; 176 (br) Jim Whitmer/Jim Whitmer Photography; 178 (tr) Matt Meadows/Matt Meadows Photography; 179 (tr) Ed McDonald Photography; 182 (bl) James L. Shaffer; 184 (br) Gene Plaisted/The Croisers; 187 (bl) Ed McDonald Photography; 189 (cr) Gene Plaisted/The Croisers; 191 (cr) Alan Oddie/PhotoEdit; 192 (tr) Gene Plaisted/The Crosiers.

UNIT 7
196 (cl) Gene Plaisted/The Croisers; 196 (bl) Jim Cummins/Corbis; 199 (bl) Ed McDonald Photography; 199 (cr) Myrleen Ferguson Cate/PhotoEdit; 201 (tr) Michael Newman/PhotoEdit; 202 (b) Mark C. Burnett/Stock Boston; 204 (tc) Spencer Grant/PhotoEdit; 204 (tl) David Young-Wolfe/PhotoEdit; 204 (tr) Jim Whitmer/Jim Whitmer Photography; 204 (cr) Elana Rooraid/PhotoEdit; 205 (bl) Gene Plaisted/The Croisers; 206 (cl) Copyright British Museum, London, UK/Bridgemen Art Library; 208 (bl) Dennis MacDonald/PhotoEdit; 209 (cr) Gene Plaisted/The Croisers; 210 (tl) Daemmrich/Stock Boston; 213 (b) Jim Cummins/Corbis; 216 (tr) Jeff Greenberg/PhotoEdit; 216 (b) Corbis; 217 (cr) Myrleen Ferguson Cate/PhotoEdit.

CATHOLIC SOURCE BOOK
222 Hutchings Photography; 224 Reuters NewMedia Inc./Corbis; 225 Father Gene Plaisted, OSC; 226 PhotoSpin; 227 Richard Cummins/SuperStock; 230 Steve Cole/Getty Images; 231 Father Gene Plaisted, OSC; 232 Bill Wittman; 233 Father Gene Plaisted, OSC; 235 Vittoriano Rastelli/Corbis; 236 Bill Wittman; 238-240 Thinkstock/Getty Images; 241 Chris Lisle/Corbis.

Acknowledgements

For permission to reprint copyrighted material, grateful acknowledgment is made to the following sources:

The Copyright Company, Nashville, TN: Lyrics from "Alleluia No. 1" by Donald Fishel. Lyrics © 1973 by Word of God Music. International Copyright secured.

Hope Publishing Co., Carol Stream, IL 60188: Lyrics from "Baptized in Water" by Michael Saward. Lyrics © 1982 by Jubilate Hymns, Ltd.

Hyperion: "On Being a Champion" from *Journey Through Heartsongs* by Mattie Stepanek. Text copyright © 2001 by Mattie Stepanek.

International Commission on English in the Liturgy: English translation of "Psalm response for Psalm 90. *Lectionary for Mass.* Translation copyright © 1969, 1981, 1997 by International Committee on English in the Liturgy, Inc.

Manna Music, Inc., Pacific City, OR 97135: Lyrics from "How Great Thou Art" by Stuart K. Hine. Lyrics copyright © 1953.

OCP Publications, 5536 NE Hassalo, Portland, OR 97213: Lyrics from "Here I Am, Lord" by Dan Schutte. Lyrics © 1981 by OCP Publications.

© Harcourt Religion